凝聚隧道及地下工程领域的
先进理论方法、突破性科研成果、前沿关键技术，
记录中国隧道及地下工程修建技术的创新、进步和发展。

中国隧道及地下工程修建关键技术研究书系

面向挑战与创新的大盾构隧道修建技术系列

复杂环境海底地铁
隧道建造技术

陈建福　蔡光远　史庆涛　王晓琼　杨明金　等　编著

CONSTRUCTION TECHNIQUES FOR
SUBMARINE METRO TUNNELS
IN COMPLEX ENVIRONMENTS

人民交通出版社

北京

内 容 提 要

本书依托厦门地铁2号线跨海隧道工程实践,聚焦建设过程中面临的复杂地质条件、盾构长距离掘进等技术难题,创新性研发了临海超深土岩组合基坑支护与开挖技术、基坑爆破减振施工工艺、矿山法地铁隧道施工关键技术、海域段栈桥施工技术、海岛围堰施工关键技术、跨海地铁盾构施工技术等,实现了海域复杂地质条件下地铁隧道施工技术的示范性应用,可供类似工程参考借鉴。

本书可供隧道工程及相关专业的工程建设管理和技术人员参考,亦可供高等院校相关专业师生学习使用。

图书在版编目(CIP)数据

复杂环境海底地铁隧道建造技术 / 陈建福等编著. — 北京:人民交通出版社股份有限公司,2024.9
ISBN 978-7-114-19540-2

Ⅰ.①复⋯　Ⅱ.①陈⋯　Ⅲ.①水下隧道—地铁隧道—隧道施工—盾构法—研究　Ⅳ.①U231.3

中国国家版本馆 CIP 数据核字(2024)第 095313 号

Fuza Huanjing Haidi Ditie Suidao Jianzao Jishu

书　　名:	复杂环境海底地铁隧道建造技术
著 作 者:	陈建福　蔡光远　史庆涛　王晓琼　杨明金　等
责任编辑:	谢海龙　李学会
责任校对:	赵媛媛　魏佳宁
责任印制:	刘高彤
出版发行:	人民交通出版社
地　　址:	(100011)北京市朝阳区安定门外外馆斜街3号
网　　址:	http://www.ccpcl.com.cn
销售电话:	(010)59757973
总 经 销:	人民交通出版社发行部
经　　销:	各地新华书店
印　　刷:	北京印匠彩色印刷有限公司
开　　本:	787×1092　1/16
印　　张:	17.75
字　　数:	408 千
版　　次:	2024年9月　第1版
印　　次:	2024年9月　第1次印刷
书　　号:	ISBN 978-7-114-19540-2
定　　价:	138.00 元

(有印刷、装订质量问题的图书,由本社负责调换)

隧道及地下工程出版专家委员会

主任委员： 钱七虎

副主任委员：（按姓氏笔画排序）

朱合华　严金秀　李术才　何　川　何满潮　陈湘生
林　鸣　梁文灏

编　　委：（按姓氏笔画排序）

王华伟　王明年　王建宇　王恒栋　田四明　史玉新
史海欧　朱永全　朱瑶宏　关宝树　江玉生　李国良
李建斌　李树忱　杨秀仁　肖广智　肖明清　吴惠明
张旭东　张顶立　陈志敏　陈建勋　罗富荣　竺维彬
赵　勇　洪开荣　贺维国　彭立敏　蒋树屏　喻　渝
雷升祥　谭忠盛

中国隧道及地下工程修建关键技术研究书系
面向挑战与创新的大盾构隧道修建技术系列

学术委员会

总 顾 问： 钱七虎　　梁文灏

委　　员： 杜彦良　　杨华勇　　王复明　　陈湘生　　李术才　　朱合华　　何　川
雷升祥　　张挺军　　吴言坤　　周长进　　肖明清　　袁大军　　竺维彬
李利平　　王华伟　　陈　健　　陈　鹏　　张　哲　　王寿强　　史庆涛

组织委员会

总 策 划： 李庆民　　薛　峰

委　　员： 张奉春　　刘四进　　陈建福　　舒计城　　王晓琼　　历朋林　　路开道
葛照国　　赵合全　　林尚月　　吴　遁　　梁尔斌　　赵连生　　王　军
赵国栋　　庄绪良　　吴玉礼　　孙　伟　　刘　鹏

本书编委会

主 任 委 员： 陈建福　蔡光远　史庆涛

副主任委员： 王晓琼　杨明金　王华伟　张　哲　陈　鹏
　　　　　　　王寿强

编　　　委： 张公社　徐树军　刘四进　舒计城　陈晓坚
　　　　　　　沈　峰　吴玉礼　徐　磊　杨民强　孔玉清
　　　　　　　陈兴飞　陈　辰　周　昆　解秀涛　吴长玉
　　　　　　　彭正勇　李　博　刘　鹏　商跃锋　赵　斌
　　　　　　　娄　瑞　王　军　田　野　张纪迎　郭守志
　　　　　　　邵泳翔　王　硕　路芸芸　白一兵　马泽坤

序一

盾构机被誉为工程机械之王,是国家装备制造业整体实力的集中体现,而大直径盾构机在工程机械领域更是堪称"皇冠上的明珠",它集隧道掘进、出渣、衬砌拼装、导向纠偏等功能于一体,是穿江越海实施大断面隧道施工不可或缺的"国之重器"。

近二十年来,随着城市化进程的加快及交通需求的迅猛增长,隧道工程不断朝着大埋深、大断面、长距离的方向发展,大直径盾构的应用日益增多,隧道断面利用形式也越来越灵活。从长江之滨到黄河两岸,从湖泊浅滩到海湾深处,从"京津冀"到"长三角"再到"粤港澳大湾区"……面向国家重大战略工程需求,面对环境艰险复杂区域、城市核心密集敏感区、江河海峡等高风险水域的建设挑战,立足"科技自立自强",穿越"江河湖海城"下的大盾构隧道修建技术日益发展与完善。因此,及时对工程项目及科研创新成果进行总结,梳理凝练百花齐放、因地制宜又各具特色的大盾构隧道修建核心技术方法体系,对于推动我国隧道及地下工程技术进步和重大装备的创新发展具有重要意义。

中铁十四局集团有限公司作为我国盾构施工领域的代表性企业,是我国盾构研制及施工技术实现从无到有、从小到大、从弱到强、从"跟跑"到"并跑"再到"领跑"华丽转变的见证者和参与者,更是我国水下盾构隧道掘进机制造和复杂地质条件下盾构隧道建造技术达到世界先进水平的攻关者和推动者。从10m级到13m级，再到16m级……不断向更大、更深、更长、更难的盾构隧道发起挑战——攻克了水压最大（深江铁路珠江口隧道，1.06MPa）、埋深最大（深江铁路珠江口隧道，106m）、覆土最浅（常德沅江隧道，4.6m）、岩石最硬（厦门地铁2号线穿海隧道，192MPa）、地质最复杂（南京和燕路隧道，上软下硬、长距离硬岩、岩溶密集、断层破碎带及冲槽叠加段）、距离最长（通苏嘉甬高铁苏州东隧道，11817m）、长距离并行高铁且距离既有构筑物最近（上海机场线盾构隧道，0.7m）、直径最大（济南黄岗路穿黄隧道，17.5m）等施工难题，在铁路、公路、市政、水利、能源等专业领域的大直径盾构隧道工程中，积累了丰富的技术、管理经验。

"一代技术带来一代工程的革命"，丛书依托中铁十四局集团有限公司在众多典型工程项目中的科研创新及技术攻关成果，聚焦大直径盾构隧道修建的核心技术，秉持"标准化、精细化、智能化、科学化"的发展理念，依托在躬身潜行、不断刷新掘进纪录过程中积累的海量数据和技术经验，致力于通过系统凝练诸多基础性理论研究成果和突破性技术，构建具有自主知识产权的大直径盾构隧道修建关键核心技术体系。

大盾构的创新进取之路才刚刚开启，探索地下空间的漫漫征途徐徐铺展，期待系列丛书持续记录大盾构技术发展、突破的历程，系统呈现国家战略科技力量多学科协同攻关的原创性、引领性科技成果，体现人工智能、先进制造、绿色低碳等创新驱动要素在隧道工程"智能、安全、绿色"融合发展中的关键作用，为推动隧道及地下工程领域的智能建造开辟新的发展赛道。

中国工程院院士 钱七虎

序二

当前,新一轮科技革命和产业变革突飞猛进,科学研究范式正在发生深刻变革,学科交叉融合不断发展,科学技术和经济社会发展加速渗透融合。大直径盾构作为我国高端产业发展的代表,在广大科研、建设专业技术人员的共同努力下,创新链产业链日益融合,针对各类地质条件、越江跨海等极端复杂工况的修建技术体系日益完善,正在从量的积累迈向质的飞跃、从点的突破迈向系统能力提升。因此,及时对过去一段时期大直径盾构隧道修建技术进行系统的总结,促进知识共享,推动技术进步,对于该领域的安全、有序、高效发展具有重要的推动作用。

中铁十四局集团有限公司作为以大盾构为技术核心的施工企业,依托市场需求、集成创新、组织平台的优势,构建了企业牵头、高校院所支撑、各创新主体相互协同的创新联合体,并以此布局构建了集装备设计、研发、施工于一体的全产业链供应体系。依托其承建的国内长、大、深、险等典型盾构工程,通过推进重点项目协同和研发活动一体化,持续开展原创性、引领性技术攻关,在盾构新型刀具与高效掘进、微扰动掘进控制技术、特殊及复杂地层安全掘进技术、"四超"条件下盾构掘进技术、盾构隧道构件智能拼装技术、盾构隧道同步推拼新技术、盾构隧道智能建造技术、盾构浆渣绿色处理技术等关键核心技术方面不断取得突破。"面向挑战与创新的大盾构隧道修建技术系列"是对上述诸多前沿性、突破性科研成果及工程实践经验的系统凝练。瞄准产业发展的制高点，立足科技自立自强，秉承"共建、共享、共创、共赢"的发展理念，丛书汇聚了以京张高铁清华园隧道、济南黄河济泺路隧道、苏通GIL管廊工程等为代表的100公里大盾构创新成果，对于引领行业整体技术水平的提升具有重要促进作用。

善学者尽其理，善行者究其难。现代工程和技术科学是科学原理和产业发展、工程研制之间不可缺少的桥梁，衷心期待作者团队与行业同人一道，依托丰富的工程实践与产业优势，面对更大直径、更大埋深、更复杂工况的挑战，与时俱进，革故鼎新，凝练科学问题，加强多学科融合的现代工程和技术科学研究，带动基础科学和工程技术发展，持续记录、总结，在大直径盾构隧道修建领域形成完整的共性技术供给体系。

是为序。

中国工程院院士

前言

随着国家海洋总体方案和区域经济一体化等战略布局的深入实施，大批轨道交通、公路、铁路等大型基础设施工程正面临越江跨海的挑战，相较于其他工法，水下盾构隧道以其安全、高效等优势成为水系发达地区交通建设的首选方案。随着水下盾构隧道直径的不断增大，以及面临的大埋深、高水压和更为复杂的地质条件等新趋势的出现，盾构长距离掘进刀具磨损大、海底高频进仓及换刀控制难、地层沉降控制要求高、成型隧道结构变形精准控制难等技术难题越发凸显，特别是复杂环境地质条件下海底地铁隧道施工面临一系列技术瓶颈。

厦门地铁2号线跨海区间作为我国首条海底地铁隧道，其建设过程中面临孤石及基岩凸起处理难、海底换刀风险大、开挖面稳定性控制难、海底盾构接收技术要求高、盾构矿山段空推控制难等问题。工程建设过程中邀请多位隧道领域专家现场指导，创新性研发了临海超深土岩组合基坑支护与开挖控制技术、基坑爆破减振施工工艺、矿山法地铁隧道施工关键技术、海域段栈桥施工技术、海岛围堰施工关键技术、跨海地铁盾构施工技术等，实现了海域复杂环境地质条件下地铁隧道施工技术的示范性应用。

本书以海域复杂地质条件下施工面临的挑战为主线，结合厦门地铁2号线工程实践，围绕跨海地铁装备研制、施工关键技术，系统介绍了跨海地铁隧道盾构设备选型设计、临海超深土岩组合基坑施工关键技术、矿山法地铁隧道施工关键技术、海底地铁隧道风道施工关键技术、跨海地铁盾构施工关键技术、联络通道施工关键技术，全面呈现了厦门地铁2号线工程修建过程中的技术瓶颈与应对措施。

本书对于具体工艺的参数选取、操作步骤均有详细介绍，力图为类似工程提供参考借鉴。通过全面、深入分析研究，实现对复杂环境地质条件下地铁海底隧道关键施工技术的不断提升和完善，以此推动技术的发展。由于编者水平所限，书中的缺点、错误在所难免，恳请广大专家读者批评指正。

作 者

2024 年 5 月

目录

第 1 章　绪论 ··· 001
　　1.1　工程简介 ··· 003
　　1.2　工程建设条件 ·· 003
　　1.3　工程重难点 ·· 007

第 2 章　跨海地铁隧道盾构设备选型设计 ·· 009
　　2.1　选型原则及设备类型 ··· 011
　　2.2　针对性设计 ·· 014
　　2.3　盾构参数配置 ·· 022
　　2.4　本章小结 ··· 024

第 3 章　临海超深土岩组合基坑施工关键技术 ·································· 027
　　3.1　深大基坑支护与开挖技术 ··· 029
　　3.2　爆破波机理与爆破减振施工工艺 ···································· 046
　　3.3　本章小结 ··· 063

第 4 章　矿山法地铁隧道施工关键技术 ·· 065
　　4.1　工程介绍 ··· 067
　　4.2　竖井施工 ··· 075
　　4.3　横通道施工 ·· 086

4.4　正线开挖施工 ··· 095

　　4.5　本章小结 ··· 103

第 5 章　海底地铁隧道风道施工关键技术 ························· 105

　　5.1　海域段栈桥施工技术 ·· 107

　　5.2　海岛围堰施工关键技术 ····································· 111

　　5.3　咬合桩施工技术 ·· 114

　　5.4　风道开挖施工技术 ··· 119

　　5.5　本章小结 ··· 131

第 6 章　跨海地铁盾构施工关键技术 ································ 133

　　6.1　始发施工技术 ··· 135

　　6.2　掘进扰动数值模拟与掘进保压技术 ····················· 138

　　6.3　混凝土套筒接收技术 ·· 155

　　6.4　空推段施工技术 ·· 194

　　6.5　带压进仓技术 ··· 212

　　6.6　孤石、基岩凸起综合处理技术 ···························· 219

　　6.7　本章小结 ··· 241

第 7 章　联络通道施工关键技术 ······································· 243

　　7.1　注浆加固技术 ··· 245

　　7.2　冻结加固技术 ··· 248

　　7.3　联络通道开挖施工技术 ····································· 254

　　7.4　联络通道主体结构施工技术 ······························· 258

　　7.5　本章小结 ··· 264

参考文献 ··· 265

CONSTRUCTION TECHNIQUES FOR
SUBMARINE METRO TUNNELS
IN COMPLEX ENVIRONMENTS

复 杂 环 境 海 底 地 铁 隧 道 建 造 技 术

第 1 章

绪　　论

大时代

盾智行

构未来

1.1 工程简介

厦门轨道交通目前共有3条运营线路,其中,地铁2号线海沧大道站(现"海沧湾公园站")—东渡路站(现"邮轮中心站")区间(简称"海—东区间")是我国首条跨海地铁隧道。不同于以往设计的江、河、湖等水底隧道相对均匀的地层,地铁2号线跨海隧道穿越地层地质情况复杂多变,堪称"地质博物馆",穿越地层从流塑状淤泥至坚硬微风化石英砂岩,地层多样,岩层多样,地层差异显著,且存在大量断面内上软下硬地段。区间穿越两条断裂带,岩石风化剧烈,地下水与海水联系密切。

厦门地铁2号线海—东区间自海沧大道站起,先沿海沧大道向北敷设,然后以500m曲线半径下穿海沧湾公园后入海,经大兔屿,穿越厦门西港,于国际码头1号泊位上岸,然后以350m曲线半径下穿邮轮城二期地块,到达东渡路站,如图1.1-1所示。

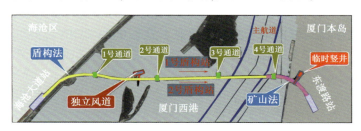

图1.1-1 跨海段沿线平面示意图

线路总体呈"V"形,先下坡至最低点再上坡,下坡的最大坡度为2.8%,上坡最大坡度为2.9%。区间隧道覆土厚度8.7~65.7m,最高潮位至隧道最低距离约55m,最大水土压力约6bar(1bar=0.1MPa)。区间总长度2768m,分为盾构段和矿山段两部分进行施工。左线盾构区间长度2287.953m,矿山段长度479.569m;右线盾构区间长度2337.816m,矿山段长度397.568m。

盾构段采用2台φ7.043m复合式泥水平衡盾构,由海沧大道站始发,矿山段盾构空推管片通过。盾构隧道采用通用楔形管片,管片外径6.7m,内径6m,双边楔形量40mm,壁厚0.35m,环宽1.5m,混凝土强度等级C55,抗渗等级P12。每环管片由6块管片组成。

矿山段为马蹄形断面,开挖宽度8.4m,开挖高度8.8m,底部做盾构机导台,直径7.1m。

1.2 工程建设条件

1.2.1 周围环境

区间线路主要下穿海沧大道、市政管线、海沧侧海堤。线路距最近住宅楼海景奥斯卡小区21.7m,金华海景小区29m,海角九号餐厅20m,区间地貌如图1.2-1所示。海堤结构形式为浆砌条石结构,边坡支护为浆砌块石护坡,基底埋深3.5m,距离隧道拱顶约为13m。下穿市政管线均位于海沧大道旅游专线和人行道下方,沿线主要管线有华润燃气管、给水管、污水管、电力电缆、通信线,区间管线统计见表 1.2-1。

图 1.2-1　区间地貌示意图

区间管线统计表　　　　　　　　　　　　表 1.2-1

管线种类	分布位置	规格	数量(根)	埋深(m)	与隧道拱顶距离(m)
电力	过道路	110kV	3	0.9~1.3	14.0
电力	绿化带	220V	1	0.5	14.6
上水	人行道	DN200	2	1.0	14.0m
通信	观光辅道	共11孔	23	1.6	12.5
污水	观光辅道	DZ1000	1	2.6	11.5
燃气	人行道	DZ250	1	1.0	14.0

1.2.2　工程地质

跨海区间盾构段穿越的地层主要有淤泥,中粗砂,粉质黏土,残积土,全、强风化层(全、强风化花岗岩,全、强风化辉绿岩,全、强风化安山岩,全、强风化变质砂岩),碎裂状强风化层,中等风化变质砂岩,中等风化变质石英砂岩,微风化变质石英砂岩,中等风化凝灰熔岩等,各类地层占比如图 1.2-2 所示。

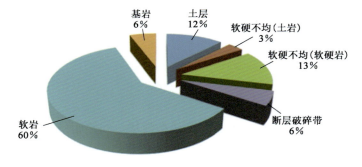

图 1.2-2　海～东区间地层比例图

由图1.2-2可知,区间内施工以软岩为主,占比达60%,但施工中同时出现基岩凸起、软硬不均及断层破碎带。沿线地质条件大致可划分为:海沧侧为花岗岩,大兔屿至主航道为变质砂岩、泥岩,1号泊位码头前沿为变质石英砂岩,东渡路站为凝灰熔岩、花岗岩。分布有F8、F10断裂带,其中F8断裂带风化深槽影响宽度为350m,F10断裂带影响宽度为300m。

F10断裂带及次生断裂带f1,F8断裂带及次生断裂带f2、f3等均与线位斜交,断裂影响范围内基岩风化剧烈,节理和裂隙极其发育,岩体破碎,局部为构造破碎带(岩性揭示为构造角砾岩)。左线共有3处基岩凸起,右线共有2处基岩凸起。

区间代表性土层描述如下:

①$_2$ 素填土:灰黄、灰色,中密,稍湿。场区均有分布,主要成分为中粗砂、黏性土、碎石等,顶部一般为硬质路面,层厚0.5~4.9m。

①$_4$ 填石,杂色,主要由黏性土混合碎石、块石组成,硬杂质含量>30%,局部分布,层厚0.7~6.2m。

④$_1$ 淤泥:深灰、灰黑色,流塑状,含少量有机质,具臭味,质不均,局部含中粗砂粒。该层具有天然含水率高、孔隙比大、强度低的特性,属高压缩性软弱土,工程性能不良。局部分布,层厚0.3~2.3m。

⑤$_1^2$ 粉质黏土:褐黄色,可塑为主,局部硬塑,土质较均匀,局部分布,层厚1.4~7.5m。

⑫$_1$ 全风化凝灰熔岩:棕黄色,质均,原岩矿物基本风化为黏土矿物,干钻易钻进;岩芯呈硬塑黏性土状,手捏有砂感,泡水强度急剧降低。

⑫$_2$ 强风化凝灰熔岩:灰、灰黄色,岩石风化剧烈,散体结构,原岩矿物大部分已风化为黏土矿物,干钻易钻进;岩芯呈砂质黏性土状,局部含少量风化残块。

⑫$_3$ 碎裂状强风化凝灰熔岩:受构造作用,岩面起伏较大。风化裂隙极发育,岩体破碎,RQD=0;岩质软硬不均,软质岩石在钻进中易被搅散;取出岩芯仅为少量中等风化碎块,碎块含量30%左右,粒径5~10cm,块质较硬,锤轻击不易碎,岩石点荷载抗压强度为18~39MPa,属软岩~较软岩,岩体基本质量等级Ⅴ级。该层压缩性很低,力学强度较高。

⑫$_4$ 中等风化凝灰熔岩:灰色,斑状结构,块状构造。节理裂隙发育,倾角以70°左右为主,裂隙面浸染呈铁锈色,岩芯呈块状、半柱状,少量短柱状;岩质较硬,锤击声脆,RQD=40%~65%,岩石饱和抗压强度范围48~75MPa,属较硬岩~坚硬岩;岩体基本质量等级Ⅲ~Ⅳ级。

⑫$_5$ 微风化凝灰熔岩:灰色,斑状结构,块状构造。裂隙较发育,倾角近垂直,少量裂隙面浸染呈褐黄色。岩芯多呈柱状、短柱状;岩芯表面光滑,岩质坚硬,锤击声脆。RQD=50%~80%,岩石抗压强度69~98MPa,属坚硬岩;岩体基本质量等级Ⅰ~Ⅱ级。

⑰$_4$ 中等风化花岗岩:黄褐色,中粗粒结构,块状构造。风化裂隙较发育,沿裂隙面岩石风化作用加剧。岩芯多呈10cm左右短柱状及15~30cm柱状;岩质大部分较硬,裂隙附近较软。该层基本不可压缩,力学强度高。RQD=50%~85%,岩石饱和抗压强度41~78MPa,属硬质岩,岩体基本质量等级Ⅲ~Ⅳ级。

⑰$_5$ 微风化花岗岩:肉红杂灰白色,中粗粒结构,块状构造,见少量倾角70°左右裂隙,裂隙面较平整,岩芯多呈15~50cm柱状,岩质坚硬,锤击声脆。该层岩石不可压缩,力学强度高。RQD=65%~95%,岩石饱和抗压强度63~124MPa,属坚硬岩,岩体基本质量等级Ⅰ~Ⅱ级。

⑲₃ 中等风化辉绿岩:灰色,岩体结构较破碎~较完整,节理裂隙较发育,岩芯呈短柱状为主,为裂隙块状~镶嵌碎裂状结构,沿裂隙面风化渲染,但岩质仍较新鲜、坚硬。该层基本不可压缩,力学强度较高。RQD = 50%~70%,岩石饱和抗压强度41~78MPa,属硬质岩,岩体基本质量等级Ⅲ~Ⅳ级。

1.2.3 水文地质

1)雨水

厦门地区降水主要集中于4—8月,年降水为118~160d,具有降水量大、降水持续时间长、短期降水强度大的特点。多年年平均降水量为1183.4mm,年最多降水量1998.8mm,年最少降水量892.4mm(1970年),日最大降雨量320mm(2000年6月18日),最大降雨强度88mm/h。

2)地下水

按赋存介质,地下水可分为三类:赋存于第四系土层中的松散岩类孔隙水;赋存于残积层及全、强风化带中的风化残积孔隙裂隙水;赋存于碎裂状强风化带及以下的基岩裂隙水。

(1)地下水补给、径流、排泄及动态特征

松散岩类孔隙水主要接受大气降水、生活污水和供、排水管道渗漏水垂直下渗补给,水量有限。

松散岩类孔隙水、风化残积孔隙裂隙水及基岩裂隙水均直接或间接靠海水补给,但补给程度有一定差异。

风化残积孔隙裂隙水除接受海水或第四系土层中的松散岩类孔隙水补给外,尚有基岩裂隙水的侧向补给或托顶上渗补给,因风化残积孔隙裂隙水、孔隙水含水岩组上部往往具有一层渗透性能较差的黏性土、黏性素填土,该含水层组具微承压性。

基岩裂隙水与上覆地层水力联系密切。

地下水的运动主要受地形、地貌的控制,第四系松散岩类孔隙水、基岩裂隙水及风化孔隙裂隙水向低处汇流。

地下水的动态变化受年降水量变化规律的控制,地下水位一般3月开始上升,9月逐渐下降,5—6月为最高水位,12月至翌年2月为最低水位,变化幅度又因地形、含水层的不同而有差异,总体上基岩裂隙水和风化残积孔隙裂隙水水位随降雨变化较大,第四系松散层地下水变幅较小。

(2)水化学特征

场区地下水化学类型海域段属Na-Cl型,陆域段属Na-Cl-HCO₃型。地下水的水温、水质,在天然状态随气候变化不十分明显。

(3)水的腐蚀性

根据《岩土工程勘察规范》(GB 50021—2001)(2009年版),按Ⅰ类环境及B类条件进行判定,综合判定陆域段地下水对混凝土结构具微腐蚀、对钢筋混凝土结构中钢筋具微腐蚀性。

根据《混凝土结构耐久性设计标准》(GB 50476—2009),综合判定场区陆域段地下水作用等级为一般环境。

根据《铁路混凝土结构耐久性设计规范》(TB 10005—2010),综合判定场区地下水碳化环境作用等级为 T2；海域段地下水氯盐环境作用等级为 L1、盐类结晶破坏环境作用等级为 Y2、化学侵蚀环境作用等级为 H2。

1.3 工程重难点

隧址沿线穿越地层复杂，区间分布大量孤石及基岩凸起（中风化岩层侵入隧道），盾构通过前进行爆破处理。海上处理难度较大，不仅需要完全探测出区间孤石、基岩凸起分布，并处理充分，还需要对爆破后扰动地层进行注浆固结，施工过程中面临包括软硬不均地层掘进、海底高频进仓及换刀、设备磨损严重等诸多问题。施工中面临的地层难点如图 1.3-1 所示。

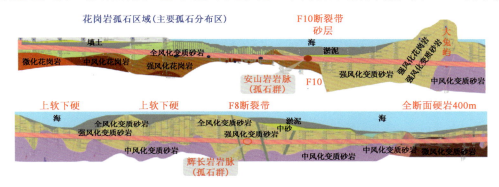

图 1.3-1 跨海盾构施工难点示意图

（1）孤石及基岩凸起

孤石，又称为球状风化体。厦门地铁 2 号线区间掘进中面临严峻的孤石及基岩凸起问题。跨海段施工过程总孤石含量不均匀，大粒径孤石的分布不均匀性、尺寸及强度差异性的存在对本区间隧道盾构法施工工艺及设备选择影响较大，易造成盾构机较大磨损甚至无法正常推进。

（2）海底换刀风险

由于地质条件复杂，在掘进过程中刀盘、刀具将不可避免地产生磨损，导致偏磨、崩裂甚至脱落。海底段水土压力大、穿越土层渗透系数较高，且部分区段存在大量裂隙，地层稳定性差，建立地层保压能力困难，开仓过程中面临涌水、涌砂、掌子面塌方等风险，直接危及施工人员的人身安全。

（3）开挖面稳定性控制

东渡码头 1 号泊位前沿分布有⑤₄层中粗砂，影响范围沿隧道轴线纵向长度左线约 10m，右线约 26m，中粗砂局部位于隧道洞身范围内，最厚约 5.3m，而紧邻砂层下伏基岩为硬质微风化石英砂岩，隧道断面地层为上软下硬。由于粗砂的高渗透性，盾构掘进中面临更为严峻的涌水、涌泥问题，掌子面易与海水贯通，掌子面顶部砂层容易坍塌。

（4）海底盾构接收

盾构机接收一直是盾构法施工的重大风险点，而海底盾构接收技术要求更高。需做好盾构姿态控制、管环背后注浆及接收密封结构，以规避盾构机出洞时将地下水引入隧道的风险。本工程共有两次海底盾构接收，其接收风险更大，因此更需要谨慎对待。

(5)盾构矿山段施工

盾构矿山段指盾构机在矿山法施工的区段内进行无负载推进。

此工况下,易因盾构反力不足,管片止水效果难以保证,引发错台、开裂、渗漏、管片上浮等质量通病,且本工程空推段处于小半径(350m)曲线段,盾构姿态控制要求更高,同步注浆效果难以保证。同时,盾构矿山段接收时易发生地下水顺盾体与地层空隙涌入隧道的风险。

(6)破碎地层海底隧道冻结法施工

厦门地铁2号线海—东区间海底地层破碎,裂隙广泛发育,在施工过程中随时可能发生海水喷涌,预先对注浆地层进行加固,对海底地层注浆工艺和注浆效果进行研究。在海水介质中,海水的存在会影响到冻结壁的形成过程,冻结法的冷冻温度和冷冻时间都与淡水中不同,其冻结壁的形成规律也有待研究。由于本工程为首次在海底隧道中应用冻结法,没有相关的工程经验可以参考,因此冻结法的设计和施工技术都需要加以深入研究。

CONSTRUCTION TECHNIQUES FOR
SUBMARINE METRO TUNNELS
IN COMPLEX ENVIRONMENTS

复杂环境海底地铁隧道建造技术

第 2 章

跨海地铁隧道盾构设备选型设计

大时代

盾智行

构未来

2.1 选型原则及设备类型

厦门地铁 2 号线跨海段地质环境条件复杂,对盾构设备配置及其制造提出了较高的要求,为此,除参照常规选型原则外,重点对设备类型进行适应性分析,并开展了大量研究。

2.1.1 选型原则

(1)选择盾构机类型时,其基本原则是:①满足设计要求;②安全可靠;③造价低;④工期短;⑤对环境影响小等。

(2)盾构适应性分析必须严格遵守以下原则:①选用与工程地质匹配的盾构机型,确保施工绝对安全;②可以辅以合理的辅助工法;③盾构的性能应能满足工程推进的施工长度和线形的要求;④选定的盾构机的掘进能力可与后续设备、始发基地等施工设备匹配;⑤选择对周围环境影响小的机型。

(3)为了选择合适的盾构机型,除应对土质条件、地下水条件进行勘察外,还应对占地环境进行充分的勘察,勘察内容包括:①工程地质条件、岩性(包括抗压、抗拉、粒径、成层等参数);②开挖面稳定措施;③隧道埋深、地下水位;④设计隧道的断面;⑤环境条件、沿线场地[附近管线和建(构)筑物及其结构特性];⑥衬砌类型;⑦工期;⑧造价;⑨宜用的辅助工法;⑩设计路线、线形、坡度、电气及其他设备条件。

2.1.2 设备类型

(1)基于地层渗透系数的厦门地铁隧道盾构适应性分析

影响盾构机在施工过程中适应性的因素较多,其中一个主要因素为盾构穿越主要地层的渗透性。常见地层情况下的对应渗透系数以及不同渗透系数下的盾构适应性如图 2.1-1 所示。渗透系数小于 10^{-7} m/s 时盾构以土压平衡盾构为主;渗透系数大于 10^{-4} m/s 时盾构以泥水盾构为主;渗透系数介于 $10^{-7} \sim 10^{-4}$ m/s 之间时,施工中可选用泥水平衡盾构或土压平衡盾构。具体适应性情况应视具体工程情况而定,如高水压状态下应选用泥水平衡盾构,水压较低时可选用土压平衡盾构。

厦门地铁跨海段隧道长距离跨海,区间施工过程中多处穿越砂层等渗透性极强的地层,其中残积砂质黏性土层(岩土编号⑪$_1^0$)中竖向渗透系数最高达 6.09×10^{-4} m/s,变质砂岩(岩土编号⑭$_1^1$)中竖向渗透系数最高达 3.58×10^{-4} m/s,花岗岩地层(岩土编号⑰$_1^0$)中竖向渗透系数最高达 0.73×10^{-4} m/s。可见从盾构穿越地层的渗透性方面来看,本区间使用泥水平衡盾构可取得较好的适应性。

(2)基于地层条件及颗粒级配的厦门地铁隧道盾构适应性分析

盾构适应性除受地层渗透系数影响外,还受到穿越地层条件的影响,具体体现为受穿越地层粒径分布的影响。当盾构机主要在黏性土层中施工时,采用土压平衡盾构往往有较好的使用效果,而当盾构机主要穿越砂性地层及砂卵石地层时,为保障盾构出土顺利维持掌子面稳定,施工中多采用泥水平衡盾构施工。

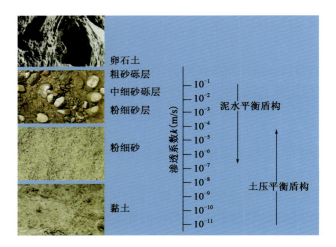

图 2.1-1 基于渗透系数的盾构适应性分析

盾构穿越地层的颗粒级配对盾构适应性的影响还体现为:当盾构穿越地层中存在大量卵石及孤石时,为提高刀盘的渣土通过率,避免卵石及孤石卡在刀盘处对地层造成过大扰动,应选用较大开口率的盾构机进行施工,一般为泥水平衡盾构;当盾构穿越土体颗粒较小的黏性地层时,大多采用成本较低的土压平衡盾构。

由粒径分布划分的盾构适应性如图 2.1-2 所示,图中浅黄色区域为黏土、淤泥质土区,为土压平衡盾构适用的颗粒级配范围;棕色区域为砾石粗砂区,为泥水平衡盾构适用范围;浅棕色区域为粗砂、细砂区,泥水平衡盾构及改良后的土压平衡盾构均可。

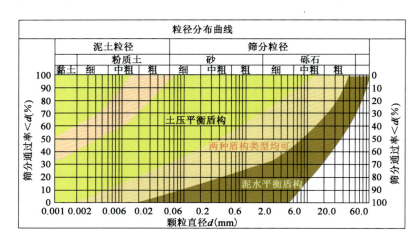

图 2.1-2 基于颗粒级配的盾构适应性分析

综上分析,厦门地铁施工过程中多处穿越颗粒较大的地层,为保障盾构施工过程中开挖面稳定,防止海水倒灌造成的严重施工问题,施工中应采用泥水平衡盾构。同时,施工过程中穿越多处孤石密集区及基岩凸起区段,处理后的孤石及基岩尺寸较大,如图 2.1-3、图 2.1-4 所示。由于处置后仍存在较大体积石块,施工过程中面临石块排出困难的问题,采用泥水平衡盾构可较顺畅地排出处理之后的孤石及基岩,进而保障施工进度。

a)盾构机顶部孤石　　　　　　b)掌子面大孤石

图 2.1-3　掘进中遇到的孤石

图 2.1-4　基岩凸起段钻孔岩芯

(3)基于水文地质条件的厦门地铁隧道盾构适应性分析

影响盾构适应性的另一重要因素为盾构沿线的水文地质条件,工程上普遍认为,当水压大于 0.3MPa 时,宜采用泥水平衡盾构。本区间内最高潮位至隧道最低距离约 55m,最大水土压约 0.6MPa,因此使用泥水平衡盾构施工适应性良好。此外,厦门地区具有降水量大,降水持续时间长、短期降水强度大的特点。厦门每年 7~10 月为台风季节,据 1949—2000 年《台风年鉴》资料统计:52 年中热带气旋共出现 344 次,平均每年 6.7 次,最多年 14 次(1961 年);强热带风暴共出现 212 次,平均每年 4.2 次;台风共出现 191 次,平均每年 3.7 次。台风给厦门带来大量降水,因此盾构施工中对水压处理的重要性进一步提升。综合考虑跨海段施工相关风险,本区间内盾构隧道采用泥水平衡盾构适应性较好,可有效考虑施工中面临的高水压、高渗透性及高埋深等风险。

综上,从地层渗透系数、地层颗粒级配以及水文地质三个方面来看,在厦门地铁跨海区间内选用泥水平衡盾构施工具有良好的适应性。

2.2 针对性设计

2.2.1 刀盘刀具设计

本工程区间中孤石密集、基岩凸起及破碎带地层占比达到28%,复杂地层带来的盾构掘进问题严重。盾构机在软硬不均地层掘进时,由于掌子面强度差异大,硬岩对刀具的撞击极易造成刀具磨损严重、非正常损坏、刀具脱落等,进而造成掘进受阻、刀盘磨耗。为应对复杂地层带来的挑战,对盾构机在刀具及刀盘两方面进行了针对性设计。

1)刀具针对性设计

(1)刀具耐磨

设置单刃盘形滚刀和双层耐磨切刀,刀头在刀盘上采用螺栓固定,易于在常压或局部气压下更换磨损刀头。同时,选用硬度大、抗剪性好的超硬钢材制作刀刃,提高刀具自身耐磨性;合理配置刀具高差;采用超硬重型刀具,刀具背面实施硬化堆焊;加强刀具磨耗监测,当刀具出现过量磨耗、偏磨、磕落等现象时要及时进仓更换刀具。

(2)滚刀间距

滚刀间距是指在破岩平面上,相邻轨迹滚刀之间的距离。滚刀间距过大和过小都不利于破岩。滚刀间距过大,滚刀间会出现岩脊;间距过小,滚刀间会出现小碎块现象,降低破岩功效。根据施工经验,对于微风化的花岗岩,刀间距建议为6~8cm;微风化的片麻岩,建议为5~9cm。本工程施工地层条件复杂,频繁穿越孤石密集等施工困难地层,因此滚刀间距选取为80mm,以保障刀具的破岩能力。

因重型扁齿滚刀刀圈耐磨性更好,在硬岩中掘进寿命更长,用重型扁齿滚刀刀圈来代替目前普通的光面刀圈,以此来减少换刀次数,增加掘进效率。如果岩石强度继续提高,则应减小刀间距,改为双刃重型扁齿滚刀刀圈,如图2.2-1所示。

a)普通光面刀圈　　　b)重型扁齿滚刀刀圈　　　c)双刃重型扁齿滚刀刀圈

图2.2-1　软硬不均及破碎带地层滚刀更换

（3）滚刀和切刀的高差

在软硬不均地层中，刀盘同时配置了滚刀和刮刀，出于破岩要求和刀盘保护要求，两者的安装高度差需要满足一定的条件。本工程掘进过程中多次穿越软硬不均、孤石密集、基岩凸起及破碎带地层，上述地层掘进过程中均需面临破岩问题，因此滚刀布置得比切刀高一些，从而充分发挥滚刀的破岩作用并保护切刀。

施工中滚刀先于切刀接触开挖面，起着破岩的作用，滚刀的破岩需要满足一定的贯入度 h，而当滚刀和切刀的安装高度差 ΔH 小于破岩所需贯入度时，切刀会抵住开挖面，影响滚刀破岩效率和切刀寿命，如图 2.2-2 所示。

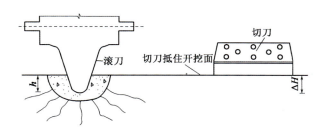

图 2.2-2　滚刀切刀高差配合示意图

除此之外，刀具破岩过程中会引起刀具磨损，一般来说，当刀圈磨损达到一定限值时，就需要换刀。所以滚刀与切刀的安装高度差不仅要考虑滚刀破岩所需贯入度 h，还需考虑刀圈的磨损限值，即安装高度差 ΔH 为贯入度与刀圈磨损限值之和。

$$\Delta H = [\delta] + h \tag{2.2-1}$$

式中：ΔH——滚刀与切刀高度差（mm）；

　　　δ——刀圈磨损限值（mm）；

　　　h——滚刀贯入度（mm/r），计算中按刀盘转动一圈取值。

在复合地层掘进中，贯入度随着地层的变化而变化，即不同的地层对贯入度的需求是不同的。本工程中将中心双刃滚刀和滚刀的磨损限值定为 32mm，边缘滚刀的磨损限值定为 21mm，考虑滚刀破岩所需贯入度一般在 15mm/r 左右，因此从保护切刀及充分发挥滚刀破岩作用的角度来看，本工程的滚刀切刀高度差应取为 47mm 左右。实际施工中，中心双刃滚刀及滚刀与周边铲刀的高差为 48mm，满足该要求。

（4）中心刀针对性配置

为解决中心滚刀螺栓在受力后易变形，从而导致拆卸困难的问题，采用了 TBM 上使用的中心双刃滚刀及刀箱设计，如图 2.2-3 所示。采用针对性设计后，避免了普通中心双刃滚刀安装螺栓被拉断的可能性，便于拆卸刀具。此外，刀座结构材料相对普通中心双刃滚刀刀座材料具有更高的屈服强度，在使用过程中同样具有更好的耐冲击性能。刀盘中心区域有相对较大的开口，在同样地质条件下盾构机掘进时更有利于渣土的流动，从而降低刀盘中心区域结泥饼的风险。

通过上述分析后，确定了针对本工程的刀具配置及相应更换标准，见表 2.2-1。其中双刃和单刃滚刀可背后更换，刮刀和切刀可前部更换，刀具布置如图 2.2-4 所示。

a) 普通刀箱安装滚刀状态下的开口　　　　b)TBM刀箱安装滚刀状态下的开口

图 2.2-3　中心滚刀改装前后布置对比

刀具配置及更换标准　　　　　　　　　　表 2.2-1

序号	名称	单位	数量	高差(mm)	更换标准
1	中心双刃滚刀	把	4	188	32mm
2	切刀	把	54	140	崩齿或刀齿磨损 2/3
3	周边铲刀	把	12	140	崩齿或 29mm
4	先行刀	把	12	160	刀齿磨损 2/3
5	滚刀	把	39	188	32mm
6	边缘滚刀	把	10	43.86	21mm

 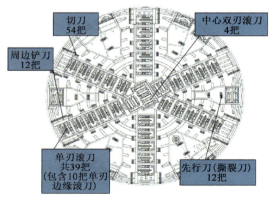

图 2.2-4　刀具布置示意图

2) 刀盘针对性设计

为了让刀盘前方的小粒径孤石、破碎硬岩以及经滚刀切割分解后的小块岩石顺利排出,综合考虑出渣顺畅及掌子面稳定等因素后,将刀盘开口率设定为30%,允许通过最大粒径为29cm。在刀盘形式方面,本工程采用复合式刀盘,刀盘自身通过法兰安装在主轴承的内齿圈上,通过变频电机驱动。刀盘设计为双向旋转,其转速可无级调节。针对施工中出现的磨耗较大问题,盾构机刀盘和面板设置磨损监测装置,实现对刀盘刀具磨耗量的实时监测,并在发现磨耗过量时及时更换刀具。为便于排出小块孤石及石块,刀盘开口部分设计为便于流动的楔形结构,开口逐渐变大,从而利于渣土流动。此外,刀盘背面的支撑臂和搅拌臂将注入的泥水和开挖渣土在刀盘后面进行充分搅拌。刀盘结构如图2.2-5所示。

在刀盘设计方面,为适应本区间盾构施工过程中孤石密集、基岩凸起及破碎带较多的情况,将盾构机刀盘设置为可伸缩刀盘,其刀盘与盾体的间距可在7~43cm范围内调整,如图2.2-6所示。

图2.2-5 跨海区间泥水平衡盾构机刀盘　　图2.2-6 盾构配置的可伸缩刀盘

可伸缩主驱动系统能够提高刀盘结构动作的灵活性,整体主驱动结构实现刀盘的伸缩,有利于隧道施工中刀具的更换以及刀盘防卡、脱困等,驱动该装置的液压缸在正常掘进过程可反馈有效的刀盘推力,有利于更好地监测刀盘的运行状态,防止出现过大推力破坏滚刀轴承,最大限度地减少施工风险。使用可伸缩刀盘的主要效果包含以下几点:

(1)保护刀盘和主轴承。该功能主要是针对硬岩掘进。刀盘伸缩的驱动是由液压系统提供,在液压回路中,伸缩液压缸的溢流压力被设定,当盾构遇到硬度较高的岩石时,推力增大,推进速度降低。当推力增加,超出盾构安全载荷时,刀盘伸缩液压缸溢流,此时,推力液压缸压力降低,因此推力不会超出安全载荷,同时主轴承伸缩面外侧的软垫能够对径向的冲击起到保护作用。这种对轴向和径向过载力的保护,对刀盘、刀具和主轴承具有保护作用。

(2)适应软硬不均地层。刀盘伸缩液压缸沿圆周方向均布,液压缸的推力和行程能够独立控制。当进入软硬不均地层时,刀盘刀具的切削挤压会造成刀盘受力不均,此时,该受力不均的情况能够反映到刀盘的伸缩液压缸上。由于刀盘推力完全是由液压缸来提供的,受力不均时,液压缸的推力也有所不同,由于行程和推力具有单独工作性能,使设备更能适应软硬不均地层。

在驱动系统方面,采用的主轴承直径为3m,由9×160kW的电机驱动,其额定扭矩

5134kN·m,脱困扭矩 7187kN·m,转速 0~3.7r/min。驱动系统可实现伸缩摆动功能,从而带动刀盘进行伸缩摆动,该设计有利于盾构换刀及脱困作业。主轴承采用唇形密封,密封系统包括外 4 道及内 2 道,最大工作压力为 6.5MPa。

在盾体铰接方面,采用被动铰接形式。前盾和中盾为固定连接,之间没有铰接,不能相对运动,铰接位于中盾和盾尾之间,液压缸数量共 14 根,最大设计总拉力/压力为 1000kN@35MPa,如图 2.2-7 所示。施工中周围土体对盾尾的摩擦力通过被动铰接液压缸传递到中盾上。被动铰接操作简单,刀盘灵活,在硬岩地层对管片和盾尾刷的保护较好,可精确监测刀盘受力,硬岩地层边缘刀具更换效率高,可实现硬岩区段的超挖,因此能够增强盾构机的适应性。

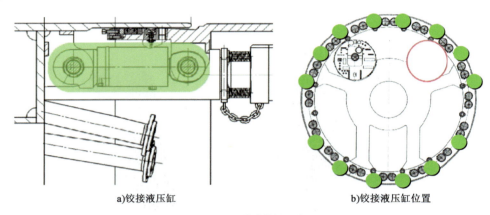

a)铰接液压缸　　　　　b)铰接液压缸位置

图 2.2-7　被动铰接形式

3)碎石机针对性设计

由于破碎带及孤石地层中滚刀破岩能力受限,为加强盾构机破岩能力,从而更好地适应硬岩及孤石密集地层掘进,在盾构机中设置了颚式碎石机,如图 2.2-8 所示。其颚板硬度为 HRC 56~60,破碎机液压缸直径与活塞杆直径分别为 250mm 及 180mm,最大可破碎粒径为 700mm。设置该颚式碎石机后盾构机硬岩掘进效率得到极大保障。

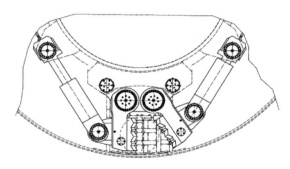

图 2.2-8　盾构机配备的颚式碎石机

2.2.2　环流系统耐磨性设计

本工程长距离跨海修建,施工工期较长,对管路耐磨要求高。特别是管道弯折处,在泥浆中的石块及石英石的冲击作用下,管道磨耗现象尤为严重,如图 2.2-9 所示。

a) 直线管路磨穿　　　　　b) 弯头管路磨穿

图 2.2-9　泥浆管路磨穿现象

(1) 直线管路的耐磨措施

在直线管路中，控制泥浆流速在临界流速附近，使管路内石块处于悬浮状态，降低石块碰撞及滚动对管路造成的磨损。临界流速指保证浆体正常流动和固体颗粒不出现沉积的流速，可按下式进行计算。

$$v_\mathrm{L} = F_\mathrm{L} \sqrt{2gD \frac{\gamma_\mathrm{s} - \gamma}{\gamma}} \tag{2.2-2}$$

式中：v_L——临界沉淀速度(m/s)；

D——管路直径(m)；

γ_s——地层固体密度(t/m³)；

g——重力加速度(m/s²)；

F_L——常数，一般送泥侧取 0.7，排泥侧取 1.35；

γ——泥浆密度(t/m³)，盾构送进泥浆密度为 1.1t/m³，排出泥浆密度为 1.3t/m³。

直线管路的底部磨损量最大，两侧次之，顶部最小。因此在实际应用中，为了延长直线管道的使用寿命，过一段时间将管道底部与顶部倒转方向使用，通过旋转管路的方式将磨耗严重处旋离磨耗高危区域，可以提高泥浆管 1 倍的使用寿命，从而提高管道利用率，节约施工时间以及施工成本。

(2) 弯头管路的耐磨措施

结合面采用整体铸造方式，避免焊缝长期受到局部撞击而加速磨损。耐磨管路的外壁采用 Q235 普通耐磨钢管，内衬采用高铬钼抗磨合金钢(KMTBCr20Mo2Cu1)，热处理硬度 HRC > 58，既可保证泥浆管道的焊接性能，又使泥浆管道具有较高的机械强度和耐磨性能，可大大增加泥浆管道的使用寿命(是普通耐磨材料 Q345、16Mn 使用寿命的 5~12 倍)。普通耐磨管材和双金属耐磨管材材料的机械性能对比见表 2.2-2。

弯头材料机械性能对比　　　　　　　　　表 2.2-2

材料型号	抗拉强度(MPa)	冲击韧度(J/cm^2)	内部硬度(HRC)
KMTBCr20Mo2Cu1	800～860	5～8	55～60
Q345/16Mn	470～660	—	12～14

2.2.3 盾体、盾尾结构设计

跨海盾构隧道施工过程中，由于穿越地层水文地质条件复杂，水土压力较高，土体渗透系数较大，施工中面临较为严重的盾体及管片渗漏风险，盾构密封防漏任务艰巨。密封措施主要分为设置注浆孔及配套设备、主轴承密封、盾尾密封和铰接密封四个方面，应遵循"以防为主，多道设防，杜绝漏水"的原则，并遵循各项规范要求。

（1）配置注浆孔及配套设备。为更好地获得盾体及管片密封效果，将盾构机进行了以下改良：盾体设置 8 个直径为 50mm 的预留孔，向周围注入聚氨酯，防止高压气体通过盾体及管片与地层之间的间隙进行扩散（图 2.2-10）。管片通过二次注浆孔进行密封加固，注浆范围为盾尾后 5 环管片。

a)盾体上油脂孔

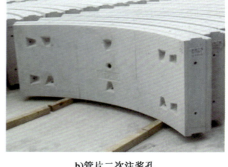
b)管片二次注浆孔

c)注浆泵

d)专用接头

图 2.2-10　配置注浆孔及配套设备

此外，为适应盾构掘进过程中的同步注浆任务，设置了相应的配套设施：配备液压注浆泵 3 台，注浆能力为 $1 \times 12 m^3/h$，其具体配置情况见表 2.2-3。浆液箱有效容积为 $8.0 m^3$，具有自搅拌功能，并配备砂浆输送泵，随编组列车一起运输。

同步注浆系统注浆泵配置情况　　　　　表2.2-3

项目	参数
注浆管路数量(一用一备)(根)	6 + 6
能力(m³/h)	10
注浆泵数量(台)	3
注浆泵型号	KSP12
储浆罐容量(m³)	8
储浆罐轴承润滑形式	自动集中润滑
流量脉冲型传感器数量(个)	6
压力传感器数量(个)	6

(2) 主轴承密封。主轴承密封主要通过轴承止水带实现，轴承止水带的目的是保护切削轴承，使其免受砂土、地下水、添加剂等的侵入，因此必须能承受压力仓内的泥土压力、地下水压力、泥水压力、添加剂注入压力和大气压力等。为获得更好的止水效果，将多唇形止水带设置于轴承处，轴承止水带具有耐压性、耐磨损性、耐油性和耐热性，如图 2.2-11 所示。

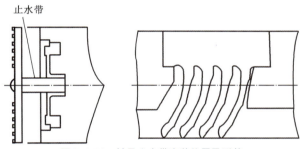

图 2.2-11　轴承止水带安装位置及形状

(3) 盾尾密封。在盾尾密封方面，盾尾密封设计采用 3 道钢刷密封、1 个钢板束及 1 道止浆板，并在掘进过程中不间断注入油脂，以阻断外部水土与盾构内部的通道，如图 2.2-12 所示。该密封结构可满足在 0.6MPa 压力条件下正常工作。

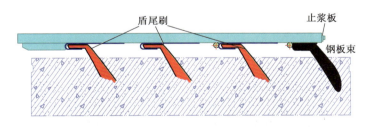

图 2.2-12　盾尾密封结构示意图

(4) 盾尾铰接密封。盾体与盾尾之间采用被动铰接，盾体与盾尾承插，且间隙极小，设置两道应急密封及一道油脂注入腔，每道密封圈可以承受 0.6MPa 的工作压力。

当盾构机转弯，出现一侧间隙较大的情况时，可能出现渗水现象，此时只需向油脂腔注入盾尾油脂。如果仍不能封堵，则向应急密封注入高压气体，启用应急密封。盾尾铰接密封由 14 根液压缸组成，如图 2.2-13 所示。

图 2.2-13　盾尾铰接密封

2.3　盾构参数配置

1）整机参数

盾构机总长度约 107m,其中主机长度约 10.2m;总质量约 400t;最小转弯半径为 250m;最大设计压力 0.65MPa,最大工作压力 0.65MPa。盾构机设置 2 个双舱式人舱,容量为 2 人 + 3 人;材料闸尺寸 600mm×800mm,两者工作压力均为 0.65MPa。主要参数见表 2.3-1,盾构整机组成如图 2.3-1 所示。

盾构机主要参数表　　　　　表 2.3-1

序号	项目	单位	参数	序号	项目	单位	参数
1	整机长度	m	107	8	脱困扭矩	kN·m	7187
2	主机总长度	m	10.2	9	刀盘转速	r/min	0~3.7
3	刀盘直径	mm	7043	10	最大进泥流量	m^3/h	1000
4	刀盘开口率	%	30	11	最大排泥流量	m^3/h	1100
5	最大推力	kN	50688	12	同步注浆泵	台	3
6	最大速度	mm/min	50	13	注浆能力	m^3/h	3×10
7	额定扭矩	kN·m	5134				

图 2.3-1　盾构整机组成

2)主驱动

(1)选用 3m 主轴承,有效使用寿命 10000h,性能可靠。

(2)选用电驱动(9×160kW)。额定扭矩 5134kN·m,脱困扭矩 7187kN·m,转速 0~3.7r/min。

(3)具有伸缩摆动功能。

(4)主轴承采用唇形密封形式:外 4 道 + 内 2 道(自动集中润滑)。工作压力:0.65MPa。

(5)过载保护装置形式:机械式扭矩过载保护。

3)刀盘

刀盘采用复合式,中心双刃滚刀 4 把、切刀 54 把、周边刮刀 12 把、先行刀(撕裂刀)12 把、滚刀 39 把、边缘滚刀 10 把。盾构机刀盘和面板设置磨损监测装置。刀盘开口率为 30%。

4)盾体

(1)采用被动铰接,铰接密封设计压力为 0.65MPa,盾体采用锥形设计。

(2)前盾外径 6990mm,中盾外径 6980mm,尾盾外径 6970mm;盾壳厚度 60mm。

(3)最小转弯平曲线半径为 250m。

(4)盾尾间隙为 35mm。

(5)盾尾密封设计:3 道钢刷密封 + 1 个钢板束 + 1 道止浆板。

5)碎石机和泥水循环

(1)碎石机:颚式碎石机。

(2)颚板硬度:HRC 56~60。

(3)破碎机液压缸直径/活塞杆直径为 250mm/180mm。

(4)最大可破碎粒径为 700mm。

(5)进浆泵 2 台,型号 Warman 10/8AH,功率 400kW;排浆泵 3 台,型号 Warman 12/10GH,功率 500kW;中心冲刷泵 1 台,功率 90kW,型号 P0.1。

(6)额定和最大进泥流量 1000m^3/h;额定和最大排泥流量 1100m^3/h。

6)推进和铰接系统

(1)推进系统。

①液压缸数量:2×16 个。

②液压缸行程:2200mm。

③最大总推力@压力:50668kN@35MPa。

④推进液压缸分区数量:4 区。

⑤位移传感器数量:4 个。

⑥最大回缩速度:1600mm/min(单组)。

(2)铰接系统。

①液压缸数量:14 根。

②最大设计总拉力@压力:10006kN@35MPa。

③行程传感器数量:4 个。

④铰接转向角度:最大铰接角度为 ±1°。

⑤铰接密封形式:2×双唇橡胶密封,带紧急充气功能。

7)拼装机和喂片机

(1)管片拼装机。

管片拼装机采用中心回转式,液压驱动,具有 6 个自由度。管片拼装机采用无线控制(备有线控电缆和连接接头),管片抓取方式采用机械式。管片拼装机可以实现环宽为 1.2m/1.5m 管片的拼装。

(2)喂片机。

喂片机存放管片的数量多,可减少管片车的等待时间,提高施工效率。海瑞克的喂片机可存放一环(6 块)管片。

8)油脂系统

油脂系统包括 HBW 油脂、EP2 油脂、齿轮油等润滑系统及盾尾密封油脂系统。HBW 油脂、EP2 油脂及盾尾密封油脂系统采用 IST 泵,型号为 GP200-C-500150,压缩比为 50∶1,供油能力为 8.5L/min@200bar。齿轮油泵 1 泵送能力 38L/min;齿轮油泵 2 泵送能力 29L/min。采用 Shell Omala F460 齿轮油。

9)注浆系统

(1)采用 3 台 KSP12 注浆泵。

(2)注浆管路为 6 用 6 备。

(3)采用自动集中润滑方式。

(4)储浆罐容积为 $8m^3$。

10)人舱

采用 2 个双舱式人舱,容量为 2 人 +3 人,舱内工作压力为 0.65MPa。

2.4 本章小结

在厦门地铁工程盾构机选型与施工设计中,充分考虑了复杂的地质环境,包括高水压、孤石、基岩凸起等施工难点,按照满足设计要求、安全可靠、成本低、工期短、环境影响小等原则进行选型。同时,针对长距离跨海盾构隧道施工,采取了一系列针对性设计措施,包括优化刀具、刀盘、环流系统、盾体/盾尾结构等关键部分,以提高掘进效率,确保施工安全性。

1)盾构机选型

在盾构机选型过程中,综合考虑了地质条件、开挖面稳定措施、隧道埋深、地下水位、隧道断面、环境条件、衬砌类型、工期、造价、辅助工法、设计路线等因素。根据地层渗透系数、地层颗粒级配和水文地质条件,泥水平衡盾构在厦门地铁跨海区间施工中表现出良好的适应性,可有效应对高水压、高渗透性及高埋深等风险。

2)针对性设计措施

(1)刀具设计:采用耐磨刀具,调整滚刀间距,配合滚刀和切刀的高差,以增强刀具的耐磨性和破岩能力。

(2)刀盘设计:采用复合式刀盘、可伸缩刀盘等,提高刀盘的适应性和掘进效率。

(3)环流系统耐磨性设计:在直线管路和弯头管路中采取耐磨措施,减少了管路磨损。

(4)盾体、盾尾结构设计:设置注浆孔及配套设备、主轴承密封、盾尾密封和铰接密封等,确保施工过程中的密封性和稳定性。

3)参数配置

为确保长距离跨海盾构隧道施工的安全性、稳定性和高效性,对盾构机的各项参数进行了详细配置,包括盾构机整体参数、主驱动、刀盘设计、盾体结构、碎石机和泥水循环系统、推进和铰接系统、拼装机和喂片机、油脂系统、注浆系统以及人舱等。这些配置为盾构机的顺利运行和隧道的成功建设提供了坚实保障。

CONSTRUCTION TECHNIQUES FOR
SUBMARINE METRO TUNNELS
IN COMPLEX ENVIRONMENTS
复杂环境海底地铁隧道建造技术

第3章

临海超深土岩组合基坑施工关键技术

大时代
盾智行
构未来

3.1 深大基坑支护与开挖技术

3.1.1 超深大基坑支护技术

3.1.1.1 桩间支护

基坑桩间土采用挂网喷射混凝土处理。钢筋网片喷射混凝土规格为 $\phi 8mm@200mm \times 200mm$,强度等级为 C25,厚度为 100mm。每一步开挖后立即初喷 40mm 厚 C25、P6 早强混凝土,然后挂 $\phi 8mm@150mm \times 150mm$ 钢筋网,架立钢架并楔紧钢架与围岩空隙,最后湿喷混凝土至设计厚度。

1)工艺流程

喷射混凝土施工工艺流程具体如图 3.1-1 所示。

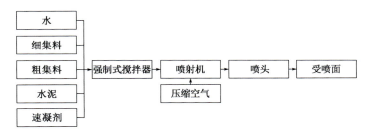

图 3.1-1 喷射混凝土施工工艺流程图

(1)机械土方开挖完成后,人工清理灌注桩及桩间表层,对局部出现渗漏水的地方采用注浆堵水处理。

(2)在围护桩上打设 M20 膨胀螺栓,螺栓间距为 $1.2m \times 1.2m$,打设时确保牢固。

(3)钢筋网片采用搭接焊的焊接形式加工而成,并且在网片上加焊支架以保证喷射混凝土的保护层厚度,网片可提前在加工厂加工。

(4)将网片采用焊接形式固定在膨胀螺栓和锚杆上,焊接应满足质量要求,网片间搭接长度为不小于 1.5 个网格尺寸,自检合格后并报监理验收。

(5)喷射机械安设调整好后,先注水、通风,清除管道内杂物,清扫施喷面松散土体或杂物。

(6)喷射前打开速凝剂阀门,先给风再送料,以易黏结、回弹小、表面湿润光泽为准。

(7)喷射机的工作风压力严格控制在 $0.3 \sim 0.4MPa$ 范围内。

(8)严格控制好喷嘴与受喷面的距离和角度。喷嘴与受喷面垂直,有钢筋时角度适当放偏 $30°$ 左右,喷嘴与受喷面距离控制在 $1.0 \sim 1.2m$ 范围内。喷射顺序自下而上,料束呈旋转轨迹运动,一圈压半圈,纵向按蛇行,每次蛇行长度约 2m。用预埋检测桩法测设喷射混凝土厚度,不够设计厚度的重新加喷补够。分区分层施工,每层 5cm。

2)技术措施

(1)喷射混凝土砂石料要储放于储料棚内,水泥存放于水泥罐中,避免因露天堆放(淋雨及环境污染)和倒运材料而污染集料,引起堵管和强度降低等现象。

(2)搅拌系统就近砂石料场布置,设封闭搅拌棚,并有喷淋降尘系统,以有效抑制扬尘。

(3)试验室负责优选喷射混凝土配合比和施工控制。施工中按配合比称料拌和,严格控制外加剂的掺量,确保喷射混凝土强度符合设计要求。严禁随意增加速凝剂掺量,尽量用储存3~7d的水泥,存放较长时间的水泥将会影响喷射混凝土的凝结时间。

(4)喷射作业分段、分片、分层,由下而上,依次进行,如有较大凹洼时,先填平。

(5)分层喷射时,后一层喷射在前一层混凝土终凝后进行;若终凝1h后再进行喷射,应先用风水清洗喷层表面。

(6)有水地段混凝土喷射时,先从远离出水点处开始,逐渐向涌水点逼近,将散水集中,安设导管,将水引出,再向导管逼近喷射。

(7)喷射混凝土由专人喷水养护,喷射混凝土终凝2h后应喷水养护,养护时间一般工程不得少于7d,重要工程不得少于14d,以减少由于水化热引起的开裂。发现裂纹用红油漆做上标识,进行观察和监测,确定其是否继续发展并找出原因进行处理。对不再发展的裂纹,在其附近加设土钉或加喷一层混凝土进行处理法,以策安全。

(8)喷射混凝土面层厚度采用凿孔实测或预埋厚度标志测量,确保达到设计要求。

3)喷射混凝土质量检验检测

(1)抗压强度试验

①检查喷射混凝土抗压强度所需的试块应在工程施工中抽样制取,每喷射50~100m^3混合料或混合料小于50m^3的独立工程试块不得少于一组,每组试块不得少于3个材料或配合比变更时另作一组。

②检查喷射混凝土抗压强度的标准试块应在一定规格的喷射混凝土板件上切割制取,试块为边长100mm的立方体,在标准养护条件下养护28d,用标准试验方法测得极限抗压强度并乘以0.95的系数。

③当不具备制作抗压强度标准试块条件时也可采用下列方法制作。

a. 喷制混凝土大板在标准养护条件下养护7d后用钻芯机在大板上钻取芯样,试块芯样边缘至大板周边的最小距离不应小于50mm,芯样的加工与试验方法应符合《钻取芯样法测定结构混凝土抗压强度技术规程》(YBJ 209—1986)的有关要求。

b. 亦可直接向边长为150mm的无底标准试模内喷射混凝土制作试块,其抗压强度换算系数应通过试验确定。

④采用立方体试块做抗压强度试验时加载方向必须与试块喷射成型方向垂直。

⑤喷射混凝土抗压强度的验收应符合下列规定。

a. 同批喷射混凝土的抗压强度应以同批内标准试块的抗压强度代表值来评定。

b. 同组试块应在同块大板上切割制取,对有明显缺陷的试块应予舍弃。

c. 每组试块的抗压强度代表值为三个试块试验结果的平均值,当三个试块强度中的最大值或最小值之一与中间值之差超过中间值的15%时,可用中间值代表该组的强度;当三个试块强度中的最大值和最小值与中间值之差均超过中间值的15%时,该组试块不应作为强度评定的依据。

d. 重要工程的合格条件为:

$$f'_{ck} - K_1 \geq 0.9 f_c \tag{3.1-1}$$

$$f'_{ck,min} \geq K_2 f_c \tag{3.1-2}$$

e. 一般工程的合格条件为：

$$f'_{ck} \geq f_c \tag{3.1-3}$$

$$f'_{ck,min} \geq 0.85 f_c \tag{3.1-4}$$

式中：f'_{ck}——施工阶段同批 n 组喷射混凝土试块抗压强度的平均值(MPa)；

f_c——喷射混凝土立方体抗压强度设计值(MPa)；

$f'_{ck,min}$——施工阶段同批组喷射混凝土试块抗压强度的最小值(MPa)；

K_1、K_2——合格判定系数，按表3.1-1 取值。

合格判定系数 K_1、K_2 值　　　　表3.1-1

试块抽样数量(组)	10～14	15～24	≥25
K_1	1.70	1.65	1.60
K_2	0.9	0.85	0.85

注：当同批试块抽样组数 $N < 10$ 时，可按 $f'_{ck} \geq 1.15 f_c$ 以及 $f'_{ck,min} \geq 0.95 f_c$ 验收。

(2)喷射混凝土厚度检测

①喷射混凝土厚度可用凿孔法或其他方法检测。

②对于各类工程，喷射混凝土厚度检测断面的间距可根据表3.1-2 的规定来确定。然而，对于每一个独立的工程，检测断面的数量不得少于一个，且在每个断面上必须进行多点测量。

喷射混凝土厚度检测断面间距(单位:m)　　　　表3.1-2

隧道跨度	间距	竖井直径	间距
<5	40～50	<5	20～40
5～15	20～40	5～8	10～20
15～25	10～20	—	—

3.1.1.2　格栅支护施工

每步开挖深度为500mm，完成后立即初喷40mm 厚混凝土，挂内侧钢筋网，安装格栅钢架、纵向连接筋，打设砂浆锚杆、锁脚锚杆，挂外侧钢筋网。喷射强度等级为C25 的早强混凝土封闭暴露的土体至设计要求支护厚度。

1) 格栅加工

施工横通道采用钢格栅+网喷混凝土支护，格栅现场加工。格栅加工交底由技术人员严格按照标准规范进行。钢筋格栅第一榀制作好后在场地内试拼，保证满足规范及设计要求的偏差后，首件验收合格后，再投入批量生产。

(1)格栅钢架应根据编号分别加工，加工时必须进行专业测量，采用全站仪整体测量放样，整体成榀加工、编号、存放，以保证格栅钢架连接时的整体安装质量。

(2)加工做到尺寸准确,弧形圆顺;钢筋焊接(或搭接)长度满足设计要求,钢架两侧对称焊接成型时,钢架主筋中心与轴线重合,接头处相邻两节圆心重合,连接孔位准确。

(3)成型的格栅钢架应圆顺;允许偏差为:拱架矢高及弧长+20mm,架长±20mm。

(4)格栅钢架组装后应在同一平面内,尺寸允许偏差为±20mm,扭曲度为20mm。

(5)格栅钢架各单元主筋、加强筋、连接角钢焊接成型,片与片之间用螺栓连接。

(6)所有焊缝均采用双面搭接焊接电弧焊,焊接长度$5d$(d为钢筋直径),同一焊接区段内,钢筋接头面积按有关规范处理。

(7)严格焊前及焊缝检查,注意事项:

①焊接材料附有质量证明书,并符合设计文件和国家标准规定。

②钢筋按照钢材质量证明书进行现场复检。

③有锈蚀的钢筋禁止使用,对轻微浮锈油污等清除干净并对焊点进行防锈处理。

④焊制前进行焊工摸底试焊,根据手工电弧焊规范评定焊接等级。按照规范选用焊接电流、电压、引弧速度等,并要求供电质量稳定。

⑤施焊前焊工复查组装质量及焊缝区的处理情况,如不符合要求,修整合格后才能焊接。焊接完毕后清除熔渣及金属飞溅物,不允许出现漏焊和假焊等现象。

⑥格栅加工允许偏差见表3.1-3。

格栅加工允许偏差表　　　　表3.1-3

序号	项目		允许偏差(mm)	检查方法
1	拱架矢高及弧长		+20～0	尺量
2	墙架长度		±20～0	尺量
3	拱、墙架高、宽尺寸		10～0	尺量
4	格栅组装试拼	高度	±30	尺量
		宽度	±20	尺量
		平面翘曲	+20～0	尺量
		螺栓眼中心间距	±1.0	尺量
5	钢筋间距		±10	尺量
6	钢筋搭接长		±15	尺量

2)格栅安装

安装工作内容包括定位测量,安装前的准备和安设。

(1)定位测量

首先测定出拱顶中线,确定拱脚高程。

(2)安装前的准备工作

加工好的单元格栅钢架分单元堆码,并挂牌标识,以防用错。安设前进行断面尺寸检查,及时处理欠挖部分,保证钢架正确安设,安设前将格栅拱角部位的松渣处理干净,杜绝夹层,垫上钢板或木板,防止钢架下沉。

(3)钢格栅安装

开挖后应及时安装,两榀钢格栅间沿周边设纵向连接筋,环形间距100cm,内外双层布置,形成纵向连接体系,然后挂设钢筋网片,钢筋网片绑扎在钢架的设计位置,并与格栅钢架牢固连接,然后施作初期支护混凝土。格栅安装允许偏差应满足下列要求:

①钢架纵向允许偏差为 ±30mm。
②钢架横向允许偏差为 ±20mm。
③高程偏差允许误差为 ±15mm。
④垂直度允许偏差为 5‰。
⑤钢架保护层厚度允许偏差为 −5mm。

3.1.1.3 中空注浆锚杆、砂浆锚杆、锁脚锚管或锚杆施工

在开挖过程中,采用中空注浆锚杆、砂浆锚杆、锁脚锚管或锚杆对土体加固及止水。

(1)中空注浆锚杆:仅设置于横通道加高段拱顶,横通道标准段、过渡段不予设置,$\phi 25$mm 中空注浆锚杆,间距 $1.0m \times 1.0m$(纵×环),梅花形布置,长度 $L=3.0m$。

(2)砂浆锚杆:$\phi 22$mm,边墙设置;间距 $1.0m \times 1.2m$(纵×环),梅花形布置,$L=3.0m$,砂浆强度等级不低于 M20。

(3)锁脚锚管或锚杆:横通道开挖所处地层为碎裂状强风化或中等风化岩层,对于碎裂状强风化岩层,开挖时在每榀钢架拱脚处设两根 $\phi 42$mm、$t=3.5$mm 锁脚锚管,$L=3m$;对于中等风化岩层,开挖时在每榀钢架拱脚处设两根 $\phi 22$mm 砂浆锚杆,$L=3m$。锁脚锚管或锚杆与格栅主筋焊接牢靠。中空注浆锚杆、砂浆锚杆平面布置如图 3.1-2、图 3.1-3 所示。

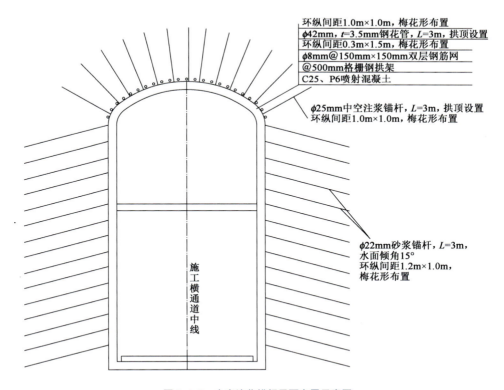

图 3.1-2 中空注浆锚杆平面布置示意图

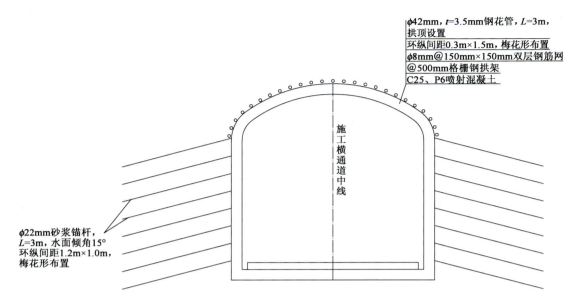

图 3.1-3 砂浆锚杆平面布置示意图

3.1.1.4 砂浆锚杆支护施工

1)施工工艺流程

砂浆锚杆支护施工工艺流程如图 3.1-4 所示。

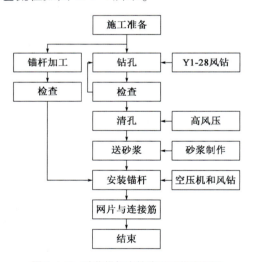

图 3.1-4 砂浆锚杆支护施工工艺流程图

2)砂浆锚杆支护工艺要求

(1)锚杆成孔机具采用手持 YT-28 风钻。钻孔完毕应将孔内岩粉和土屑清洗干净。

(2)锚杆使用前应调直和除锈。

(3)施工中应检查锚杆位置、钻孔直径、钻孔深度和角度、锚杆杆体长度和杆体插入长度。钻孔孔位、孔深和孔径等应符合设计要求。允许偏差为:孔位 ±150mm;孔深 ±50mm;孔径应大于杆体直径15mm;锚杆插入长度不得小于设计长度的95%。

(4)安装作业应及时进行,并加垫板,垫板应与喷层紧贴。

(5)清孔后应将钢筋和灌浆管同时插入孔底,灌浆管距孔底5～15cm,并随水泥浆的注入缓慢匀速拔出,灌浆压力不得大于0.4MPa。

(6)锚杆用的水泥砂浆强度不应低于M20,砂浆配合比(质量比):水泥:砂:水宜为1:(1～1.5):(0.45～0.5)。杆体(HRB335或HRB400)断后伸长率≥16%,屈服抗拉力≥126kN,极限抗拉力≥170kN。

(7)灌浆后应及时插入锚杆杆体,灌浆必须饱满,浆液不满时应及时补灌。

3.1.1.5 中空注浆锚杆支护施工

中空注浆锚杆支护施工工艺流程如图3.1-5所示。

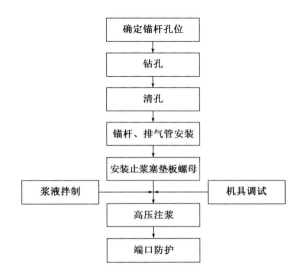

图3.1-5 中空注浆锚杆支护施工工艺流程图

3.1.1.6 中空注浆锚杆支护工艺要求

(1)锚杆制作:采用厂家生产的定型产品,锚杆由中空全螺纹杆体、排气管、锚头、止浆塞、垫板、螺母组成。

(2)锚杆成孔机具采用手持风钻。钻孔完毕应将孔内岩粉和土屑清洗干净。

(3)将安装好锚头的中空锚杆和排气管同时插入孔内,锚头上的倒刺立即将锚杆挂住。

(4)人工安装止浆塞、垫板和螺母,利用快速接头将锚杆和注浆机连接,开启注浆机,按照设计的注浆压力进行注浆。

(5)施工中应检查锚杆位置、钻孔直径、钻孔深度和角度、锚杆杆体长度和杆体插入长度。

3.1.1.7 锁脚锚管支护施工

开挖时在每榀钢架拱脚处设两根$\phi 42mm$、$t=3.5mm$锁脚锚管,$L=3m$,水平倾角30°。锚杆成孔机具采用手持风钻,锁脚锚管与格栅主筋焊接牢固。

3.1.1.8 正线马头门预埋钢架施工

施工横通道初衬结构,在开挖至正线马头门位置时应在其上方预埋钢架,混凝土正常喷射。预埋钢架与横通道格栅钢架连接如图3.1-6所示,横通道与区间隧道接口如图3.1-7所示。

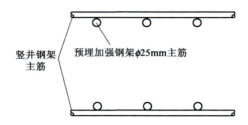

图3.1-6 预埋钢架与横通道格栅钢架连接示意图

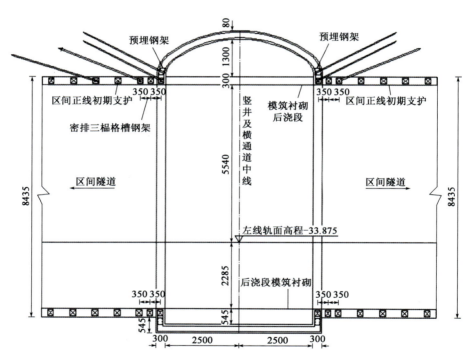

图3.1-7 横通道与区间隧道接口示意图(尺寸单位:mm)

3.1.1.9 堵头墙施工

横通道开挖至端墙里程时,根据施工图的要求,采用"堵头墙格栅+钢筋网片+纵向连接筋+注浆锚管+砂浆锚杆+喷射混凝土"体系。钢格栅采用$\phi 22mm@500mm$双层连接筋连接,挂双层$\phi 8mm@150mm\times 150mm$钢筋网片,喷射300mm厚C25混凝土。注浆锚管和砂浆锚杆横向间距1200mm,竖向同格栅间距,梅花形布置,水平倾角$10°\sim 15°$,$L=3.0m$。横通道堵头墙支护如图3.1-8所示。

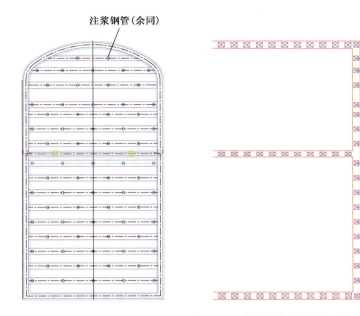

图 3.1-8 横通道堵头墙支护示意图

3.1.1.10 岩面支护施工

东渡路站除围护桩外岩面支护主要采用 $\phi25mm@1.5m$（横向）$\times1.5m$（竖向）锚杆,单根长度为 8m、12m,交错布置,竖向倾角 15°;$\phi25mm@1.5m$（横向）$\times1.5m$（竖向）锚杆单根长度为 6m、10m,交错布置,竖向倾角 15°;$\phi22mm@1.5m$（横向）$\times1.5m$（竖向）锚杆,单根长度为 3.5m,竖向倾角 15°;防护面板为 $\phi8mm@150mm\times150mm$（单层）钢筋网 +10cm 厚 C25 细石混凝土。注浆材料采用水泥净浆液。

1）锚杆施工

（1）施工工艺流程

车站锚杆采取先插锚杆后注浆方式施工。锚杆施工工艺流程如图 3.1-9 所示。

图 3.1-9 锚杆施工工艺流程图

（2）施工准备

在锚杆施工前,应进行锚杆的现场试验,主要操作如下：

①通过室内试验筛选 2~3 组满足设计要求的砂浆配合比,并编写试验大纲报批,然后进行生产性试验。

②注浆密实度试验：选取与现场锚杆直径和长度、锚孔孔径及倾斜度相同的锚杆和塑料管（或钢管）,采用与现场注浆相同的材料和配合比拌制水泥浆,并采用与现场施工相同的注浆

工艺进行注浆,养护7d后剖管检查其密实度。不同类型和不同长度的锚杆均需进行试验。试验计划报送监理审批,并按批准的计划进行试验,试验过程中应有监理人旁站。试验段注浆密实度应不小于90%;否则需进一步完善试验工艺,再进行试验,直至达到90%以上的注浆密实度为止。实际施工严格按监理人批准的注浆工艺进行。

完成锚杆现场试验后,才能进行锚杆的正常施工。

(3)施工工序及方法

①造孔

钻孔直径应大于锚杆直径15mm以上。

a.钻头选用要符合要求,钻孔点要有明显标志,开孔位置在任何方向的偏差均应小于100mm。锚杆要求上下孔位偏差±30mm,左右孔位偏差±100mm。

b.锚孔深度必须达到设计要求,孔深偏差值不大于50mm。锚杆孔的孔轴方向应满足施工图纸的要求。施工图纸未做规定时,其系统锚杆的孔轴方向应垂直于开挖面;局部随机加固锚杆的孔轴方向应与可能滑动面的倾向相反,其与滑动面的交角应大于45°。

c.钻孔结束后,对锚杆孔的钻孔规格(孔径、深度和倾斜度)进行抽查并做好记录,不合格的锚杆必须进行补充设置。

d.钻孔完成后用风、水联合清洗,将孔内松散岩粉粒和积水清除干净;如果不需要立即插入锚杆,孔口应加盖或堵塞予以适当保护,在锚杆安装前应对钻孔进行检查以确定是否需要重新清洗。

②锚杆的安装及注浆

a.后注浆的锚杆,应在锚杆安装后立即进行注浆。

b.对于上仰的孔应有延伸到孔底的排气管,并从孔口灌注水泥浆直到排气管返浆为止。

c.对于下倾的孔,注浆管必须插至孔底,然后回抽3~5cm,送浆后拔浆管时必须借助浆液压力缓缓退出,直至孔口溢出(管亦刚好自动退出)。

d.封闭灌注的锚杆,孔内管路应通畅,孔口堵塞牢靠,注浆直到孔口冒浆为止。

e.灌浆过程中,若发现有浆液从岩石锚杆附近流出应堵填,以免继续流浆。

f.浆液一经拌和应尽快使用,拌和后超过1h的浆液应予以废弃。

无论因任何原因发生灌浆中断,应取出锚杆,并用压力水在30min内对灌浆孔进行冲洗。如果重新安装时发现钻孔被部分填塞,应复钻到规定的深度。

g.注浆完毕后,在浆液终凝前不得敲击、碰撞或施加其他荷载。

③检查验收

a.砂浆密实度检测。按作业分区100根为1组(不足100根按1组计),由监理人根据现场实际情况随机指定抽查,抽查比例不得低于锚杆总数的3%(每组不少于3根)。锚杆注浆密实度不得低于75%。

当抽查合格率大于或等于90%时,可认定抽查作业分区锚杆合格,对于检测不合格的锚杆应补打;当合格率小于90%时,应将抽查比例增大至6%,如合格率仍小于90%,应全部检测,并对不合格的进行补打。

b.杆长度检测。采用无损检测法,抽检数量每作业区不小于3%,杆体孔内长度大于设计长度的95%为合格。

c.地质条件变化或原材料发生变化时,砂浆密实度和锚杆长度应至少分别抽样1组。

④锚杆拉拔力检测

a.检查端头锚固型和摩擦型锚杆质量时必须做抗拔力试验,试验数量每300根锚杆抽样一组,设计变更或材料变更时应另做一组,每组锚杆不得少于3根。

b.锚杆质量合格条件为:

$$P_{An} \geqslant P_A \tag{3.1-5}$$

$$P_{Amin} \geqslant 0.9 P_A \tag{3.1-6}$$

式中:P_{An}——同批试件抗拔力的平均值(kN);

P_A——锚杆设计锚固力(kN);

P_{Amin}——同批试件抗拔力的最小值(kN)。

c.锚杆抗拔力不符合要求时可用加密锚杆的方法予以补强。

d.对于全长黏结型锚杆应检查砂浆密实度,注浆密实度大于75%方为合格。

3.1.2 基坑开挖控制

3.1.2.1 基坑开挖支护概况

东渡路站主体结构为地下四层岛式站台车站,双柱三跨闭合框架结构,标准段基坑宽度26.05m,基坑标准段深度约39m,顶板覆土厚度约3.5m。车站主体采用明挖顺筑法施工,车站主体围护结构采用排桩(吊脚桩)+混凝土内支撑+锁脚锚索,桩间止水采用ϕ800mm三重管旋喷桩+深孔注浆止水的组合形式。由于岩面起伏较大,最不利地段内支撑体系采用五道混凝土支撑(局部三道),部分地段采用桩+锚索,部分地段采用复合土钉墙,岩石部分采用锚喷支护,吊脚桩进入中风化岩层3m。具体如图3.1-10~图3.1-15所示。

3.1.2.2 基坑开挖部署

由于海关监管区未交场地,先进行南端基坑8~19轴开挖,开挖深度10m,为实现分坑开挖,在8轴南端采取放坡支护,放坡坡比为1:1,坡面采取锚杆+喷混凝土支护。车站2号风亭前期不能开挖,采用钢管桩+锚索支护+岩石锚杆支护体系,提供一条临时施工便道,以保证施工材料、设备进场。

在海关监管区交地后将北区围护结构封闭,且围护桩、冠梁和第一道混凝土支撑达到设计强度后进行1~8轴基坑开挖。基坑开挖时,其纵横向放坡应根据地质、环境条件取开挖时的安全坡度,分段、分层、分区对称进行开挖,及时支护。

根据地质剖面显示,1~8轴开挖11m后为中风化花岗岩,8~19轴开挖2~6m后为中风化花岗岩、中风化辉绿岩、微风化花岗石,中风化和微风化岩石饱和抗压强度分别为41~78MPa和63~124MPa,结合厦门市爆破要求,基坑爆破采用浅眼松动爆破,每小层开挖厚度不超过2m,开挖至距坑底部时,采用人工清底至基底。

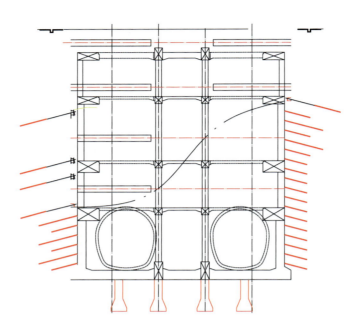

图 3.1-10　东渡路站 1~3 轴横断面示意图

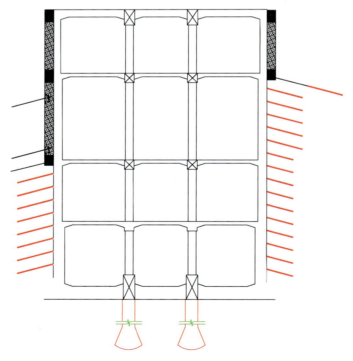

图 3.1-11　东渡路站 3~5 轴横断面示意图

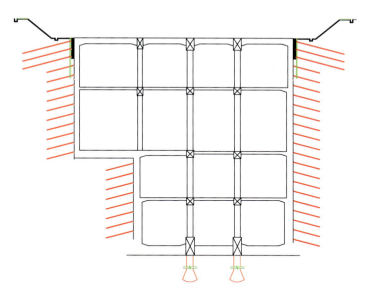

图 3.1-12 东渡路站 5~8 轴横断面图

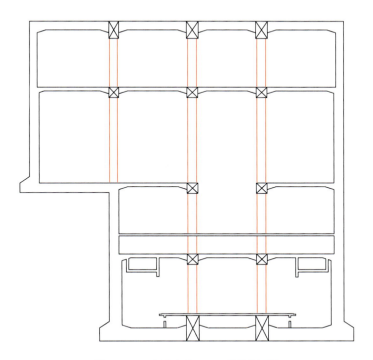

图 3.1-13 东渡路站 8~12 轴横断面图

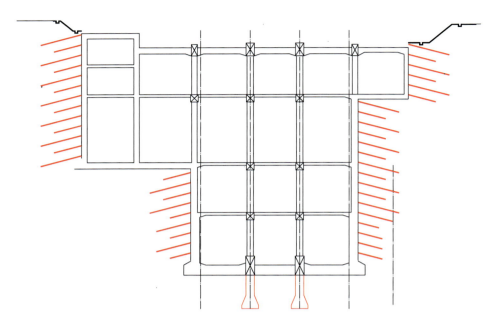

图 3.1-14　东渡路站 12～16 轴横断面图

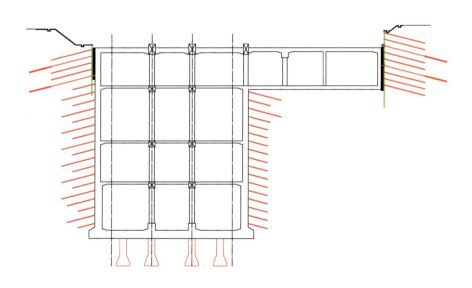

图 3.1-15　东渡路站 16～19 轴横断面图

基坑土方开挖如图 3.1-16 所示。

根据工程特点,采用沿基坑纵向从两头向 8 轴后退开挖与支护作业、结构施工衔接流水作业的方式。当基坑开挖时,利用临时坡道挖掘机挖土接力直接装车;当剩余土方不能满足放坡要求时,采用纵向分台阶、挖掘机开挖接力装车方式;最后剩余土方不能满足台阶接力方式时使用汽车起重机垂直提升方式。

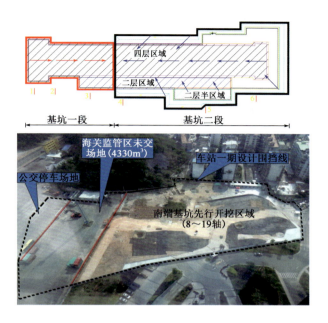

图 3.1-16　东渡路站主体基坑土方开挖

3.1.2.3　每段竖向分层开挖

基坑开挖过程中充分考虑"时空效率"。开挖分层分段均匀对称进行,遵循"竖向分层、纵向分段、先支后挖"的原则,掌握好"分层、分步、对称、平衡、限时"五个要点,严禁掏底开挖。

车站在基坑上部土质及全风化岩层中采用机械直接开挖和液压镐结合的方法,尽量减少爆破施工。在基坑开挖到中等风化花岗岩、微风化花岗岩后,无法采用液压镐进行开挖时,进行爆破施工。采用浅眼松动爆破,按照每2m(锚杆及锚索出小于1.5m)一层逐层爆破。浅眼采用风枪钻眼,保证孔眼成孔质量。

在纵向分区的范围进行横向拉槽,控制爆破深度,形成定向临空面;合理选择爆破参数和设计起爆网络,分阶段进行浅孔松动爆破;边墙附近预留一定宽度,采用弱爆破结合机械破碎,以保证围护结构稳定性。

根据锚索、锚杆设计间距,基坑开挖竖向按2m(锚杆及锚索出小于1.5m)分层依次下挖,随挖随支护(含桩间喷锚、岩面锚杆支护)。开挖采用3台PC200反铲挖掘机接力进行,纵向后退台阶、横向中间拉槽方式开挖,岩层采取浅孔爆破施工。开挖至对应锚索或锚杆底部0.5m,进行锚索施工。每层开挖土方直接通过马道运输至渣场,9轴处尾部土方,通过汽车起重机垂直运输方式至基坑东侧。

3.1.2.4　基坑纵向开挖

根据现有场地及海关堆场交地情况,基坑开挖共分四期进行。

(1)一期为基坑南侧8～19轴土方开挖。开挖至地面下10m,采用左线半幅后退式台阶、右线线半幅增设渣土运输马道方式,马道宽度为6.5m,坡度为8%。

一期开挖步序如图3.1-17所示。

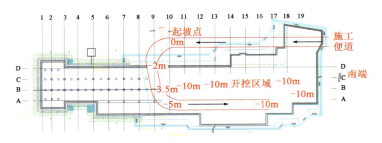

图 3.1-17　东渡路站主体基坑土方开挖步序（一）
注：1~19 代表开挖轴线；A、B、C、D 代表钻孔位置。

（2）二期为基坑南侧 8~19 轴土方开挖。开挖至地面下 18m，采用左线半幅后退式台阶、右线线半幅增设渣土运输马道方式，马道宽为 6.5m，坡度调整为 15%。

具体开挖步序如图 3.1-18 所示。

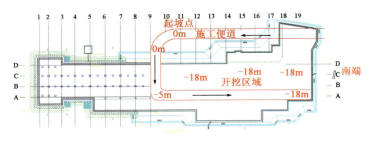

图 3.1-18　东渡路站主体基坑土方开挖步序（二）
注：1~19 代表开挖轴线；A、B、C、D 代表钻孔位置。

（3）三期为基坑总体开挖。1~8 轴采取放坡开挖，采用挖掘机分台阶倒运至马道处进行外运，8~19 轴利用马道运输，开挖至地面下 25m，马道利用 4 号出入口进行布置，马道宽为 6.5m，马道坡度调整为 15%。具体开挖步序如图 3.1-19 所示。

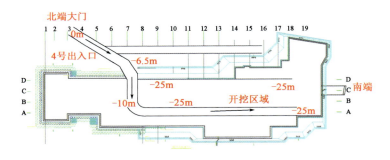

图 3.1-19　东渡路站主体基坑土方开挖步序（三）
注：1~19 代表开挖轴线；A、B、C、D 代表钻孔位置。

（4）四期为基坑总体开挖。南北两侧采取放坡开挖，采用挖掘机分台阶倒运至三期马道处进行外运，待坑内不能满足放坡要求需要拆除马道时，采用小型挖掘机配合两台 100t 起重机垂直出土，最后由起重机将小型挖掘机吊出基坑。马道支护与基坑交界处支护分别如图 3.1-20、图 3.1-21 所示。

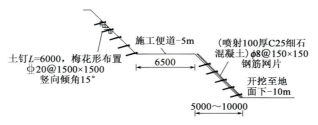

图 3.1-20　马道支护示意图（尺寸单位：mm）

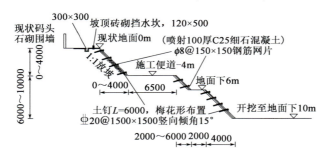

图 3.1-21　一期、二期基坑交界处支护示意图（尺寸单位：mm）

3.1.2.5　基坑开挖注意事项

（1）土方垂直开挖到分层位置时，及时施作锚杆、锚索或网喷混凝土面层。

（2）基坑开挖在坑内疏干后开始，宜分层分段均匀对称进行。基坑开挖应从上到下依次进行。在基坑平面内应分段开挖，每段长度以不大于基坑的宽度为宜。基坑土体开挖空间和速率须相互协调配合，合理确定开挖临时坡度，开挖台阶高度或厚度不宜大于2m。

（3）基坑开挖过程中严禁大锅底开挖，挖至设计高程后应即时检验基底暴露面是否符合设计及有关规范、规定的要求，然后平整基坑，疏干坑内积水，并及时浇筑垫层封闭基坑。垫层应做到基底满封闭。

（4）对桩间土体超挖部分，少量超挖可采用素混凝土回填，大量超挖时应采用浆砌片石回填。

（5）土方开挖过程中及时封堵边墙上的渗漏点，并注意保护坑内降水井，确保降水、排水系统的正常运转；基坑开挖过程中严禁超挖，开挖时掏槽放坡不得大于安全坡度，对可能受暴雨冲刷的放坡采取喷水泥浆封闭的保护措施，严防滑坡。

（6）基坑开挖做到无水条件下开挖，在开挖过程中，做好降水施工，确保水位在基坑底500mm以下，并及时排除基坑内积水。

（7）开挖过程中应注意坑内集水井和排水沟的施工，基坑挖土应配备足够的抽水设备，确保排水系统的正常运转，防止基坑被淹。

（8）挖掘机开挖过程中必须特别注意安全，严禁机械设备碰撞支撑；有专人指挥吊斗出土和机械挖土，并设专人每日检查支撑和锚索（杆）的受力情况，发现松动立即加固。

（9）开挖到基坑底后，立即施工垫层混凝土进行封闭。

（10）在开挖过程中，应加强观察和监控量测工作，以便发现施工安全隐患，并通过监测反馈及时调整开挖程序。

(11)基坑开挖前应预见事故发生的可能性,施工前准备一定数量的应急材料,做好基坑抢险加固准备工作。基坑开挖引起流砂、涌水或围护结构变形过大或有失稳前兆时,应立即停止施工,并采取确实有效的措施,确保施工安全、顺利进行。

3.2 爆破波机理与爆破减振施工工艺

3.2.1 爆破波的形成机理

3.2.1.1 爆炸波机理研究

当炸药在岩石介质中爆炸时,首先在3~7倍的药包半径范围内传递冲击波。冲击波是以超声速度传播的,并且强度很大,可使作用范围内的介质发生塑性变形甚至压碎破裂,在传递过程中冲击波消耗了大量的能量,波峰压力也大大减小。当能量衰减到某个临界值时,其波速达到岩土介质中的声速,冲击波逐渐转换成了压缩应力波。通常压缩应力波的传递范围为8~150倍的药包半径,在传递过程中,压缩应力波使作用范围内处于非弹性状态的介质产生应力和一定的变形,并可以导致介质的残余变形甚至破坏。在这个过程中,压缩应力波的能量也在衰减,但能量损失比冲击波的能量损失少,所以它能够传递到更远的介质中。当压缩应力波在传递方向上能量衰减到一定量,应力波转化成地震波,进一步作用于更远的介质,通常认为传播地震波的范围为大于150倍的药包半径,使地震波作用范围内的介质产生应力和弹性变形,并仍然以一定衰减比率的地震波形式向远离爆源处传播。这就是爆破波形成的整个过程。

研究表明,炸药爆炸过程激发出爆炸冲击波,在传递过程中逐步衰减。先后形成的波形态为稳态冲击波→非稳态冲击波→弹塑性波→弹性波→爆破波,如图3.2-1所示。

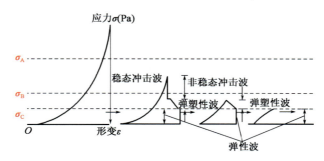

图3.2-1 炸药爆炸后在岩体介质内各种波的衰减过程

由图3.2-1可知,首先在炸药爆炸的冲击荷载强烈作用下岩石介质中会形成冲击波,冲击波波阵面的能量非常高,波头陡峭,能量衰减快,传播距离短,作用范围小。之后衰减形成压缩应力波(即弹塑性波),应力波的波阵面能量有所衰减,较冲击波波头缓和一些,在传播路径上的能量损失也较冲击波偏小,能量衰减慢,传播距离较远,作用范围变大。最后衰减为地震波(即弹性波),地震波呈现出一定的周期性,爆破荷载作用时间上升区间与下降区间几乎一致,其能量衰减最慢、传播距离最远、作用范围最广,地震波固有频率偏低,接近建(构)筑物的自身频率,从而最有可能造成结构物的破坏。

通过研究认为,影响爆炸冲击波衰减为爆破地震波的因素很多,从各个层面归纳有以下几点:

(1)波阵面在传播路线上不断扩大,总面积变大了,波阵面上的单位能量密度就减小了。

(2)在传播过程中爆破应力波会发生后者追赶前者然后卸载。

(3)在传递应力波的岩石介质中的质点之间相互运动会引起内摩擦,消耗部分能量。因而,衰减形成的爆破地震波是一种复杂的复合波,它是由多种不同频率、不同振幅的质点振动在一个固定设计的爆破时间区间上随机组合的振动波,所以爆破地震波衰减形成之后自身具有模糊、随机、不确定的特性。

3.2.1.2 岩石爆破破坏机理

在爆破开挖中,绝大部分的能量都浪费在空气冲击波、噪声、飞石等无用功上了,仅留下一小部分能量用来对炸药周围的岩石进行破碎,导致爆破效率偏低。

因而,为了合理有效地利用炸药爆炸释放的能量,改善爆破时的破岩效果,应做到:①了解炸药周围岩石的性质;②掌握爆破场地的地质条件;③掌握所用的炸药和起爆器材的性能;④了解相应炸药爆轰的作用机理。

然后进一步地研究:①炸药爆炸释放的能量如何对周围岩体发挥作用;②周围岩体介质在炸药的巨大能量作用下所处的应力状态;③岩体在这种应力状态下如何发生破坏等。

在实际工程中,通常希望能够充分有效地利用炸药释放的能量,从而减少能量的浪费率。在保障并提高爆破质量的前提下,使经济效益最大化。因此,研究爆破作用机理具有重要的理论价值和现实意义,同时对优化爆破设计和现场爆破施工也有较大作用。

关于爆破破岩理论,至今有很多学者进行了研究,主要的研究内容围绕炸药爆炸时的爆生气体和介质中传递的应力波两者哪个起到主导作用的问题。这些学者在各个阶段也提出了具有一定合理性的相关理论,这些理论虽然不能完美地解释爆破破碎机理,但也能在某些方面具有一定的适用性。

炸药利用爆炸瞬间产生的巨大冲击压力对岩石介质产生急剧作用,在岩石介质中以波动的形式传播能量。在力的作用下,物质会发生相应的变形,同样岩石介质在不同的冲击荷载作用下将会呈现出不同的变形(应变)特性。岩石介质在冲击荷载下呈现的 $\sigma\text{-}\varepsilon$ 变形曲线如图3.2-2所示。

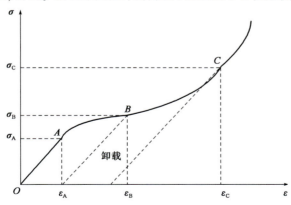

图 3.2-2 岩石在冲击荷载作用下的变形曲线

OA-弹性变形阶段;AB-弹塑性变形阶段;B点以后-岩石进入类似流体状态;A-弹性极限;B-屈服极限;C-临界应力

在靠近炮孔装药处,炸药爆炸时产生巨大的爆破冲击荷载,此时应力值通常会超过 C 点对应的应力值 σ_C,即 $\sigma > \sigma_C$,岩石介质进入类似流体状态,变形模量 $d\sigma/d\varepsilon$ 不是常数,而且应力值越大,$d\sigma/d\varepsilon$ 值也越大。此时的波阵面能量密度很大,形成的波头是陡峭的,并且传播的波速超过声速,这就是炸药爆炸时最原始的冲击波,也称为稳态冲击波,它在岩石中传播衰减最快。

其中,声速等于未扰动岩石介质中的声速 C,计算公式如下:

$$C = \sqrt{\frac{E}{p}} \tag{3.2-1}$$

式中: E——岩石的线弹性模量(MPa);

P——未扰动岩石的密度(kg/m³)。

从近炮孔处向外传播,冲击波在岩土介质中传播一段很小的距离后,应力值会衰减到介于 $\sigma_B \sim \sigma_C$ 之间的值,即 $\sigma_B < \sigma < \sigma_C$,岩石介质仍然处于近似流体状态,变形模量 $d\sigma/d\varepsilon$ 值随着应力值增大而增大,传递的波头较为陡峭,但是此阶段传播的波速低于弹性波波速(即声速 C),出现前面应力幅值较小的塑性波被应力幅值大的塑性波追赶的情形,这种波有时被称为非稳态冲击波。

再向远离炮孔方向扩展,应力值将衰减到介于 $\sigma_A \sim \sigma_B$ 之间的值,即 $\sigma_A < \sigma < \sigma_B$,岩石介质进入弹塑性阶段,变形模量 $d\sigma/d\varepsilon$ 不是常数,而且应力值越大,$d\sigma/d\varepsilon$ 值越小。传播的波阵面能量密度急剧下降,之前陡峭的波头在传递过程中逐渐变缓,波速将低于声速 C。相比于所受应力值较低的介质中,所受应力值高的部分传播的波速较低,受到的扰动幅度不大但传递更慢。

最后在扰动区时应力值衰减为 $0 \sim \sigma_A$ 之间的值,即 $0 < \sigma < \sigma_A$,岩石介质进入弹性阶段,应力 σ 和应变 ε 的关系为线弹性关系,变形模量 $d\sigma/d\varepsilon$ 为常数,传递的波为弹性波,以声速 C 传播,波速与所受扰动大小无关。

在岩石炮孔中的炸药爆炸,使得炮孔周围的岩石遭到破坏,随着距离爆源的远近破坏程度也不相同。岩石介质的破坏大致按以下几个步骤进行:

(1)炸药爆炸产生的压应力压碎炮孔周边岩石甚至粉碎,在岩石中形成初次裂隙。

(2)切向的拉伸应力(具有环箍应力的性质)与应力波的应力共同作用破碎岩石,岩石介质再一次被破坏,包括扩张初次裂隙和形成新的二次裂缝,这个过程中只有裂隙的扩张和新形成,对于岩石的体积没有多大改变。

(3)爆生气体由于膨胀体积变大,对岩石产生的推力作用进一步扩张裂隙,增大了岩石的体积,形成较小的爆破空腔,甚至形成爆破抛掷运动和爆破漏斗。

3.2.1.3 岩石爆破计算模型

随着人们对岩石爆破的不断研究,逐渐形成了关于岩石爆破计算的模型理论,归结起来可以分为两类:一类是经验模型,即根据现场爆破的工程经验,总结规律得出一些经验公式,用来解决一些类似条件下一定范围内的爆破工程问题的模型;另一类是理论模型,即基于爆破机理对不同的爆破设计从理论上进行计算和分析的模型。爆破计算模型的发展历程大致可以分为弹性理论阶段、断裂理论阶段、损伤理论阶段三个阶段。

为了详细描述岩石爆破过程中的力学形态上的变化,必须考虑以下两方面:一是作用于岩石介质破坏的爆破荷载形式;二是在爆破荷载作用下岩石介质的破坏准则或者破坏条件。本节讨论的岩石爆破计算模型就是基于岩石介质在爆破荷载作用下的破坏准则提出的计算模型。

3.2.2 基坑爆破对周围影响分析

1) 有限元模型建立

本次数值模拟采用 ABAQUS 有限元计算软件,模拟采用的爆破荷载为简化的时程曲线,即三角形荷载。假定爆破冲击以均布压力的形式沿法线方向施加在基坑侧壁上,并且在基坑爆破开挖过程中,围岩不发生强度破坏。爆破冲击荷载对岩体表面的冲击应力大小与基坑所在岩体的力学特性有关,本次模拟采用的三角形爆破冲击荷载上升段时间为 0.012s,下降段时间为 0.088s,总计算时间长度取为 1s,爆破荷载的应力峰值可用下式近似描述。

$$P_{\max} = \frac{139.97}{Z} + \frac{844.81}{Z} + \frac{2154}{Z} - 0.8034 \tag{3.2-2}$$

式中:$P_{\max}$——爆破荷载应力峰值;

Z——比例距离,$Z = \dfrac{R^*}{Q}$;

R^*——起爆中心到荷载作用表面距离;

Q——炸药量,各分段一起起爆时为总炸药量,分别起爆时为单段最大炸药量。

(1) 模型材料

在爆破冲击荷载作用下基坑岩土体的应力-应变关系十分复杂,为此 ABAQUS 软件为用户提供了丰富的岩土体本构模型,本次模拟根据其受力特点采用 Drucker-Prager 模型,选取实体单元进行单元计算。

ABAQUS 软件中有关混凝土的本构模型有塑性损伤模型、弥散裂缝模型和中脆性破裂模型。其中塑性损伤模型适用于在循环加载、单向加载和动力加载条件下,混凝土结构反向加载刚度恢复和硬度退化的材料特性机制,因此本次数值模拟混凝土的本构模型选取塑性损伤模型,采用实体单元进行计算,模拟的各材料参数见表 3.2-1。

各部分材料参数　　　　　　　　表 3.2-1

材料	边坡	结构主体
弹性模量(Pa)	0.17	31.6
重度(kN/m³)	19.8	24.3
泊松比	0.32	0.2
内摩擦角(°)	32.8	—
黏聚力(kN/m²)	6.7	—

将基坑岩土体和建筑结构进行装配,模型体系网格划分如图 3.2-3 所示。

(2) 模型接触

本次有限元计算中岩土体和基坑周围建筑结构存在接触关系,模型体系中需要设置接触对,ABAQUS/Standard 中接触对由主控面和从属面组成,刚度较大的混凝土建筑结构为接触主控面,刚度较小的基坑岩土体为接触对从属面,其接触为硬接触(Hard contact),且接触面之间允许弹性滑移变形。

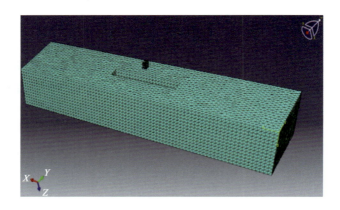

图 3.2-3 模型整体装配模型

(3)边界阻尼

目前 ABAQUS 有限元软件中有瑞利阻尼、结构阻尼、直接模态阻尼和复合阻尼 4 种阻尼形态。本次数值模拟采用的是瑞利阻尼。瑞利阻尼认为：多自由体系在振动过程中黏性阻尼矩阵 $[C]$ 可以看作是质量矩阵 $[M]$ 和刚度矩阵 $[K]$ 的线性组合表达式：

$$[C] = \alpha[M] + \beta[K] \tag{3.2-3}$$

根据结构动力学阻尼比和频率的相互关系：

$$\xi = 0.5\left(\frac{\alpha}{\omega} + \beta\omega\right) \tag{3.2-4}$$

式中：α、β——比例常数；

ξ——阻尼比，本次数值模拟混凝土结构的阻尼比 ξ_1 取值为 0.05，基坑围岩土体阻尼比 ξ_2 取值为 0.2。

根据模型模态分析结果，将模型的前两阶自振频率和与之对应的阻尼比代入式(3.2-4)，可以求得上部建筑结构 $\alpha = 1.634$、$\beta = 0.00331$，基坑岩土体 $\alpha = 2.0$、$\beta = 0.001$。

为更加真实地模拟爆破振动在土体边界上的传播过程，本次数值模拟在土体边界上设置了黏弹性人工边界，此人工边界可以等效为弹簧加阻尼器系统，阻尼器和弹簧的刚度系数设置以清华大学刘晶波提出的公式确定。

(4)模型荷载

模型体系主要施加的荷载是岩土体、结构自重和爆破产生的冲击荷载。考虑到基坑岩土体实际应力状态，在荷载施加前需要对其进行地应力平衡。

在对深基坑爆破过程中的上部结构进行瞬时动力分析时，采用 ABAQUS/Standard 中的 Dynamic、Explicit 的计算模块进行动力计算，其中爆破荷载在前处理过程中采用定义幅值曲线的方式施加在模型体系中。

2)数值模拟结果分析

进行深基坑爆破作用下的上部结构动力响应研究不仅与施加的爆破荷载有关，结构自身的振动特性也会影响计算的结果，因此在进行模型瞬时动态分析之前，有必要先对模型进行模态分析,确定结构的固有频率和阵型。计算中提取了上部结构的前 6 阶振型,如图 3.2-4 所示,其自振频率见表 3.2-2。

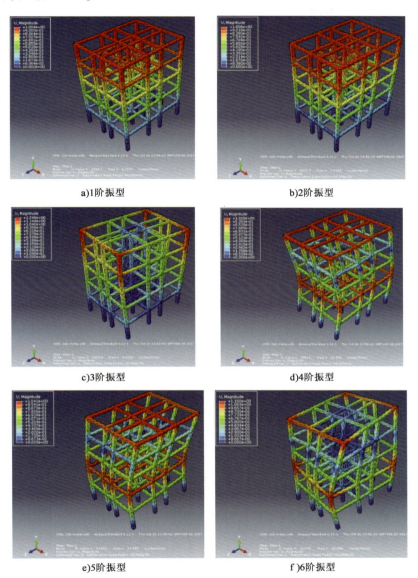

图 3.2-4 结构模型前 6 阶振型图

模型自振频率　　　　　　　　　　　　　表 3.2-2

阶数	频率值(Hz)	阶数	频率值(Hz)
1 阶	6.7874	4 阶	22.809
2 阶	7.1349	5 阶	23.955
3 阶	8.6938	6 阶	28.056

(1) 受爆破振动影响的结构振动分析

通过 ABAQUS/Explicit 的计算,得出结构体系每一层同一位置的振动速度时程曲线,如图 3.2-5 所示。每一层的最大振动速度见表 3.2-3。

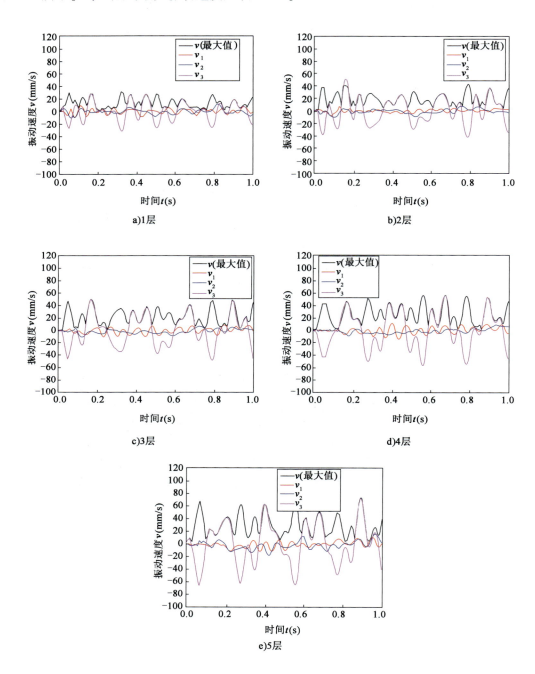

图 3.2-5　框架模型不同楼层振动速度时程曲线图

结构模型振动速度和动力放大系数表　　　　　表3.2-3

层数	最大振动速度（mm/s）	动力放大系数
1	31.60	1.01
2	42.45	1.36
3	51.51	1.65
4	57.37	1.83
5	74.20	2.37

从以上数据来看，在爆破冲击荷载作用下，建筑结构的最大振动速度为74.20mm/s，满足规范对一般钢筋混凝土结构安全允许振速的要求，振速最大的位置出现在结构顶层横梁跨中位置处，并且在振动过程中整个框架结构的振动速度和动力放大系数相同位置从上到下逐渐减小，结构整体的最大动力放大系数为2.37，出现在顶层横梁处。说明在振动过程中结构动力反应具有鞭梢效应。

(2)位移和应力分析

爆破冲击荷载作用下，变形大小是衡量结构抗冲击能力最直观的反映指标。在只考虑水平径向爆破冲击荷载作用下，结构体系的位移云图如图3.2-6所示，其位置最大出现在框架结构的顶层位置处，位移值自上而下逐渐减小，且经过计算结构整体的位移指数均小于1%，说明结构体系在爆破冲击荷载作用下整体稳定性较好。

结构体系有限元模型框架结构在基坑爆破荷载作用下的Mises应力云图如图3.2-7所示。

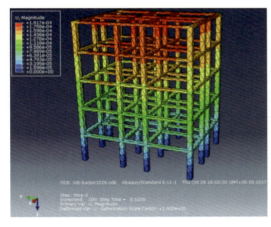
图3.2-6　有限元模型位移云图

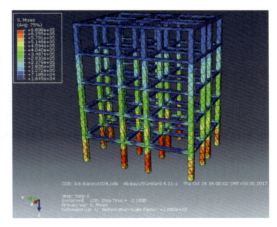
图3.2-7　有限元模型应力云图

从图中可以看出应力值与振动速度和位移值的变化规律相反，呈现自上而下逐渐减小的趋势。最大值为680kPa，出现在框架底部的支撑柱上；最小值为16kPa，出现在框架顶端的横梁跨中位置处。

3)爆破地震波对建(构)筑物的作用效应

(1)双震源传递机理

实际操作中，如矿山开采、土石方工程或者军事爆破活动中，使用爆炸物(如炸药)时，常常需要将药包置于地表以下一定的深度。炸药在岩土或者岩石介质中发生爆炸,这个过程中会繁衍出多种波,其中爆炸冲击波是爆炸后由爆源出发并远离爆源方向的波,并以衰减形成的爆炸压力波形式向各个方向传播。岩石介质与空气相接触的界面形成的表面上没有外层的阻力,质点可以自由运动,通常称为自由面。正是因为这个自由面的存在,有学者将发生在地表浅层的爆炸机理看作是双震源传递机理。第一个震源就是药包中心炸药的爆炸,炸药爆炸时从爆源处向各个方向传播压力波;第二个震源的存在则是因为自由面的产生,当压力波传递到岩土或岩石介质与空气交界面(自由面)时,在自由面上发生波的反射,从而形成拉伸波,经过拉伸波的作用使得药包中心正上方的土体发生上拱,呈现弓形鼓起现象,相当于在这个自由面上存在着第二个震源,这个第二震源形成的群波通过岩石介质传递到地表,使得地表及地表以上的建(构)筑物产生最大的响应振动。

(2)爆破地震波对建(构)筑物的作用效应

爆破地震波对邻近建(构)筑物结构的影响很多,按照性质分类可分为以下两类:

①力效应

爆破过程中生成的地震波作用在建(构)筑物结构上的压缩力以及拉伸力就是地震波的力效应的表现。地震波以某种特殊的方式表现为作用在结构上的力效应。爆炸压力波在结构的地基土中传播,在传播过程中遇到建(构)筑物结构的基础,然后经由建(构)筑物结构的基础传递到砖、石砌体或混凝土砌体中。通常应力波具有波的特性,从而发生反射、折射、绕射和衍射等现象,发生这些现象的地方通常在容易引起应力集中的地方,如砖石砌体、钢筋混凝土砌体的自由表面上,以及门、窗口、烟囱和其他的孔口、尖角、裂缝处等区域。这种效应会在砖石砌体、混凝土砌体结构中产生拉伸波,通过力的作用形成具有一定特点的裂隙或者裂缝,这些裂隙(缝)多是从窗户和其他孔口的力学性质薄弱处开始。

②应变(变形)效应

地震波的应变效应表现,通常是先引起岩石介质中质点的振动,那些直接与爆破荷载接触的质点在受到力的作用后打破了原来的平衡状态从而发生了位移。这就使得这些质点与附近的质点有了相对运动,通过作用力与反作用力带动后面质点的运动,从而进行波和能量的传递,引发相对位移,形成变形。这种振动通过岩石介质的传递,然后经由建(构)筑物的基础传到整个结构,引起整个结构发生一定的振动变形,从而导致结构物的破坏。

力效应和应变效应是两种从不同角度出发来描述地震效应的方式,两种方式可得到相同的效果。对于地表及地表以上的建(构)筑物结构的计算问题,一般从结构的基础开始计算。两种方法计算结果相同,然而确定地基土作用在地基结构上的作用力比较困难,而计算地基结构上的应变方便很多。所以计算地表及地表以上的建(构)筑物结构的问题通常采用应变效应较为方便,而遇到地表以下浅埋深埋建(构)筑物结构的问题则使用应力效应计算方式更合适。

3.2.3 爆破施工减振施工工艺

1)爆破减振措施简介

工程爆破中决定爆破振动危害程度的主要因素为爆破振动强度、爆破振动频率和爆破振动的持续时间。这三个因素中爆破振动强度是决定性因素,它的大小直接决定构筑物的响应情况。同样,爆破振动频率也是导致结构破坏的重要因素之一,特别是当附近结构物的频率与爆破地震波的频率相近时,会出现共振现象,最易出现结构物破坏的危险。爆破振动的持续时间也是导致结构物破坏的因素之一。根据影响爆破振动强弱的三个因素,可以得到爆破振动危害控制的五种方法:

(1)从爆源考虑所采取的措施,如减小最大用药量、调整微差时间等。

(2)改变传播介质的物理性质,如开挖减振沟、减振孔等。

(3)对于保护对象所采取的措施。

(4)控制一段起爆的最大药量,根据不同距离严格控制起爆药量。

(5)采用毫秒延时爆破技术,设计合理的起爆顺序。各段之间的时间间隔控制在50～100ms,把所有炸药同时爆炸产生的大震源分成数个毫秒延时起爆的小震源,从而大大削弱爆破的振动强度,既达到减振目的,又有利于改善破碎效果和加大一次爆破量。

2)工程难点

(1)东渡路站位于港务大厦前的空地中。周边已经形成较大规模的小区,分别为国际邮轮城二期、宝鹭苑和新港社区。车站西接海沧大道站、东接建业路站,该车站地处市中心区域,爆破振动对周边建筑物结构安全影响较大,爆破施工对周围建(构)筑物的安全影响控制是一个重点。

(2)本站基坑采用明挖法施工,围护结构形式主要采用排桩加内支撑、排桩加锚索、复合土钉墙结合岩石锚杆,止水帷幕采用高压旋喷桩桩间止水和桩间注浆止水。爆破施工对基坑支护及止水施工影响的控制也是一个重点。

场区覆盖层主要为近代人工填筑土层(Q_s)、第四系全新统海积层(Q_4^m)、海陆交互相沉积层(Q_4^{mc})等。厚度及性能变化较大;下伏基岩为花岗岩(γ)及凝灰熔岩(J_3^n)等,局部辉绿岩脉穿插($\gamma\delta$)。爆破施工对地基的扰动及破坏的控制是施工控制的难点。

3)爆破施工工艺设计

(1)爆破总体方案

本工程爆破开挖应首先在爆区北面现有的高差区采用基础开挖爆破技术进行开挖槽爆破,开挖槽宽度2m×2m×2m(分两次开挖到位);然后以开挖槽作为临空面,进行扩槽爆破,待槽宽达到一定宽度后,作为一层台阶的临空面,由北至南进行该层的台阶爆破。二层开挖以相同方式进行开槽、扩槽,台阶爆破。每层主爆区开挖,应在基坑边线预留2m宽的保护层采用光面爆破技术进行开挖,以保证基坑边坡的稳定性。保护层开挖应在每层台阶形成后,随着台阶爆破的前进而前进,以免影响后续边坡支护工作及下层开挖。在正式爆破开挖前采取试爆措施,根据试爆的情况结合现场实际周边环境进行调整,以达到最佳的爆破效果和最安全的爆破参数。主体结构边内侧设置1排ϕ200mm大孔径减振孔,间距为1000mm;风亭结构边内侧设置3排ϕ100mm小孔径减振孔,间距为300mm,以保证周边建筑物的安全。

减振孔是通过人为在震区和非震区增加隔振带,以增加岩体的不均匀性,改变沿途介质中的波阻抗,改变或扰乱爆破振动波的传递,从而达到减少爆破振动对周边建构筑物有害效应的一种措施。

本次基坑爆破开挖遵循的两个原则是:一是确保爆破过程中人员、建筑物等周围环境的安全,二是在开挖过程中确保桩撑等支护体系的安全,爆破施工流程如图3.2-8所示。

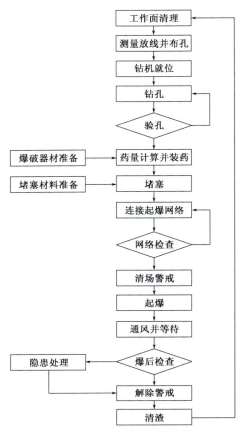

图 3.2-8 爆破施工流程图

(2) 爆破设计

①孔网参数

a. 本次爆破孔径取为 40mm。

b. 台阶高度 H 通常小于或等于 4m,本次爆破台阶高度取为 3m。

c. 当浅孔台阶大于 2m 时,超深 h 一般取台阶高度的 10%~15%,当浅孔台阶小于 2m 时,h 不小于 30cm。本次爆破设计超深 h 取为 0.5m。

d. 底盘抵抗线 w 一般取 1.0~1.2m,考虑到此次爆破的环境特点取为 1.2m。

e. 孔间距和排间距、分别取为 1.0m 和 1.2m。

f. 本次爆破布孔采用梅花形布孔方式。

g. 单孔装药量:

$$Q = qawh \tag{3.2-5}$$

式中:Q——单孔装药量(kg),本次设计 Q 取 0.3kg/m;

q——单位体积耗药量(kg/m^3),取 0.27~0.6kg/m^3;

a——爆破孔径(m);

h——爆破设计超深(m);

w——底盘抵抗线(m)。

浅孔爆破起爆网路如图 3.2-9 所示。

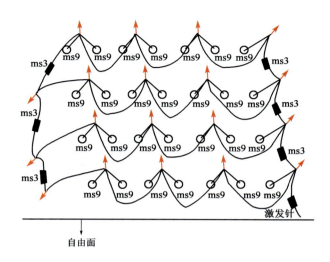

图 3.2-9　浅孔爆破起爆网路示意图

②飞石控制

爆破体上方采用沙袋、铁板、沙袋、安全网对爆破区域进行多重覆盖防护,能有效阻止个别飞石。即爆区采用沙袋(每袋质量不少于 30kg)、胶帘或竹片、沙袋、帆布或地毯进行多层覆盖,覆盖范围应超出待爆区边界 1m 以上,胶帘搭接长度不小于 20cm,$1m^2$ 胶帘上加压 2 个以上沙袋,确保覆盖严实无缝隙,如图 3.2-10 所示。

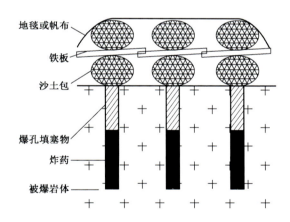

图 3.2-10　爆破基坑防护示意图

本次监测主要对基坑周围建筑物进行测点布设,其测点布设原则为:

a. 建筑物测点布置在建筑物承重柱或其基础上。

b. 在同一建筑物上进行爆破振动监测时,测点应布置在距爆源最近的位置,即测点布设于建筑物该层平面最靠近爆破点位置。

c. 建筑物的门口、窗口、房角等处容易引起应力集中,因此这些位置更容易反映爆破地震波对房屋的危害,测点布设应考虑尽量靠近此类位置。

d. 尽量布设三向速度传感器或三向加速度传感器。

考虑到以上测点布设原则,本次爆破监测共设 6 个监测点(BPZ01~BPZ06),如图 3.2-11 所示。

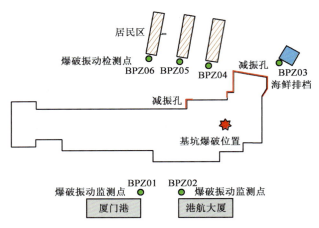

图 3.2-11　爆破振动测点布设示意图

③减振孔施工工艺

减振孔作为本工法中减弱爆破振动波的有效措施,大量布置在结构内边,根据爆破施工位置,采用两种参数布设。本设计中使用的减振孔采用引孔+PVC 管材设计。通过钻机在地面取孔,深入基坑以下 0.5~2m。

a. 施工工艺流程

减振孔施工流程如图 3.2-12 所示。

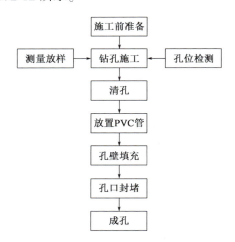

图 3.2-12　减振孔施工流程图

b. 孔位布置及孔深

钻孔采用潜孔钻,打眼孔径选择 200mm/100mm。

孔眼的排列方式:采用 1 排眼孔,间距 1000mm,孔深为嵌入基底 0.5m;部分地段采用 3 排眼孔,间距 200mm,孔深为嵌入基底 2m,施工现场如图 3.2-13 所示。

图 3.2-13 减振孔施工现场

4）爆破减振施工数据监测与分析

东渡路车站基坑是典型的土岩组合地层，且周围环境复杂，为定量分析基坑周围建筑物的动力反应，对爆破过程中各测点进行实时监控，分析基坑爆破振动在建筑物之间的传播特性。

在理论上完整地描述爆破地震波的传播规律，必须同时测量质点运动的 3 个正交分向量，并将它们表达成时间的函数，然后求其矢量和。目前，国内外大多不采用求质点运动的矢量和方法，而是测质点运动的最大分向量或从 3 个分向量中取其最大的一个作为结构物破坏的评价标准。在众多实际工程中，一般都采用质点振动速度作为衡量和描述爆破振动强度的标准，虽然这样有利于排除岩土因素的影响，但是采用单一的质点振速作为爆破振动的评定标准具有许多不妥之处。在地面质点振动速度值相同的情况下，不同的振动频率和振动持续时间对建（构）筑物的影响是不一样的。目前美国、德国等一些发达国家在实际爆破振动监测工程中，都将振动速度和对应频率作为衡量和描述爆破振动强度的标准。因此，为了使监测结果能更好地指导工程实际，本次工程监测中选用爆破振动速度和振动频率作为监测的物理量。

本次爆破振动监测采用中科测控 TC-4850 型爆破测振仪对基坑爆破过程中各测点进行全程监控，记录测点环向、径向、竖向三个方向的振动速度和振动频率。本次工程，为了保护周围建筑物结构的安全，设计了安全可靠的减振方案。由于在建筑物密集区施工难度大，为了进一步保障施工的安全性，在爆破施工的同时，在基坑周边又布设 3 排减振孔，减振孔的布设在施工安全方面发挥了巨大作用。减振孔平面布置如图 3.2-14 ~ 图 3.2-16 所示。

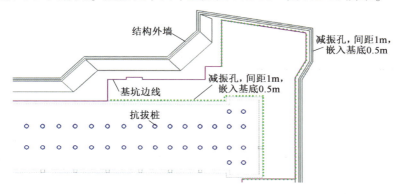

图 3.2-14 单排减振孔位置关系

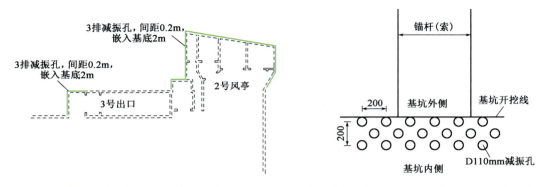

图 3.2-15　三排减振孔位置关系　　　　图 3.2-16　基坑边减振孔布置平面示意图(尺寸单位:mm)

本书选取了其中 4 个监测点,通过对其监测数据的分析,对比了布设减振孔前(2016 年)、后(2017 年)各监测点的振动速度,如图 3.2-17 所示。

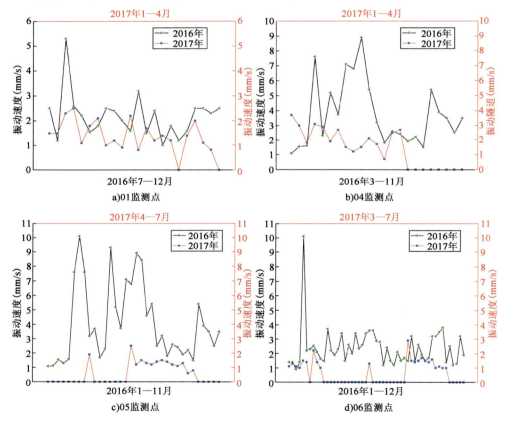

图 3.2-17　爆破振动速度监测对比

由图 3.2-17 对比分析可以看出,2017 年增设了 3 排减振孔与 2016 年只设置 1 排设置减振孔相比,爆破的振动速度大幅降低。如 06 监测点,从 2016 年将近一年的监测数据可以看出振动速度稳定在 1.0mm/s 以上,整个爆破振动监测过程中出现的峰值振动速度为 10.1mm/s。对应的频谱分析主频频率为 6.71Hz,一般的钢筋混凝土结构的振动主频频率<10Hz 时,规范

规定爆破过程中允许周围建筑结构出现的振动速度控制在 3.0mm/s 以内。由以上数据可知本次基坑爆破过程中未对周围建筑结构造成破坏。在布设 3 排减振孔后，整体振速大幅下降，监测期间内将近 1/2 的时间未触发，峰值也仅为 3.0mm/s 左右，远低于控制值，对周围建筑物结构的安全性威胁大大降低。

各测点振动数据采集情况见表 3.2-4。

各测点爆破振动实测数据 表 3.2-4

测点	编号	方向	速度峰值(cm/s)	主频(Hz)	振动持时(s)
厦门港	01	环向	0.429	15.739	5.3
		径向	0.598	12.654	
		竖向	0.806	24.621	
港航大厦	02	环向	0.771	2.571	5.4
		径向	0.924	15.129	
		竖向	1.025	13.298	
居民区 1	03	环向	1.004	24.026	5.4
		径向	1.221	20.029	
		竖向	1.421	34.285	
居民区 2	04	环向	0.827	28.465	5.6
		径向	0.993	17.331	
		竖向	1.347	9.624	
居民区 3	05	环向	0.432	11.896	6.4
		径向	0.707	23.827	
		竖向	0.892	16.438	

为进一步探究在爆破冲击荷载作用下基坑周围建筑物的动力响应情况，还选取了 5 个监测点竖向振动波形图及对应的频谱图进行研究，如图 3.2-18、图 3.2-19 所示。

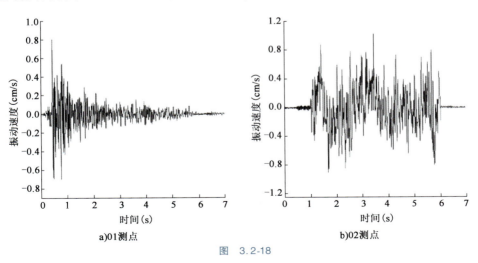

a) 01测点　　　　　　　　　　　　b) 02测点

图 3.2-18

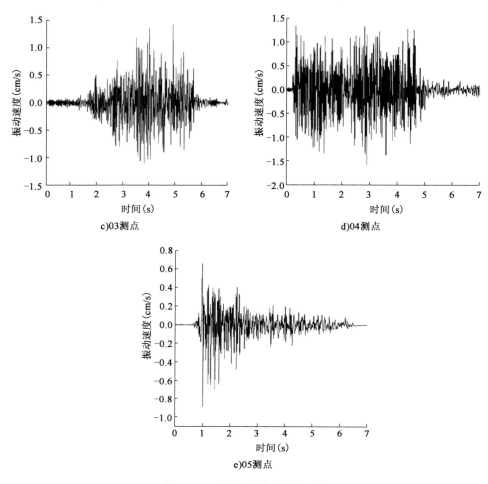

图 3.2-18 各测点竖向振动波形图

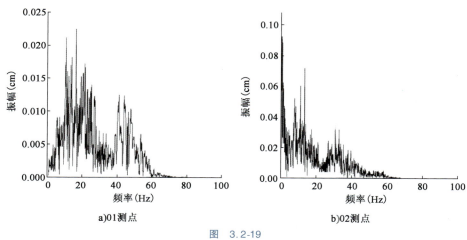

图 3.2-19

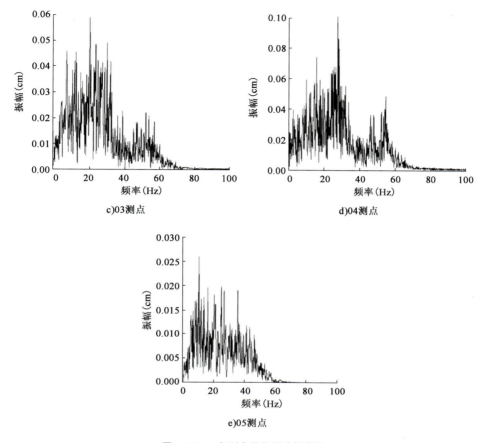

图 3.2-19　各测点竖向振动频谱图

整个爆破振动监测过程中出现的峰值振动速度出现在居民区 03 测点，大小为 1.421cm/s，对应的频谱分析主频频率为 34.285Hz，一般的钢筋混凝土结构的振动主频频率为 10~50Hz 时，规范规定爆破过程中允许周围建筑结构出现的振动速度控制在 4.2cm/s 以内。由以上数据可知本次基坑爆破过程中未对周围建筑结构造成破坏。

由图 3.2-19 竖向振动频谱分析可知，各测点的频谱分布范围较为相近，基本分布在 0~100Hz 区间内，但各测点信号分布情况又各有差异。对于大型的高层建筑物，其自振频率一般为几赫兹以内，由 02 测点的频谱分析图中可以看出其幅值主要分布在 0~20Hz 之间，与其建筑结构的自振频率较为接近，为确保安全避免出现共振，应对该测点建筑结构不同高度的爆破振动进行监测。

3.3　本章小结

本章以厦门地铁 2 号线东渡路站为工程背景，为减少土岩组合地层条件下，深基坑爆破开挖施工过程中对周围建筑结构的影响，通过对爆破波机理的分析与研究，归纳并总结了爆破波的形成机理、岩石爆破破坏机理、爆破地震波对建(构)筑物的作用效应、岩石爆破计算模型等内容。在理论支撑的基础上，对东渡站基坑爆破对周围建筑结构动力响应进行三维数值模拟分析，本次数值模拟采用的计算软件为 ABAQUS，它是目前国际最为通用的大型有限元计算软件之一。通过对模型材料、模型接触的选取，以及模型阻尼、模型荷载的确定等系列步骤，建立基坑爆破对周围建筑结构动力响应的模型，并得出以下几个结论：

（1）通过对结构体系的模态分析，得到了框架结构的自振频率和阵型分布规律，整个结构体系的主要振动方向为水平方向。

（2）在爆破冲击荷载作用下整个框架结构的振动速度和动力放大系数相同位置从上到下逐渐减小。结构体系的最大振动速度为 74.20mm/s，出现在结构顶层横梁跨中位置处，结构整体的最大动力放大系数为 2.37，出现在顶层横梁处。说明在振动过程中建筑结构具有鞭梢效应。

（3）结构体系整体的位移变化规律为自上而下逐渐减小，最大位移出现在框架结构的顶层位置处，且整体的位移指数均小于 1%，说明结构在爆破冲击荷载作用下整体稳定性较好。

从 Mises 应力云图可得出：结构整体的应力值分布规律与振动速度和位移的变化规律相反，呈现自上而下逐渐减小的趋势，最大值为 680kPa，出现在框架底部的支撑柱上，最小值为 16kPa，出现在框架顶端的横梁跨中位置处。

在模型分析完成后，进一步对爆破减振的方案进行研究，采取了一系列如布设爆破减振孔、优化起爆网络设计、合理规划爆破开挖顺序等措施控制基坑爆破对周围建筑结构的影响。并对基坑爆破开挖过程中周围建筑结构的振动响应进行监测，通过数据分析发现：

（1）建筑结构出现的振动速度全部控制在安全值以内，并未造成破坏。

（2）通过分析发现紧邻爆区的高层建筑对振动波中的低频成分更易吸收，容易引起高层建筑结构的破坏。

（3）增设 3 排减振孔后，建筑物的振动速度有了大幅度的降低，对基坑周边建筑物的安全性提供了更大的保障。

以上结论可为今后复杂地层条件下超深基坑爆破工程研究提供指导及借鉴。

CONSTRUCTION TECHNIQUES FOR
SUBMARINE METRO TUNNELS
IN COMPLEX ENVIRONMENTS

复 杂 环 境 海 底 地 铁 隧 道 建 造 技 术

第4章

矿山法地铁隧道施工关键技术

大时代

盾智行

构未来

海底矿山法施工地铁隧道因环境复杂,国内可借鉴的工程经验较少,在施工中还存在诸多难点。以厦门地铁2号线过海隧道为依托,对竖井、横通道施工、隧道正线施工进行技术方案介绍,提出针对海底隧道围岩突变频繁、裂隙水发育、风化深槽众多等复杂地质条件,采取应对措施,保证施工安全、高效。

4.1 工程介绍

根据总体施工筹划,为满足施工需要,考虑周边交通及管线情况,在既有现状道路及1号泊位码头(近东渡路站)附近设置一座临时施工竖井及横通道。竖井位于区间正线左线东北侧。

竖井及横通道中心里程为左DK21+109.147(右DK21+116.964),横通道采用矿山法施工,与竖井接口处区间正线采用矿山法开挖。本区间矿山法段右线里程右DK20+820~右DK20+930及右DK20+980~右DK21+267.568,左线里程左DK20+788~左DK21+267.569。本区间矿山法段于里程右DK20+900.5设1座联络通道。矿山法段初期支护及二次衬砌施工完成后盾构拼装管片机通过。区间左右正线施工完毕后,竖井及横通道回填处理,该区间平面布置图如图4.1-1所示。

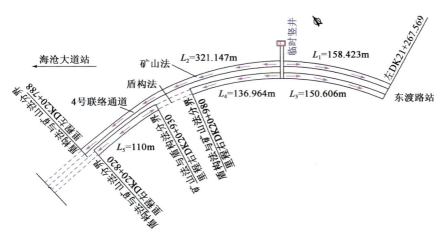

图4.1-1 施工竖井横通道及区间矿山法段平面布置图

区间右线在里程右DK20+930~右DK20+980范围内,存在侵入隧道4.3m的粗砂层,隧道下部为微风化变质石英砂岩层,该区域采用盾构法施工。区间左线在里程左DK20+915~左DK20+925段拱顶以上0.5m为粗砂层,隧道下部为微风化变质石英砂岩层(岩层属坚硬岩),RQD=80%~100%,岩石饱和抗压强度为87~192MPa,该区域采用矿山法施工。

4.1.1 总体情况

4.1.1.1 设计概况

竖井及横通道中心里程为左DK21+109.147(右DK21+116.964),该临时竖井上部采用明挖法施工,下部采用倒挂井壁法施工,内净空尺寸为8.5m×4.6m(长×宽),通过该临时施工竖井及横通道施工正线区间隧道。

横通道采用矿山法施工,内净空尺寸分别为标准段5.0m×6.95m(宽×高),加高段5.0m×9.98m(宽×高),埋深31～36m,与竖井接口处区间正线采用矿山法开挖。待区间左右正线施工完毕后,竖井及横通道回填处理。图4.1-2所示为施工竖井及横通道平面布置图。

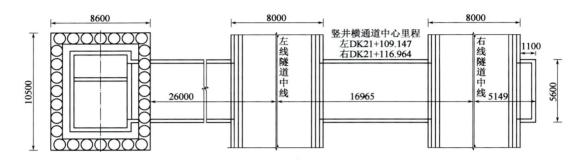

图4.1-2　施工竖井及横通道平面布置图(尺寸单位:mm)

4.1.1.2　竖井设计概况

该施工竖井为临时结构,为考虑操作空间,内净空设计为8.5m×4.6m。基坑开挖深度为43.175m,自上而下所处地层主要为填石、素填土、淤泥、全风化凝灰岩层、破碎状强风化凝灰熔岩、中等风化凝灰熔岩。

竖井采用明挖法+倒挂井壁法施工,竖井上部采用明挖法开挖,围护结构采用 $\phi1000mm$ @1200mm钻孔灌注桩+环框梁+混凝土支撑进行支护,桩间采用C25早强挂网喷射混凝土、围护桩外侧设置 $\phi850mm$ @600mm三轴搅拌桩止水帷幕;根据围护结构计算,基坑内设9道混凝土环框梁、混凝土支撑。

竖井下部采用倒挂井壁法施工,在基坑开挖前,先对全风化、强风化、破碎状强风化凝灰熔岩采取地面深孔注浆(注浆范围为围护桩以外1.5m,布孔间距0.75m×0.75m梅花形设置),坑内淤泥层采用 $\phi850mm$ @600mm三轴搅拌桩加固,待上部环框梁达到设计强度后,施工竖井下部支护,竖井下部支护由砂浆锚杆、钢筋网、喷射混凝土、格栅钢架、钢管撑组成联合支护体系,施工竖井横断面如图4.1-3所示。

4.1.1.3　横通道设计概况

该施工横通道为临时结构,内净空尺寸分别为标准段5.0m×5.0m(宽×高),挑高段5.0m×(5.0～9.98)m(宽×高),加高段5.0m×9.98m(宽×高),自上而下所处地层主要为破碎状强风化凝灰熔岩、中等风化凝灰熔岩,初期支护采用钢格栅+钢筋网+喷射混凝土,通道顶面覆土31～36m,横通道标准段衬砌断面图与加高段衬砌断面图如图4.1-4、图4.1-5所示。

4.1.1.4　矿山法段区间隧道设计

矿山法段区间隧道正洞采用单洞单线马蹄型断面,断面最大跨度8.5m,最大高度8.8m。断面在直线段隧道中线与线路中线重合,曲线段采用移动隧道中线的方法替代限界加宽。

隧道支护以新奥法原理为基础,隧道采用 A1、A2、A3、A4 四种初期支护及衬砌断面形式,盾构接收段采用 A3 型衬砌,各级围岩开挖后施作初期支护或初期支护+二次衬砌,然后注浆+豆砾石填充,后期拼装的盾构管片组成。初期支护主要有超前深孔注浆、超前小导管、砂浆锚杆、钢筋网、喷射混凝土、钢架组成的联合支护体系。衬砌断面图如图 4.1-6、图 4.1-7 所示。

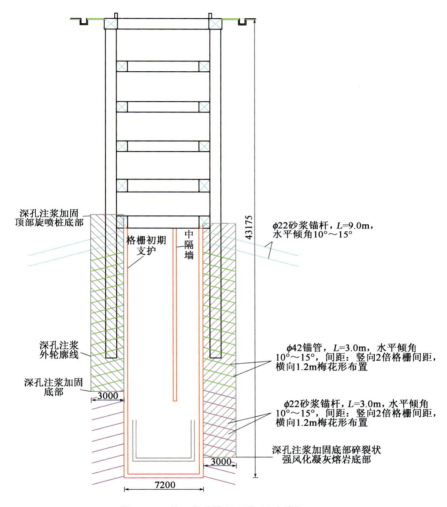

图 4.1-3　施工竖井横断面图(尺寸单位:mm)

4.1.2　自然环境概述

1)工程地质情况

(1)地形地貌

海沧大道站—东渡路站区间施工竖井及横通道位于既有现状道路及 1 号泊位码头(近东渡路站)附近的空地中。竖井位于正线区间隧道北侧,地形平坦,地面高程一般为 4.70m 左右。

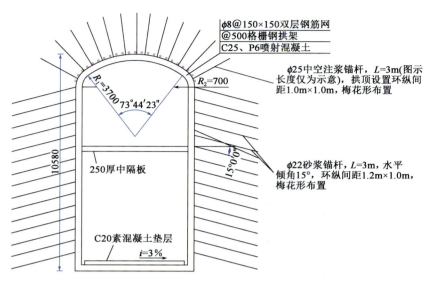

图 4.1-4　横通道加高段衬砌断面图(尺寸单位:mm)

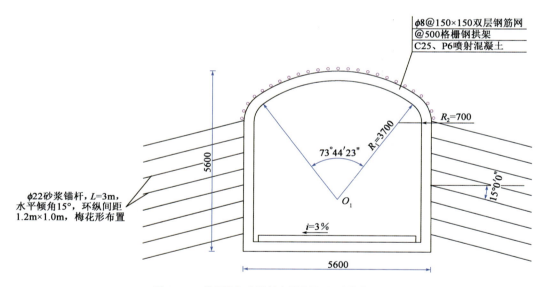

图 4.1-5　横通道标准段衬砌断面图(尺寸单位:mm)

(2)地质概况

根据最近钻孔揭露,本竖井及横通道地层从上到下依次为填石、素填土、淤泥、全风化凝灰熔岩、碎裂状强风化凝灰熔岩、中等风化凝灰熔岩。竖井及横通道底板处为中等风化凝灰熔岩,竖井与横通道地质纵断面图如图 4.1-8 所示。

①地层地质描述

①$_2$ 素填土:灰黄、灰色,中密,稍湿。主要成分为黏性土、碎石等回填而成,顶部一般为水泥地面,层厚 0.5～8.9m。局部段落分布填砂及填石,填石厚度 0.5～3.2m,填砂厚度 2.8～8.8m。

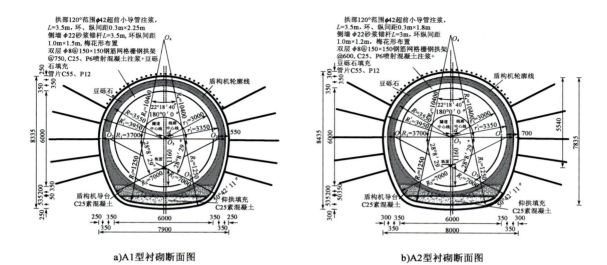

图 4.1-6　A1、A2 型衬砌断面图(尺寸单位:mm)

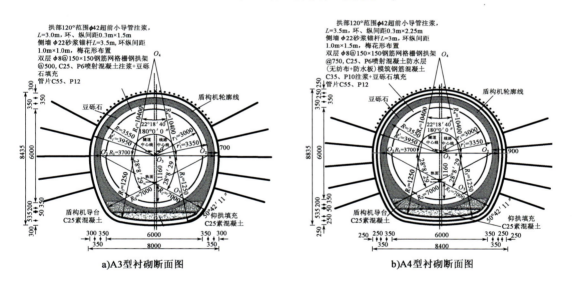

图 4.1-7　A3、A4 型衬砌断面图(尺寸单位:mm)

④$_1$ 淤泥:深灰、灰黑色,流塑,含少量有机质,具臭味,质不均,局部含中粗砂粒。该层具有天然含水率高、孔隙比大、强度低的特性,属高压缩性软弱土,工程性能不良。层厚 0.9 ~ 18.4m。

⑤$_4^2$ 粗砂:褐黄色,饱和,中密,成分主要为石英、长石,粒不均。层厚 1.8 ~ 4.8m。

⑤$_4^3$ 砾砂:褐黄色,饱和,密实,成分主要为石英、长石,粒不均。层厚 1.2 ~ 9.1m。

⑫$_1$ 全风化凝灰熔岩:棕黄色,质均,原岩矿物基本风化为黏土矿物,干钻易钻进;岩芯呈硬塑黏性土状,手捏有沙感,泡水强度急剧降低。

⑫$_2$ 强风化凝灰熔岩:灰、灰黄色,岩石风化剧烈,散体结构,原岩矿物大部分已风化为黏土矿物,干钻易钻进;岩芯呈砂质黏性土状,局部含少量风化残块。

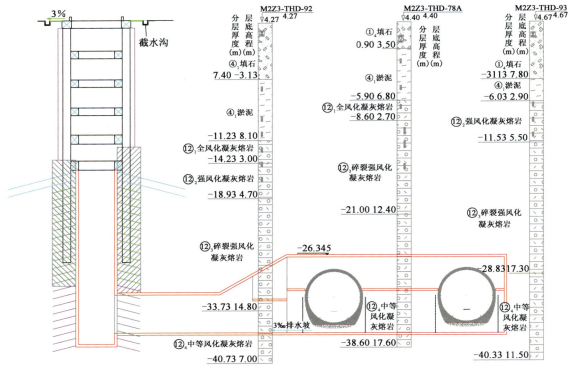

图 4.1-8 竖井与横通道地质纵断面图

⑫₃ 碎裂状强风化凝灰熔岩:受构造作用,岩面起伏较大。风化裂隙极发育,岩体破碎,RQD=0;岩质软硬不均,软质岩石在钻进中易被搅散;取出岩芯仅为少量中等风化碎块,碎块含量35%左右,粒径2~8cm,块质较硬,锤轻击不易碎,岩石点荷载抗压强度为10~21MPa,属软岩~较软岩,岩体基本质量等级属Ⅴ级。该层压缩性很低,力学强度较高。

⑫₄ 中等风化凝灰熔岩:灰色,斑状结构,块状构造。节理裂隙发育,倾角以70°左右为主,裂隙面浸染呈铁锈色,岩芯呈块状、半柱状,少量短柱状;岩质较硬,锤击声脆,RQD=20%~65%,岩石饱和抗压强度范围60~73MPa,属较硬岩~坚硬岩;岩体基本质量等级Ⅲ~Ⅳ级。

⑫₅ 微风化凝灰熔岩:灰色,斑状结构,块状构造。裂隙较发育,倾角近垂直,少量裂隙面浸染呈褐黄色。岩芯多呈柱状、短柱状;岩芯表面光滑,岩质坚硬,锤击声脆。RQD=45%~80%,岩石抗压强度69~98MPa,属坚硬岩;岩体基本质量等级Ⅰ~Ⅱ级。

⑭₁¹ 中等风化变质砂岩:中细粒砂状结构,层状构造,岩体的节理裂隙较发育,岩体较破碎~破碎,岩芯呈短柱状、部分块状,层理结构清晰,呈镶嵌块状结构,RQD=30%~80%,岩石饱和抗压强度范围22~58MPa,点荷载抗压强度31~110MPa,该层基本不可压缩,力学强度高;岩体基本质量等级Ⅳ级;受构造影响,层顶埋深变化很大,局部高程-83m左右仍未揭示该层。

⑭₃⁴ 中等风化变质石英砂岩:中细粒砂状结构,层状构造,岩体的节理裂隙较发育,岩体较破碎~破碎,岩芯呈短柱状、部分块状,RQD=50%~80%,岩石饱和抗压强度范围52~97MPa,属坚硬岩,岩体基本质量等级Ⅲ~Ⅳ级。该层基本不可压缩,力学强度高。

⑭₃⁵ 微风化变质砂岩:中细粒砂状结构,中厚层状构造,岩芯多呈柱状、部分短柱状,RQD=

60%~85%,岩石饱和抗压强度 97~192MPa,平均值 139MPa,属坚硬岩,岩体基本质量等级Ⅱ级。该层岩石不可压缩,力学强度很高。

②岩土物理力学性质

①$_2$ 素填土:物质成分复杂,结构疏密不均,工程性能差异较大。

④$_1$ 淤泥:承载力低、压缩性高、透水性微,易发生流变、触变等不良特性,基本无自稳能力,工程性能差。

基岩全风化带:承载力一般,压缩性中等,透水性弱,遇水易软化,强度急剧降低,工程性能一般。

基岩碎裂状强风化带:承载力较高,压缩性低,透水性中等,工程性能较好。

基岩中等风化带:承载力高,近不可压缩,但岩质不甚均匀,发育有软弱结构面(风化裂隙),透水性中等,工程性能较好。

基岩微风化带:承载力高,不可压缩,均匀性好,透水性弱,工程性能好。

2)水文情况

(1)地表水及地下水的类型及赋存环境

场区地表水为海水。

按赋存介质,地下水可分为三类:赋存于第四系填土层中的松散岩类孔隙水;赋存于残积层及全、强风化带中的风化残积孔隙裂隙水;赋存于碎裂状强风化带及以下的基岩裂隙水。

(2)地下水补给、径流、排泄及动态特征

场区松散岩类孔隙水、风化残积孔隙裂隙水及基岩裂隙水均直接或间接靠海水补给,但补给程度有一定差异。

松散岩类孔隙水直接接受海水补给。

风化残积孔隙裂隙水除接海水补给外,尚有基岩裂隙水的侧向补给或托顶上渗补给。

3)气象条件

(1)气温

厦门地区属南亚热带海洋性季风气候,冬无严寒、夏无酷暑、四季温和湿润,花草树木四季如春。多年平均气温 20.8℃,极端最高气温 38.5℃(1979 年 8 月 15 日),极端最低气温 2.0℃(1957 年 2 月 12 日)。月平均最低气温 12.4℃(2 月份),月平均最高气温 28.5℃(7 月份)。

(2)降雨

厦门地区降水主要集中于 4—8 月,年降水天数为 118~160d,具有降水量大,降水持续时间长,短期降水强度大的特点。多年年平均年降水量为 1183.4mm,年最多降水量 1998.8mm,年最少降水量 892.4mm(1970 年),日最大降雨量 320mm(2000 年 6 月 18 日),最大降雨强度 88mm/h。

区内多年平均蒸发量 1910.4mm,历年最大蒸发量 2533.4mm,最小蒸发量 1358.2mm,蒸发量大于降雨量;蒸发量最大月出现在最热月(8—10 月),平均蒸发量 216.3mm,蒸发量最小月出现在最冷月(1—3 月),平均蒸发量 104.7mm。

(3)湿度

本区 3—8 月较潮湿,相对湿度 80%~85%,10 月至翌年 2 月较干燥,相对湿度 70%,多年平均相对湿度 78%。

(4)雾气

厦门岛沿海多雾,多产生在1—5月,以3月最多,7—8月为绝雾期,能见度最佳。多年平均雾22d,多年最多雾36d(1973年),多年最少雾天数8天(1971年)。

(5)风力和风向

本地区春、夏两季以SE向风为主,秋、冬两季以NE向风为主,每年5—6月下午常有较强的NE或SW向风,平均风力3~4级,最大5~6级,瞬时极大风力可达7~8级。

厦门每年7—10月为台风季节,据1949—2000年《台风年鉴》资料统计:1952年中热带气旋共出现344次,平均每年6.7次,最多年14次(1961年);强热带风暴共出现212次,平均每年4.2次;台风共出现191次,平均每年3.7次,瞬时最大风速曾达80m/s(5914号台风),台风中心海平面气压最高900mb。

4.1.3 邻近建(构)筑物及管线情况

竖井位于码头旁,与南通道道路毗邻,周边场地均为空地,其中距离竖井最近的建(构)筑物有:场地东侧为某公司分公司厂房(采用钢构结构),最近点62m;220kV高压电塔,距离施工竖井100m。

4.1.4 施工重难点

1)开挖面稳定性

(1)重难点

隧道地质从上至下依次为杂填土、残积砂质黏性土、全风化花岗岩及碎裂状强风化花岗岩及凝灰熔岩,中微风化凝灰熔岩,区间隧道主要位于碎裂状强风化花岗岩及凝灰熔岩和中微风化花岗岩及凝灰熔岩。保证碎裂状强风化凝灰熔岩的稳定性及控制掌子面涌水量是区间安全开挖是本工程的重难点。

(2)应对措施

采用台阶法施工,施工中严格遵循"管超前,严注浆,短开挖,强支护,勤测量,快封闭"的原则;拱顶采取超前小导管注浆加固地层,且在存在碎裂状强风化凝灰熔岩时采取深孔注浆措施,以保证隧道的安全开挖;开挖后及时封闭掌子面及初期支护结构,以减少围岩的暴露时间。初期支护封闭后及时回填注浆,将围岩与初期支护间的空隙回填密实;施工时应制订详尽周密、针对性强的应急预案,现场备有足够的抢险物资。

2)周边建筑物安全

(1)重难点

矿山法区间穿越1号泊位,1号泊位为砌体结构,地基采用抛石基床处理,隧道顶处离抛石底距离约12.7m。确保既有建筑物的安全是本工程的重难点。

(2)应对措施

施工时遵循"管超前、严注浆、短开挖、强支护、快封闭、勤量测、弱爆破"的原则,根据监测结果信息化施工;严格控制爆破,拱部采取减振爆破措施,减少爆破对其影响,必要时采取静态爆破;加强监测,采取相应措施,包括对建(构)筑物的变形、沉降的监测,如发生较大变形,施工单位应及时反馈设计单位,以调整施工参数或采取必要的地面加固措施。

3）左线隧道上软下硬段施工

（1）重难点

区间左线隧道 DK20+915～左 DK20+925 段拱部以上 0.5m 为粗砂层，穿越长度为 10m，隧道下部穿越的地层为微风化变质石英砂岩，属典型的上软下硬地层。保证此区间安全开挖是本工程的重难点。

（2）应对措施

施工中遵循"管超前、严注浆、短开挖、强支护、快封闭、勤量测、弱爆破"的原则，根据监控量测结果信息化施工；对隧道开挖范围及拱部 3m 以内的粗砂层采用注浆加固，然后冻结加固；严格控制爆破，宜采取静态爆破，减少爆破对砂层的影响。

4.1.5　施工组织情况

关键线路：施工准备→竖井施工→横通道施工→区间正线施工。

4.2　竖井施工

4.2.1　施工工艺流程

本工程施工工序主要为：钻孔桩施工、深层注浆施工、搅拌桩施工、降水井施工、土方开挖施工、爆破施工、取渣施工、初期支护施工。

4.2.2　钻孔灌注桩施工

竖井周边支护围护结构采用 φ1000mm、间距 1200mm 的钻孔桩，钻孔桩进入中等风化岩层不小于 2.5m，钻孔桩数量 32 根，其中 17 根桩长 43m，6 根桩长 40m，9 根桩长 38m。钻孔灌注桩平面布置如图 4.2-1 所示。

4.2.2.1　桩位放线

进行施工放样，施工班组配合测量队按设计图纸定出孔位中心，经检查无误后，由施工班组在钻孔平台上设 4 个护桩点位，呈"十"字形布置，对角拉线交叉点为桩中心，放样时，孔位外放 5~10cm。护桩由作业班组进行保护。

4.2.2.2　埋设护筒

对于钻孔桩护筒采用 5mm 厚的钢板卷制，直径为 1.3m，护筒长度 2.0m；护筒顶高出施工地面 0.3~0.5m，其护筒顶面中心线与设计桩位偏差不得大于 5cm，倾斜度不得大于 1/300。钻

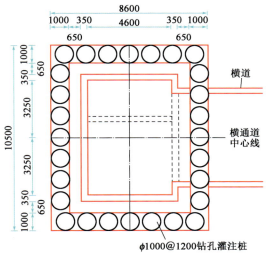

图 4.2-1　钻孔灌注桩施工工艺图（尺寸单位：mm）

进过程中要经常检查是否发生偏移和下沉,并及时纠正。

4.2.2.3 钻孔

1) 钻机选择

根据竖井地质特征、工期及钻孔桩数量,综合考虑成孔速度及质量,钻机选用 YTR300D 旋挖钻,数量 2 台。

2) 钻机顺序

钻孔桩应采用隔桩施工,为防止冲击振动使邻孔坍塌或影响邻孔已灌注混凝土的凝固,需在相邻桩混凝土达到 70% 的设计强度后,中间桩才可进行成孔施工。

3) 钻机就位

钻机开钻前要调平、垫牢,保证施工中钻机位置和不发生倾斜。需对钻机桩位进行认真检查以保证孔位偏差在规范允许范围内,控制在 5cm 以内,允许偏差与检验方法见表 4.2-1。

钻孔允许偏差和检验方法   表 4.2-1

序号	项目		允许偏差	检验方法
1	护筒	顶面位置	50mm	测量检查
		倾斜度	0.5%	
2	桩位偏差		50mm	
3	垂直度		0.5%	

4) 钻进

(1) 装钻机时,应垫平底架并保持稳定以防止钻孔中位移、沉陷,开孔时钻头中心与护筒顶面中心的偏差应小于 5cm。

(2) 钻机开钻前需对钻机平台,钻盘中心及桩位进行必要的检查以保证孔位偏差在规范允许范围内,在开钻前设置护桩,以便在钻孔过程中随时检验孔位偏差。

(3) 基岩面钻进时应防止出现斜孔或梅花形孔。钻进过程中,每进尺 2~3m,应检查一次钻孔直径和竖直度,检查工具可用圆钢筋笼(外径 D 等于设计桩径,高度 3~5m)吊入孔内,使钢筋笼中心与钻孔中心重合,如上下各处均无挂阻,则说明钻孔直径和竖直度符合要求。

整个钻进过程中,应始终保持孔内水位高出地下水位(或施工水位)至少 0.5m,并低于护筒顶面 0.3m 以防溢出。

5) 检孔与清孔

(1) 钻孔至设计高程并检测合格后,开始第一次清孔,清孔时继续保持孔内水头,防止坍孔。清孔后孔内泥浆手摸应无 2~3mm 颗粒。浇筑混凝土前孔底 500mm 以内泥浆相对密度应小于 1.25,含砂率不大于 8%,黏度不大于 28s,沉渣厚度不大于 10cm,严禁用加深钻孔深度方法来代替清孔。

(2) 二次清孔。如果一次清孔后,孔底沉渣厚度仍大于设计要求值,要进行二次清孔。二次清孔用灌注水下混凝土的导管注入比第一次清孔密度大的泥浆,用换浆法清孔。

6) 钢筋笼制作及安装

钢筋笼采用在加工场统一加工,加工时根据骨架的自身刚度及吊机的起吊能力制作成两节,长度分别 18m 和 13m,接头位置应尽量选在受力较小处,并相互错开,保证受力钢筋接头在同一断面不大于 50%,主筋采取机械连接,施工时应注意上、下段钢筋对位准确,保证钢筋笼顺直。钢筋笼外侧需设定位钢筋以确保钢筋保护层的厚度。

分节制作时均在型钢焊制的骨架定位平台上进行,以保证钢筋笼的整体直度及主筋连接接长时的对位精度。

4.2.2.4 水下混凝土灌注

混凝土采用商品混凝土,考虑到水下灌注混凝土的质量,泥浆中浇筑的混凝土,需严格保证混凝土的浇筑质量。混凝土灌注施工顺序:放钢筋笼→安设导管→使隔水栓与导管内水面紧贴→灌注首批混凝土→连续灌注直至桩顶→拔出护筒。

混凝土灌注采用提升导管法,导管用 $\phi250mm$ 无缝钢管制作,每节长 2.0m,配 1~2 节长 1.0m 短管,螺纹连接。水下混凝土要连续灌注,不能停顿。每根桩宜在 8h 内浇筑完成。在浇筑混凝土时,随时抽拔拆除导管,并认真填写灌注记录。灌注高度要超出桩顶 0.5m 以上,以确保桩顶质量。浇筑完毕后,位于地面以下及桩顶以下的孔口护筒应在混凝土初凝前拔出。

4.2.2.5 高程控制

混凝土灌注到桩顶部以下约 5m 左右时,用测绳测量确定空桩高度,计算出待灌注混凝土的高度及方量,精确控制灌车混凝土的下放量,准确测量控制桩顶高程。混凝土灌注到桩顶部以下 2m 左右时,混凝土应慢放少放,用测绳勤测多测,算准混凝土的下放量,把翻浆高度严格控制在距桩顶高程 0.5~1.0m 范围之内。

4.2.3 深层注浆止水施工

4.2.3.1 注浆范围

竖井开挖下端全风化、强风化及碎裂状强风化岩层采用深孔注浆止水,注浆范围为竖井下部外轮廓以外 1.5m,布孔间距按 0.75m×0.75m 梅花形布置,注浆范围如图 4.2-2、图 4.2-3 所示。

4.2.3.2 施工控制要点

(1)避免孔间串浆。应调整注浆参数,适当减少注浆压力和速度,或者采取间歇注浆及进行跳孔注浆作业、跳孔距离加大等措施防止串浆发生。

(2)密切关注注浆压力。若注浆压力长时间不上升(20min 以上),应立即采取措施,防止浆液继续流失造成浪费,注浆压力控制在 0.2~0.5MPa。

(3)做好注浆记录。

4.2.4 三轴搅拌桩止水施工

围护桩外侧自地表至淤泥层设置 $\phi850mm@600mm$ 三轴搅拌桩止水帷幕,同时伸入全风化或强风化岩层不小于 1m。水泥掺量不小于 20%。搅拌桩布置如图 4.2-4 所示。

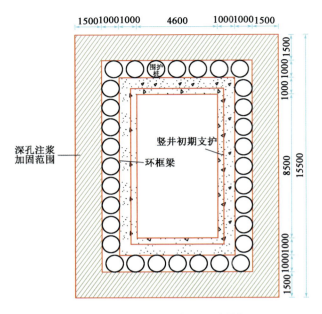

图 4.2-2 深孔注浆平面示意图(尺寸单位:mm)

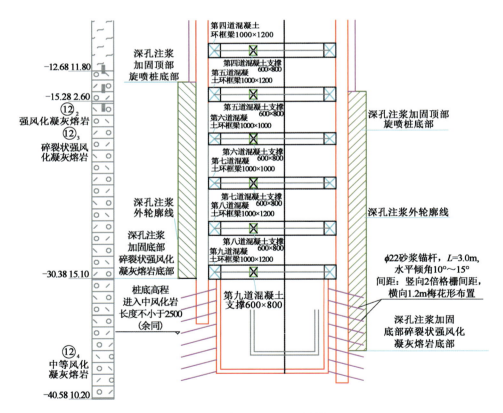

图 4.2-3 深孔注浆纵断面图(尺寸单位:mm)

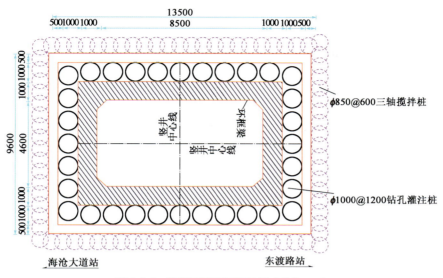

图 4.2-4　搅拌桩平面布置图(尺寸单位:mm)

4.2.4.1　三轴搅拌桩施工流程

施工流程:测量放线→开挖沟槽→设置导架及孔位放样→桩机就位→拌制水泥浆→喷浆、喷气下沉搅拌喷浆→提升搅拌喷浆→搅拌结束。

4.2.4.2　三轴搅拌施工参数

三轴搅拌桩施工参数见表 4.2-2。

三轴搅拌桩施工参数　　　　　　　　　　　表 4.2-2

项目	实桩段技术参数($\phi 850$mm)	空桩段技术参数
浆液水灰比	1.5:1	1.5:1
浆液流量(L/min)	120~125	80~90
下沉速度(m/min)	0.5	1~1.5
提升速度(m/min)	0.8~1	1~1.5
注浆压力(MPa)	1~2	1~2

4.2.4.3　搅拌桩施工工序

(1)测量放线

施工前,先根据设计图纸和建设单位提供的坐标基准点,放出加固区域边线。现场技术人员根据加固边线及搅拌桩施工参数,定出每组搅拌桩的位置,并做好定位标记。

(2)开沟槽

根据放样出的水泥土搅拌桩围护中心线,用挖掘机沿围护中心线平行方向开掘工作沟槽。根据本工程搅拌桩直径,取槽宽约 1.0m,深度 1~1.5m。

(3)设置导架与孔位放样

在垂直沟槽方向放置两根定位 H 型钢,规格为 H200×200,长度 2.5m;再在平行沟槽方向放置两根定位 H 型钢,规格为 H300×300,长度 8~12m。转角处 H 型钢采取与围护结构中心线呈45°插入,H型钢定位采用H型钢定位卡。

(4)桩机就位与垂直度校正

搅拌桩机通过自身移动装置到达作业位置,并调整桩架垂直度达到1/300以内。

(5)水泥浆液拌制

水泥采用P·O42.5级普通硅酸盐水泥,水泥浆液的水灰比严格控制在1.5。

(6)喷浆、搅拌成桩

启动电动机,根据土质情况按计算速率,放松卷扬机,使搅拌头自上而下切土拌和下沉,直到钻头下沉钻进至桩底高程。按照搅拌桩施工工艺要求,钻杆在下沉和提升时均需注入水泥浆液。钻机钻进和提升速度宜控制在施工参数合理的范围值内,按照技术交底要求均匀、连续注入拌制好的水泥浆液。钻杆提升完毕时,设计水泥浆液全部注完。

4.2.5 坑内加固三轴搅拌桩施工

由于竖井地层存在④₁淤泥层,为确保施工安全,对基坑内淤泥层采用 $\phi 850mm@600mm$ 三轴搅拌桩裙边抽条加固,具体加固深度应根据现场地址情况而定,搅拌桩实桩段水泥掺量为20%,空桩段水泥掺量为7%。三轴搅拌桩大样图如图4.2-5所示,加固平面图如图4.2-6所示。

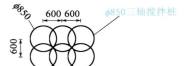

图4.2-5 坑内加固三轴搅拌桩大样图
(尺寸单位:mm)

4.2.6 施工降水及排水

本工程施工过程中对地表、地下含水主要是采取止水帷幕(三轴搅拌桩)+深孔注浆+坑内降水措施,三轴搅拌桩及深孔注浆应满足渗透性等施工要求,坑内降水应保证水位位于坑底以下不小于0.5m。防止地下水对施工造成影响。

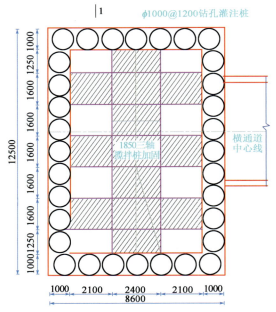

图4.2-6 坑内加固三轴搅拌桩平面图(尺寸单位:mm)

竖井施工时,随开挖深度的增加,会在每一层开挖面设置集水坑,这些集水坑尺寸为宽1m、长1m、深1m,一直延续至井底,以收集渗入的地下水。同时,井底和施工横通道的底板设计有1%的坡度,引导积水流向集水坑。地下工作面中的明水则通过预先设置的明排沟槽汇集至集水坑,再由大功率潜水泵抽出,输送到地面的排水系统中,经过适当处理后再排入市政排水管网。

该临时竖井内净空尺寸为8.5m×4.6m(长×宽),竖井尺寸较小,本竖井坑内设置1口降水井,坑外设置2口观测井,坑外2口观测井兼做应急井,降水井平面布置图如图4.2-7所示。

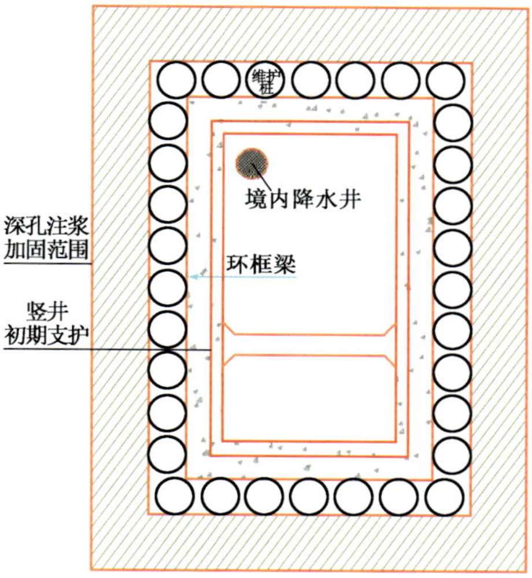

4.2.7 竖井开挖支护

图4.2-7 降水井平面布置图

竖井采用明挖法+倒挂井壁法施工。根据地层条件,竖井分为上部土层开挖、中部强风化岩层开挖及下部中风化岩层爆破开挖。

4.2.7.1 竖井上部开挖

竖井上部基坑(包括填石、素填土、淤泥、全风化凝灰熔岩)开挖深度$H=20.1m$,竖井按由上而下、由中间向两侧的顺序开挖,土层采用人工配合挖掘机开挖,分台阶进行,每一循环开挖深度1.0~1.5m,靠近井壁处预留50cm由人工修整至设计位置,在中部设临时集水坑,并将渗水及时抽出。

渣土由挖掘机装入渣斗,通过门式起重机提升至地面渣土场,竖井每开挖完成一个循环,经检查开挖尺寸符合设计要求后,立即挂$\phi 8mm$钢筋网(网片预留200mm搭接长度初喷混凝土),喷射C25混凝土。钢筋网在井外分片制作,井内安装,螺栓连接,喷混凝土支护后基坑继续往下开挖,依次施作1~5道环框梁。施工期间在井壁设临时爬梯,供施工人员上下。开挖至水位以下时,井底设积水坑,用污水泵将水抽至井外。

竖井开挖过程中一旦发生涌水、涌砂,立即封闭开挖面,停止开挖施工。准备进行注浆止水,打设注浆小导管。进行注浆止水。

4.2.7.2 竖井中部开挖

竖井中部基坑(破碎状强风化凝灰熔岩)开挖深度$H=15.1m$,竖井按由上而下、由中间向两侧的顺序开挖,强风化岩层较破碎采用人工配合破碎锤开挖。开挖时每循环进尺0.8~1m,由中心向四周扩挖,靠近井壁处预留50cm由人工修整至设计位置,在中部设临时集水坑,并将渗水及时抽出。

渣土由挖掘机装入渣斗,通过门式起重机提升至地面渣土场,竖井每开挖完成一个循环检查一次开挖尺寸,经检查开挖尺寸符合设计要求后,立即挂$\phi 8mm$钢筋网(网片预留200mm搭接长度初喷混凝土),喷射C25混凝土。钢筋网在井外分片制作,井内安装,螺栓连接,喷混凝土支护后。基坑继续往下开挖,依次施作6~9道环框梁。施工期间在井壁设临时爬梯,供施工人员上下。开挖至水位以下,井底设积水坑,用污水泵将水抽至井外。

竖井开挖过程中一旦发生涌水、涌砂,要立即封闭开挖面,停止开挖施工。准备进行注浆止水,打设注浆小导管,进行注浆止水。

4.2.7.3 竖井下部开挖

竖井下部(包括中等风化凝灰熔岩)采取倒挂井壁法开挖。开挖采用爆破和人工风镐配合施工,原则是能不爆破尽量不爆破。若爆破,采用微差控制爆破。

施工竖井的爆破每循环进尺为2.0m,孔深2.3m,采用楔形掏槽,掏槽布置如图4.2-8所示。

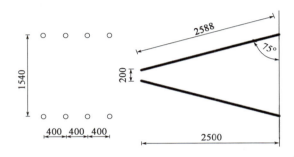

图4.2-8 施工竖井爆破掏槽孔布置示意图(尺寸单位:mm)

为保证竖井底部围岩及井壁不受破坏,同时考虑邻近建筑不受振动危害,故采用微差控制爆破的方法进行设计与施工,根据以往类似工程的施工经验,采用中心掏槽眼、辅助眼及周边眼相结合的布孔方法,利用多个段别毫秒雷管实现微差控制爆破。具体施工炮孔布置如图4.2-9所示。

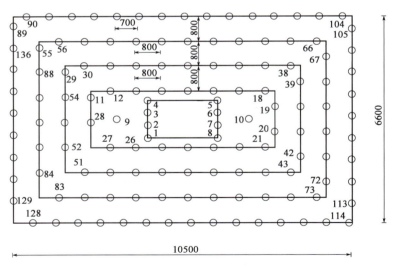

图4.2-9 施工竖井炮孔布置(尺寸单位:mm)

竖井采取全断面开挖,每循环进尺0.5m,采用非电毫秒雷管起爆,为减少地震波对周围建筑物及井壁、围岩的影响,严格控制单段起爆药量,本设计保证时差在100ms以上,达到可靠的减振效果。爆破时用炮被覆盖井口,控制药量,防止飞石伤人。开挖采用全断面开挖。每步开挖的深度以该标高的格栅间距为准,不得超挖。中间部分始终超前1m,设临时集水坑,由潜水泵将积水及时抽出。

竖井出渣采用人工装运至渣斗,龙门式起重机提升至井口外,由装载机将土方运至渣场,再由自卸汽车运至业主指定的弃土场。

4.2.7.4 竖井开挖技术措施

(1)竖井开挖前做好防汛准备,地面布置好排水装置,并保持排水系统通畅,防止地面雨水、污水倒灌后漏入竖井。

(2)随时保证有充足的排水设备可投入正常使用。竖井开挖时,中央集水坑超前,确保竖井井壁开挖面不浸水,防止造成边坡坍塌而引起周围土体较大侧向位移和沉降。坑内若有积水,必须尽快排出,严禁积水泡坑。

(3)竖井开挖过程中,随时保证有两套双液注浆设备可投入正常使用,有充足的水泥、水玻璃等注浆材料,现场保证至少有3~4名专业注浆施工人员随时待命止水、堵漏。

(4)加强施工管理。每层土放开挖前,由工长、技术员、材料员、安全员、质检员等共同检查现场的施工人员、设备、材料是否可满足至少按时完成一个循环的施工需要,否则,严禁进行土方开挖。每班确保有一名技术员、安全员跟班,工长必须在开挖工作面,以确保施工规范、及时发现险情征兆、及时发现地质情况的变化、措施及时有效。

(5)竖井开挖前还必须备好抢险应急材料、设备,并做好演练。开挖过程中发现坑壁漏水严重,坑壁存在坍塌的可能时,必须立即停止开挖,并用土袋回填稳定坑壁,必要时插板护壁、加设型钢支撑、全断面回填、喷射混凝土封闭掌子面,以确保竖井的安全,然后采取注双液浆堵漏、超前小导管注浆加固等有效止水措施,并确认坑壁稳定后再继续开挖。

(6)加强施工作业队的施工力量,严格按照先对角及对边后中心的顺序开挖土方。每层土方一旦开挖,就必须在最短时间内封闭支护体系,井壁土体暴露时间不得超过2h,循环作业时间控制在16h以内。为此,作业场所配备两套混凝土喷射系统,确保随时至少有一套可正常使用,防止因设备的故障或管路堵塞导致支护施工中断。

(7)加强监控量测及信息反馈制度。竖井开挖期间,地面沉降、土体侧向位移、井口水平位移、地下水位、邻近建筑物变形监测至少每天一次,必要时增加监测频率。监测完成后5h内将监测分析报告送工区经理部相关领导,相关管理人员据此调整施工参数及施工计划,必要时减少格栅钢架步距,缩小周边每部开挖的范围,以减少循环作业时间和井壁土体的暴露时间,确保每步施工安全、快速,将对周围环境的影响降到最低。

(8)如地下水位下降,可通过水位观测孔回灌自来水来恢复地下水位,以减少水位下降给邻近建筑物带来的不良影响。

(9)竖井开挖过程中,遇到透水层地质,应全断面进行注浆止水,保证井壁无渗水,方可继续施工。

4.2.8 桩间支护

桩间支护施工参照3.1.1.1节。

4.2.9 格栅支护施工

钢筋格栅第一榀制作好后在场地内试拼,保证满足规范及设计要求的偏差后,首件验收合格后,再投入批量生产。

安装工作内容包括定位测量,安装前的准备和安设。

(1)定位测量

首先测定出中线,确定高程,然后再测定其横向位置。

(2)安装前的准备工作

运至现场的单元格栅钢架分单元堆码,并挂牌标识,以防用错。安设前进行断面尺寸检查,及时处理欠挖部分,保证钢架正确安设。安设前将格栅墙角部位的松渣处理实,杜绝有夹层出现,并垫上钢板或木板,防止钢架下沉。

(3)钢格栅安装

开挖后应及时安装,两榀钢格栅间沿周边设纵向连接筋,环形间距100cm,内外双层布置,形成纵向连接体系,挂设钢筋网片,钢筋网片绑扎在钢架的设计位置,并与格栅钢架牢固连接;然后施作初期支护混凝土。

格栅施工参照 3.1.1.3 节。

4.2.10 砂浆锚杆施工

砂浆锚杆平面布置如图 4.2-10 所示。在开挖过程中,用砂浆锚杆对土体加固及止水。在中等风化岩层中采用长度 3m、直径 22mm 锚杆加固,锚杆横向间距 1200mm、竖向间距 1000mm,呈梅花形布置,水平倾角为 10°~150°。

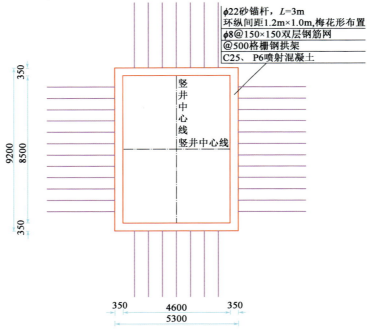

图 4.2-10 砂浆锚杆平面布置示意图(尺寸单位:mm)

1)砂浆锚杆、网喷混凝土支护施工工艺流程

施工工艺流程:开挖工作面、修整边坡→安设锚杆(包括钻孔、插钢筋、注浆)→绑扎钢筋网与加强筋,锚杆与加强筋焊接,设置垫块→喷射第一层混凝土→喷射第二层混凝土。

2)砂浆锚杆支护工艺要求

(1)锚杆成孔机具采用手持 YT-28 风钻。钻孔完毕应立即将钢筋和注浆管同时插入孔底,注浆管距孔底约 25cm,并立即灌注砂浆。

(2)锚杆使用前应调直和除锈。

(3)钢筋网使用前要除锈并调直,网片与锚杆及加强筋间要连接牢固。

(4)混凝土采用 C20 湿喷早强混凝土。施工前做配合比设计,确定速凝剂掺量不高于 3%、喷射混凝土时网片不晃动;同时要确保网片与支护面土体间距离不小于 2cm。

(5)喷射混凝土应分段分片进行,同一分段内喷射混凝土应自下而上进行,一次喷射厚度为 30~50mm;喷射时喷头与受喷面垂直,保持 0.6~1.0m 的距离。

(6)喷射混凝土达到厚度凝固后,应湿水养护 72h,且混凝土喷射与土石方爆破间隔时间不小于 8h。

4.2.11 封底混凝土施工

竖井开挖至井底设计高程时,根据施工图的要求进行基底清理整平,封底格栅间距 500mm,钢格栅采用 φ22mm@500mm 双层连接筋连接,外挂单层钢筋网片,采用喷射 C25 混凝土方式封闭井底,喷射混凝土厚度 400mm。竖井井底格栅断面图如图 4.2-11 所示。

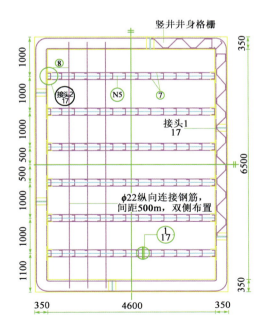

图 4.2-11 竖井井底格栅断面图(尺寸单位:mm)

4.3 横通道施工

4.3.1 横通道施工总体工艺流程

施工工艺流程：超前小导管注浆加固施工→破除马头门及破桩施工→第一循环深孔注浆施工→横通道标准段(约13m)开挖→安装钢筋格栅、锚杆、钢筋网片→喷射混凝土→第二循环深孔注浆施工→横通道剩余部分开挖→安装钢筋格栅、锚杆、钢筋网片→喷射混凝土→堵头墙格栅施工。

4.3.2 深孔注浆加固施工

4.3.2.1 注浆范围

根据横通道现有地勘钻孔资料，横通道拱顶及侧墙存在碎裂状强风化岩层，现对该地层采取超前预注浆，根据横通道长度及断面尺寸及形式，采取第一、二循环超前预注浆。施工时应根据现场实际情况加以调整，调整以钻孔单位涌水量 q 为判定标准，对于富水性 $q \geqslant 0.3L(s \times m)$ 的含水层，应进行断面超前预注浆止水。

第一循环深孔注浆，注浆范围为横通道标准段碎裂状强风化凝灰熔岩，注浆长度 $L=13m$，开挖长度 10m，在横通道马头门及洞身范围内桩破除后施作止浆墙，完成后开始钻孔注浆。

第二循环深孔注浆紧接第一循环深孔注浆，适用范围为横通道标准段局部区段、过渡段、加高段，注浆长度 $L=22m$，开挖长度 19m，设置 3m 厚混凝土止浆墙。

4.3.2.2 施工工艺

注浆加固施工工艺流程如图 4.3-1 所示。

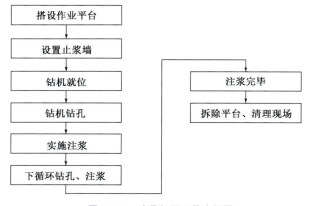

图 4.3-1 注浆加固工艺流程图

(1)施工止浆墙

在第一循环掌子面设置 3m 厚 C25 喷混凝土止浆墙，在喷射前要按图纸预埋孔口管。

（2）钻孔

在钻孔前,由测量人员放出每孔的位置,在用红油漆标注此孔的偏角及钻孔深度。采用KQD-8100B潜孔钻机,按测量人员放出的孔位及设计偏角施钻。钻机定好角度后,采取全方位的措施,防止钻机颤动影响钻进施工的精度;开钻前期采用低速钻进,待钻机正常钻进时(一般进尺0.5m左右),将钻机速度调至正常运行速度。钻孔过程密切观察钻进速度、涌水、岩层等情况,并及时做好记录。钻至设计深度后,可进行下一道工序。

孔位大概是呈半圆形布置,隧道预注浆断面加固范围分别为上半断面开挖轮廓2m外,每个注浆段分为B、C、D三序孔,开孔直径不小于110mm,终孔直径不小于91mm。孔口管采用φ108mm、壁厚5mm的热轧无缝钢管,管长2m。浆液扩散半径2m,孔底间距不大于3m,孔径110mm。

（3）注浆

按设计密度配制浆液,浆液采用P·O42.5级普通硅酸盐水泥,水灰比为1:1,注浆终压建议控制在0.5~1.5MPa,第一循环注浆正面布置图与第二循环注浆正面布置图如图4.3-2、图4.3-3所示。

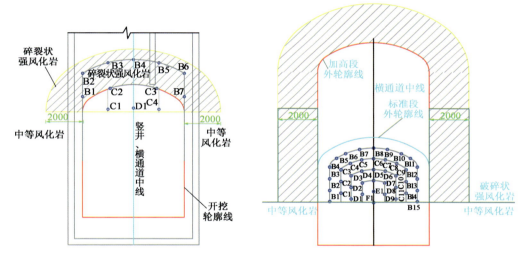

图4.3-2 第一循环注浆正面布置图(尺寸单位:mm)　　图4.3-3 第二循环注浆正面布置图(尺寸单位:mm)

在注浆时:钻进成孔2m后注入浆液,待其固结堵塞后再行钻孔注浆,依次循环至注浆结束。应遵循"先外圈后内圈,同一圈先上部孔后下部孔、间隔跳孔、逐渐加密,先无水区后有水区"的原则,在注浆管路上安装注浆压力表,注浆压力为注浆处静水压力加0.5~1.5MPa,采用纯压式灌浆,压力表安装在孔口进浆管路上,压力表指针摆动范围应小于灌浆压力的20%,压力读数读压力表指针摆动的中值。第一序孔按注浆量达到或接近预估注浆量可结束注浆;第二序孔按注浆压力达到设计压力,注浆量逐渐减少至小于1L/min,并维持10min以上,结束本次注浆。

4.3.2.3 施工控制要点

（1）避免孔间串浆。应调整注浆参数,适当减小注浆压力和速度,或者采取间歇注浆及进行跳孔注浆作业,跳孔距离加大等措施,防止串浆发生。

(2)密切关注注浆压力。若注浆压力长时间不上升(20min 以上),应立即采取措施,防止浆液继续流失造成浪费,注浆压力控制在 0.2~0.5MPa。

(3)做好注浆记录。

(4)注浆结束标准:各孔段注浆压力达到设计终压(一般大于静水压力 0.5~1.5MPa)并应稳定 10min,且进浆速度小于开始进浆速度的 1/4 时,可认为注浆结束。

(5)注浆效果检查:注浆完成后,在开挖轮廓线范围内打设检查孔,检测注浆效果,每循环设检查孔 5 个,其中拱部 2 个,左右边墙各 1 个,底部 1 个,检查孔直径 110mm,长度约 10m,平均出水量 <0.2L/min,也可采用任一孔出水量 <5L/min;压水检查,在 1.0MPa 压力下,吸水量 <2L/min;加固体抗压强度不小于 3MPa;岩体 RQD 指标达到 75%~80%。满足上述条件,则认为注浆达到效果,注浆达到效果后方可进行开挖。

4.3.3 超前小导管施工

横通道设置超前小导管加固拱顶,配合格栅钢架使用。横通道马头门破除前在竖井初期支护布设 2 道超前小导管注浆加固,前小导管布置如图 4.3-4 所示。

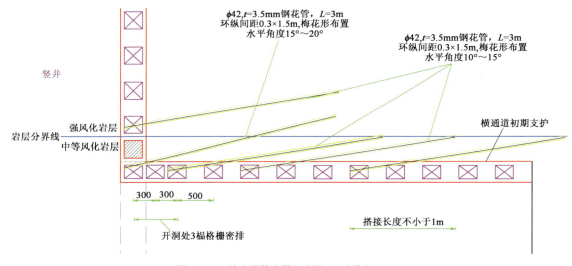

图 4.3-4 前小导管布置示意图(尺寸单位:mm)

4.3.3.1 超前小导管施工工艺

超前小导管施工工艺流程如图 4.3-5 所示。

4.3.3.2 小导管施工要求

(1)小导管安设应根据地层(开挖)情况采用不同的钻孔方式,主要采用钻成孔安装法,其钻孔深度应大于导管长度;若掌子面为全风化、散体状强风化岩层时,采用钻孔锤击顶入法。即先按设计要求钻孔,钻孔直径比钢管直径大 3~5mm,然后将小导管穿过钢架,用锤击顶入,顶入长度不小于钢管长度的 90%,并用高压风将钢管内的砂石吹出。

(2)小导管安设后,用塑胶泥封堵孔口及周围裂隙,必要时在小导管附近及工作面喷射混凝土,以防止工作面坍塌。

(3)隧道的开挖长度应小于小导管的注浆长度,预留部分作为下一次循环的止浆墙。

(4)注浆前应进行压水试验,检查机械设备是否正常,管路连接是否正确。为加快注浆速度和发挥设备效率,可采用群管注浆(每次3~5根)。

(5)注浆浆液必须充满钢管及周围的空隙并密实,其注浆量和注浆压力应根据试验确定,每孔的注浆量和注浆压力可根据现场地层情况适当调整。

(6)注浆过程中要随时观察注浆压力及注浆泵排浆量的变化,及时分析注浆情况,防止堵管、跑浆、漏浆。做好注浆记录,以便分析注浆效果。

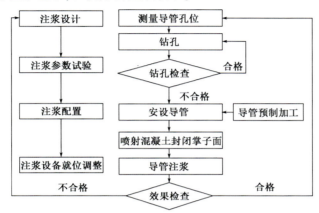

图4.3-5　超前小导管施工工艺流程

4.3.3.3　注浆参数

(1)水泥浆水灰比为1∶1(质量比),或根据现场注浆效果确定。

(2)注浆压力参考值为0.5~1.0MPa。对于涌水量较大的松散带,可采用针对性的注浆材料并调整压力。

(3)围岩空隙率参考值为砂土40%、黏土20%、破碎岩层5%。施工中根据现场注浆情况调整注浆量。

4.3.4　横通道开挖支护

横通道在深孔注浆、超前小导管预注浆等超前支护辅助措施完成后,采用矿山法开挖。横通道分为标准段、过渡段、加高段3种断面形式开挖。开挖总体情况如图4.3-6所示。

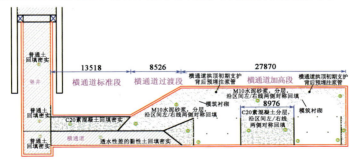

图4.3-6　横通道开挖总体情况(尺寸单位:mm)

4.3.4.1 马头门破除

按照图纸尺寸测放横通道轮廓线,开始破除横通道马头门。马头门按照上下台阶的方式施工。破除时先破除横通道范围内上台阶的竖井井壁,在竖井井壁平面内设第一榀横通道格栅,同时将洞口处断开的竖井格栅与横通道格栅焊接牢固。根据开挖步骤依次破除马头门。

施工步骤:

(1)由测量班在马头门位置测放施工横通道轮廓线。

(2)搭设脚手架作业平台,然后沿横通道开挖轮廓破除80cm宽的槽,满足架设横通道格栅的空间要求,将槽内混凝土碎块及渣土清理干净后,在竖井井壁内架设第一榀钢格栅。

(3)格栅与竖井已破除格栅连接牢固,预留沿通道纵向的连接钢筋 $\phi 22mm@600mm$,内外交错布置,并喷射C25混凝土。

(4)扩大马头门破除范围,后续密排架设第二、三榀格栅,拱脚打设锁脚锚管,并喷射C25混凝土。

(5)分层破除横通道范围内的钻孔灌注桩,沿横通道开挖轮廓破除80cm宽的槽,满足架设横通道格栅的空间要求,将槽内混凝土碎块及渣土清理干净后,在桩间架设第四榀钢格栅并与灌注桩钢筋焊接牢固,喷射C25混凝土。依次施工第五榀钢格栅并喷射C25混凝土。

(6)五榀格栅支护完毕后,完全破除上台阶范围内钻孔灌注桩。

(7)施作止浆墙,第一循环深孔注浆施工。

(8)上台阶继续向前开挖支护,在上台阶进尺3.0~4.0m后,自上而下破除下台阶范围内竖井的初期支护并预留核心土,施工完成下台阶格栅,拱脚打设锁脚锚管,喷射C25混凝土,使初期支护封闭成环。

4.3.4.2 标准段开挖

标准段断面(主要为碎裂状强风化凝灰熔岩和中等风化凝灰熔岩)开挖长度 $L=13.423m$。开挖采用爆破和人工风镐配合施工,原则是能不爆破尽量不爆破。若爆破,采用控制爆破,横通道爆破槽孔布置图如图4.3-7所示。

横通道的爆破每循环进尺为2.0m,孔深2.3m。上台阶采用双楔形掏槽孔,孔深2.5m;中台阶和下台阶不需要掏槽孔。

1)横通道炮孔布置

(1)小断面横通道炮孔布置

①上台阶炮孔布置如图4.3-8所示。

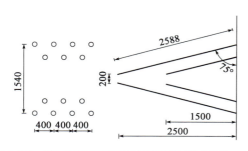

图4.3-7 横通道爆破掏槽孔布置示意图(尺寸单位:mm)

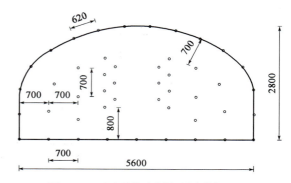

图4.3-8 上台阶炮孔布置(尺寸单位:mm)

②下台阶炮孔布置如图4.3-9所示。

(2)大断面横通道炮孔布置

大断面横通道采用四台阶施工法,自上而下的台阶高度分别为2.35m、2.4m、2.83m和3.0m。

①上台阶炮孔布置如图4.3-10所示。

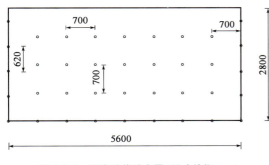

图4.3-9 下台阶炮孔布置(尺寸单位:mm)

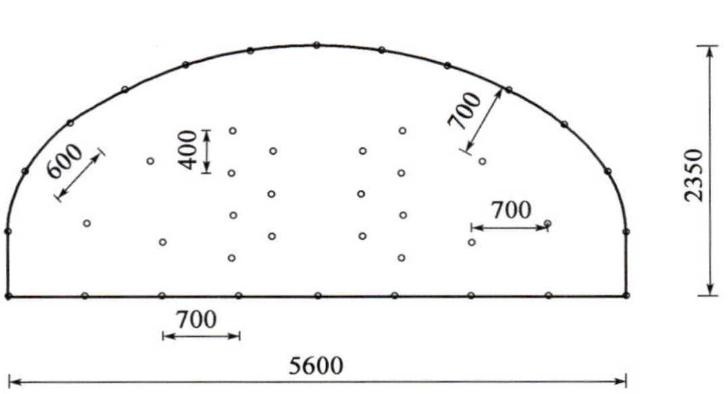

图4.3-10 上台阶炮孔布置(尺寸单位:mm)

②二台阶炮孔布置如图4.3-11所示。

③三台阶炮孔布置如图4.3-12所示。

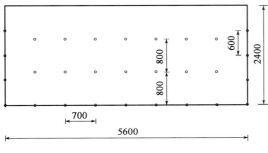

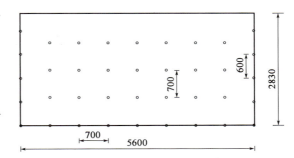

图4.3-11 二台阶炮孔布置(尺寸单位:mm)

图4.3-12 三台阶炮孔布置(尺寸单位:mm)

④下台阶炮孔布置及参数如图4.3-13所示。

2)标准段开挖步序

标准段采取上下台阶法开挖,每步开挖的深度以该里程的格栅间距为准,严格控制开挖断面,不得欠挖。

拱顶超前预支护,采用环形开挖(预留核心土)横通道上台阶,及时施作超前支护(打设$\phi42mm$单层小导管并注浆),然后施作初期支护(喷射C25早强混凝土,架设格栅钢架,$\phi8mm$双层钢筋网,打设锁脚锚管或锚杆)。开挖步序如图4.3-14所示。

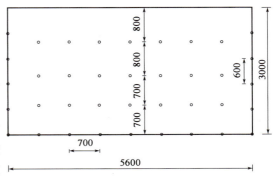

图4.3-13 下台阶炮孔布置(尺寸单位:mm)

上台阶开挖并施工完毕后,应错开一段距离$D(3\sim4m)$,然后开挖下台阶,继续施工初期支护,封闭格栅钢架;最后施作垫层及侧向水沟。开挖步序如图4.3-15所示。

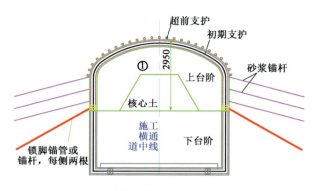

图 4.3-14 标准段开挖步序(一)(尺寸单位:mm)

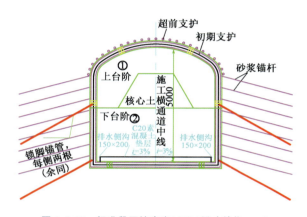

图 4.3-15 标准段开挖步序(二)(尺寸单位:mm)

4.3.4.3 过渡段开挖

过渡段断面(主要为碎裂状强风化凝灰熔岩和中等风化凝灰熔岩)开挖长度 $L=8.626\mathrm{m}$。过渡段无中隔板段参照标准段开挖支护,有中隔板段参照加高段开挖支护。

4.3.4.4 加高段开挖

加高段断面(主要为碎裂状强风化凝灰熔岩和中等风化凝灰熔岩)开挖长度 $L=27.765\mathrm{m}$。

开挖采用爆破和人工风镐配合施工,基本原则是尽量不爆破;若必须爆破,则采用控制爆破。考虑围岩不受破坏,采用微差控制爆破的方法进行设计与施工,根据以往类似工程的施工经验,采用中心掏槽眼、辅助眼及周边眼相结合的布孔方法。爆破方式参考前文大"断面爆破设置"。

开挖分为上下导洞短台阶分步施工,每循环进尺 0.5m,每步开挖的深度以该里程的格栅间距为准,严格控制开挖断面,不得欠挖。

(1)拱顶超前预支护,采用环形开挖(预留核心土)横通道上导洞上台阶,及时施作超前支护(打设 $\phi25\mathrm{mm}$ 中空注浆锚杆、$\phi42\mathrm{mm}$ 单层小导管并注浆),然后施作初期支护(喷射 C25 早强混凝土,架设格栅钢架、$\phi8$ 双层钢筋网,打设锁脚锚管或锚杆),上台阶施工完成后,错开一

段距离 $D(3\sim4\mathrm{m})$,上导洞下台阶施作初期支护。上导洞格栅钢架封闭成环。

（2）上导洞开挖并施工完毕后，然后开挖下导洞，其中上导洞下台阶与下导洞上台阶、下导洞上台阶与下导洞下台阶应错开一段距离 $D(3\sim4\mathrm{m})$,继续施工初期支护，封闭格栅钢架；最后施作垫层及侧向水沟。

加高段开挖步序如图 4.3-16 所示。

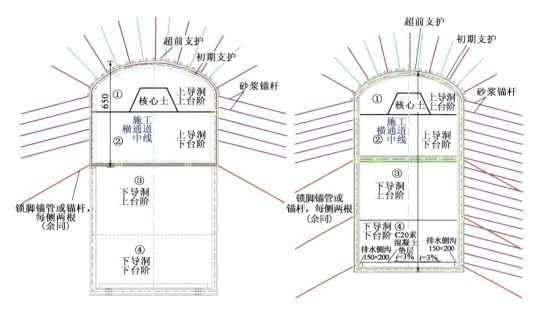

图 4.3-16　加高段开挖步序（尺寸单位：mm）

4.3.4.5　开挖技术措施

（1）施工中实行 24h 技术人员值班制度，严格遵循"管超前、严注浆、强支护、短开挖、早封闭、勤量测"的施工原则。

（2）加强对横通道拱顶沉降、收敛等项目的监控量测，监控点及时布设，格栅封闭后立即测出初始值，加大监测频率，及时整理、分析测量数据、汇报监控量测结果。

（3）开挖过程中，随时保证有两套双液注浆设备可投入正常使用，有充足的水泥、水玻璃等注浆材料，现场保证至少有 3~4 名专业注浆施工人员随时待命止水、堵漏。

（4）加强施工管理。土方开挖前，由工长、技术员、材料员、安全员、质检员等共同检查现场的施工人员、设备、材料是否可满足至少按时完成一个循环的施工需要；否则，严禁进行土方开挖。每班确保有一名技术员、一名安全员跟班，工长必须在开挖工作面值守，以确保规范施工、及时发现险情征兆、及时发现地质情况的变化，以及出现问题时采取的措施及时有效。

（5）开挖前还必须备好应急材料及抢险设备，并做好演练。如开挖过程中发现拱顶出现渗漏水现象、出现坍塌的迹象时，必须立即停止开挖，喷射混凝土封闭掌子面，以确保开挖的安全。然后采取注双液浆堵漏、超前小导管注浆加固等有效止水措施，并确认围岩稳定后再继续开挖。

(6)加强施工作业队的施工力量,严格按照开挖顺序开挖土方。土方一旦开挖,就必须在最短时间内封闭支护体系,土体暴露时间不得超过 2h,循环作业时间控制在 16h 以内。为此,作业场所配备两套混凝土喷射系统,确保随时至少有一套可正常使用,防止因设备的故障或管路堵塞导致支护施工中断。

(7)加强监控量测及信息反馈制度。横通道开挖期间,地面沉降、洞周收敛、拱顶下沉、底部隆起、地下水位、邻近建筑物变形等至少要每天检测一次,必要时增加检测频率。检测完成后 5h 内将分析报告送至工区经理部相关领导,相关管理人员据此调整施工参数及施工计划,必要时减少格栅钢架步距,缩小周边每部开挖的范围,以减少循环作业时间和井壁土体的暴露时间,确保每步施工安全、快速,将对周围环境的影响降到最低。

4.3.5 喷射混凝土施工

每一步开挖后立即喷射 40mm 厚、强度等级 C25 的 P6 早强混凝土,然后挂 $\phi 8mm@150mm \times 150mm$ 钢筋网,架立钢架并楔紧钢架与围岩空隙,最后湿喷混凝土至设计厚度。

具体喷射混凝土工艺参考第 3.1.1.1 节。

4.3.6 中空注浆锚杆、砂浆锚杆、锁脚锚管或锚杆施工

在开挖过程中,采用中空注浆锚杆、砂浆锚杆、锁脚锚杆或锚管对土体加固及止水。

(1)中空注浆锚杆:锚杆仅设置于横通道加高段拱顶,横通道标准段、过渡段不予设置,中空注浆锚杆直径 25mm,间距 1.0m×1.0m(纵×环),梅花形布置,$L=3.0m$。

(2)砂浆锚杆:锚杆直径 22mm,边墙设置,间距为 1.0m×1.2m(纵×环),梅花形布置,$L=3.0m$,砂浆强度等级不低于 M20。

(3)锁脚锚管或锚杆:横通道开挖所处地层为碎裂状强风化或中等风化岩层,对于碎裂状强风化岩层,开挖时在每榀钢架拱脚处设两根 $\phi 42mm \times 3.5mm$ 锁脚锚管,$L=3m$;对于中等风化岩层,开挖时在每榀钢架拱脚处设两根 $\phi 22mm$ 砂浆锚杆,$L=3m$。锁脚锚管或锚杆与格栅主筋焊接牢靠。

4.3.7 正线马头门预埋钢架施工

施工横通道初衬结构,在开挖至正线马头门位置时应在马头门上方预埋钢架,混凝土正常喷射。预埋钢架与横通道格栅钢架连接如图 4.3-17 所示,横通道与区间隧道接口如图 4.3-18 所示。

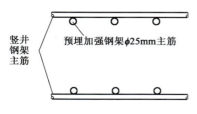

图 4.3-17 预埋钢架与横通道格栅钢架连接图

4.3.8 堵头墙施工

横通道开挖至端墙里程时,根据施工图的要求,采用堵头墙格栅+钢筋网片+纵向连接筋+注浆锚管+砂浆锚杆+喷射混凝土体系。钢格栅采用 $\phi 22mm@500mm$ 双层连接筋连接,挂双层 $\phi 8mm@150mm \times 150mm$ 钢筋网片,喷射 300mm 厚 C25 混凝土。注浆锚管和砂浆锚杆横

向间距1200mm,竖向同格栅间距,梅花形布置,水平倾角10°～15°,L=3.0m。横通道堵头支护图如图4.3-19所示。

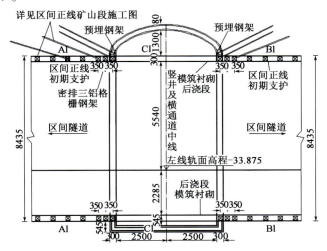

图4.3-18 横通道与区间隧道接口图(尺寸单位:mm;高程单位:m)

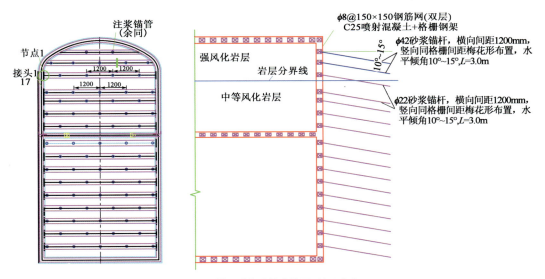

图4.3-19 横通道堵头墙支护图(尺寸单位:mm)

4.4 正线开挖施工

4.4.1 总体施工方案

本区间矿山法段右线里程右DK20+820～右DK20+930及右DK20+980～右DK21+267.568、左线里程左DK20+788～左DK21+267.569,本区间矿山法段于里程右DK20+900.5

处设1座联络通道,于里程左DK21+109.147(右DK21+116.964)处设置竖井。

区间矿山法段待横通道开挖支护完成后,破除正线马头门分别向海沧大道站和东渡路站方向施工,应保证2个掌子面同时施工,其开挖顺序如下:

(1)①左DK20+905~左DK21+106.647(海沧大道站方向)→②4号联络通道施工→③右DK20+820~右DK20+930(海沧大道站方向)。

(2)Ⅰ右DK21+119.464~右DK21+267.568(东渡路站方向)→Ⅱ左DK21+111.647~左DK21+267.569(东渡路站方向)→Ⅲ右DK20+980~右DK21+114.464(海沧大道站方向)。

区间矿山法段采用A1、A2、A3、A4四种初期支护断面形式,初期支护主要有深孔注浆、超前小导管、砂浆锚杆、锁脚锚管、钢筋网、喷射混凝土、钢架组成的联合支护体系。其中,A1断面适用于矿山法施工的3级围岩和4级围岩中风化地段;A2断面适用于矿山法施工的4级围岩强风化地段及5级围岩地段;A3断面适用于矿山法施工的6级围岩地段,以及矿山法盾构接收段,A4断面适用于矿山法施工的4级围岩地段。区间矿山法段开挖方向及施工划分如图4.4-1所示。

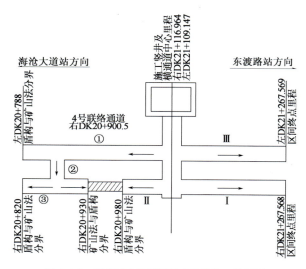

图4.4-1 区间矿山法段开挖方向及施工划分图

4.4.2 深层注浆加固施工

4.4.2.1 注浆范围

根据区间正线地勘资料,左DK21+055~左DK21+217、右DK21+070~右DK21+199里程段隧道洞身穿越碎裂状强风化岩层或隧道顶板处地层为碎裂状强风化岩层,故对此里程段采取超前预注浆。

深孔注浆范围为开挖轮廓线外3m,每一循环注浆长度$L=27$m,开挖长度为24m,并保留3m止浆岩盘,第一环注浆以横通道初期支护作为止浆墙。注浆孔按扩散半径2m、孔底间距3m布置,每一循环共设置4环33个注浆孔。注浆孔开孔直径不小于110mm,终孔直径不小于91mm。注浆孔口管采用ϕ108mm、壁厚5mm的热轧无缝钢管,管长3m。注浆加固范围及正面布置图与注浆纵断面布置图如图4.4-2与图4.4-3所示。

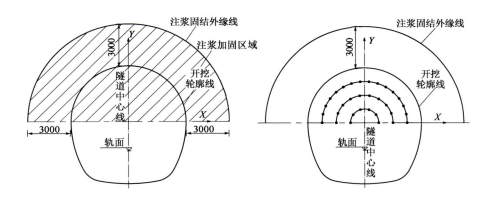

图 4.4-2 注浆加固范围及正面布置图(尺寸单位:mm)

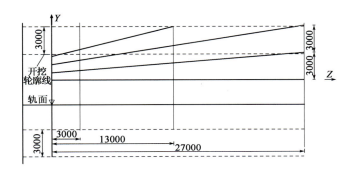

图 4.4-3 注浆纵断面布置图(尺寸单位:mm)

4.4.2.2 施工工艺

施工工艺详见第 4.3.2 节"深孔注浆加固施工"。

4.4.2.3 施工控制要点

(1)注浆材料:一般情况下采用纯水泥浆(水灰比1:1)。

(2)注浆结束标准:各孔段注浆压力达到设计注浆压力(终压值),一般参考注浆处静水压力加上 0.5~1.5MPa 进行。

(3)注浆效果检查后检测注浆效果,钻孔布置图中环号为 2、3 的注浆孔中,选取 3~5 个孔作为检查孔,检查孔直径 110mm,长度约 30m,平均出水量<0.2L/min;也可采用任一孔出水量<5L/min。压水检查:在 1.0MPa 压力下进行,吸水量<2L/min。满足上述条件,则认为注浆达到效果,注浆达到效果后方可进行开挖。当注浆完毕未达到设计要求时,应进行补注浆。

(4)注浆检查孔在注浆效果检查后应及时采用 M10 水泥砂浆进行全孔封堵。

4.4.3 超前小导管施工

矿山法断面拱部采取超前小导管注浆预支护。

超前小导管采用 ϕ42mm、壁厚 3.5mm 的普通热轧无缝钢管,钢管长度 3.5m。钢管环向间距为30cm,纵向搭接不小1m。外插角为5°~10°,外插角可根据实际情况做适当调整,但不大于10°。注浆采用水灰比1∶1纯水泥浆,注浆压力为0.2~0.5MPa。

施工工艺详见第4.3.3节"超前小导管施工",超前小导管布置示意图与超前小导管布置剖面图如图4.4-4、图4.4-5所示。

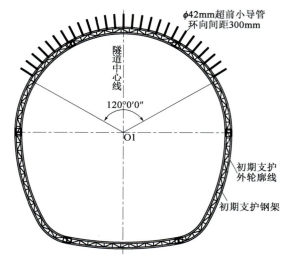

图4.4-4 超前小导管布置示意图

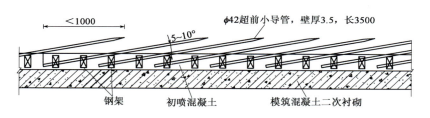

图4.4-5 超前小导管布置剖面图(尺寸单位:mm)

4.4.4 区间矿山法段开挖支护

深孔注浆、超前小导管预注浆等超前支护辅助措施完成后,采用矿山法开挖。区间矿山法段分为A1、A2、A3、A4四种断面形式开挖。

4.4.4.1 正线马头门破除

马头门破除顺序为:左线海沧大道站方向→右线东渡路站方向→右线海沧大道站方向→左线东渡路站方向。

马头门按照上下台阶的方式施工。破除时先破除正线范围内上台阶的横通道侧墙,在横通道侧墙平面内设第一榀正线格栅,同时将洞口处断开的横通道格栅与正线格栅焊接牢固。根据开挖步骤依次破除马头门。

施工步骤:

(1)由测量班在马头门位置测放施工正线轮廓线。

(2)搭设脚手架作业平台,然后沿正线开挖轮廓破除80cm宽的槽,满足架设正线格栅的空间要求,将槽内混凝土碎块及渣土清理干净后,在横通道侧墙内架设第一榀钢格栅。

(3)格栅与竖井已破除格栅连接牢固,预留沿通道纵向的连接$\phi 22mm$钢筋,内外交错布置,并喷射C25混凝土。

(4)后续密排架设第二、三榀格栅,拱脚打设锁脚锚管,并喷射C25混凝土。

(5)三榀格栅支护完毕后,扩大马头门破除范围,上台阶继续向前开挖支护,并预留核心土。

(6)在上台阶进尺3.0~4.0m后,自上而下破除下台阶范围内横通道,施工完成下台阶格栅,并喷射C25混凝土,使初期支护封闭成环。

4.4.4.2 A1、A2、A4断面开挖支护

A1、A2、A4断面开挖采取预留核心土上下台阶法。

A1断面预留变形量按70mm考虑,A2断面预留变形量按100mm考虑,A4断面预留变形量按100mm考虑,超挖外放在施工中不得遗漏。

开挖采用爆破和人工风镐配合施工,原则是尽量不爆破。若爆破,采用控制爆破。考虑围岩不受破坏,采用微差控制爆破的方法进行设计与施工,根据以往类似工程的施工经验,采用中心掏槽眼、辅助眼及周边眼相结合的布孔方法。区间正线采用上下台阶法施工,每循环进尺以该里程的格栅间距为准,具体施工炮孔布置图如图4.4-6、图4.4-7所示。

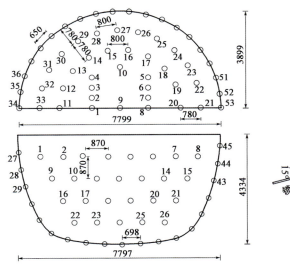

图4.4-6 上下台阶炮孔布置图(尺寸单位:mm)

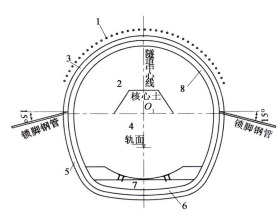

图4.4-7 横断面施工步序示意图
1~8-施工步序

施工步序(序号见图4.4-7):

1-拱部超前小导管施工。

2-上断面环形开挖留核心土。

3-上断面喷射混凝土、挂网,打设锚杆,格栅钢架架立,锁脚锚管施工,连接筋施工;继续喷射混凝土。

4-下断面开挖。

5-下断面喷射混凝土、挂网,打设锚杆,格栅钢架架立,连接筋施工;继续喷射混凝土。

6-隧道二次衬砌施工(只有A4断面盾构机接收段12m二次衬砌)。

7-隧道仰拱填充施工。

8-隧道拱墙二次衬砌(只有A4断面盾构机接收段12m二次衬砌)。

4.4.4.3　A3断面开挖

A3断面(设临时钢架)开挖采取上下台阶法,适用于区间隧道矿山法施工的6级围岩地段。A3断面预留变形量按100mm考虑,超挖外放在施工中不得遗漏。

开挖采用爆破和人工风镐配合施工,原则是能不爆破尽量不爆破。若爆破,采用微差控制爆破。上下台阶炮孔布置与其余断面类型相同。每步开挖的深度以该里程的格栅间距为准,横断面施工步序如图4.4-8所示。

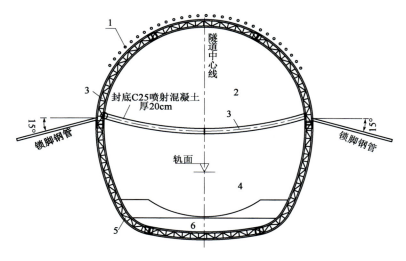

图4.4-8　横断面施工步序示意图
1~6-施工步序

施工步序(序号见图4.4-8):

1-拱部超前小导管施工。

2-上断面环形开挖留核心土。

3-上断面喷射混凝土、挂网,打设锚杆,型钢钢架架立,锁脚锚管施工,连接筋施工;继续喷射混凝土。

4-下断面开挖。

5-下断面喷射混凝土、挂网,打设锚杆,格栅钢架架立,连接筋施工;继续喷射混凝土。

6-隧道仰拱填充施工。

4.4.4.4　开挖技术措施

(1)加强对隧道拱顶沉降、收敛等项目的监控量测,监控点及时布设,格栅封闭后立即测出初始值,加大监测频率,及时整理、分析测量数据,汇报监控量测结果。

(2)在开挖过程中,保证有两套双液注浆设备可投入正常使用,有充足的水泥、水玻璃等注浆材料;保证至少有 3~4 名专业注浆施工人员随时待命止水、堵漏。

(3)开挖前还必须备好抢险应急材料、设备,并做好演练。开挖过程中发现拱顶出现渗漏水现象或出现坍塌的迹象时,必须立即停止开挖、喷射混凝土封闭掌子面,以确保开挖的安全。然后采取注双液浆堵漏、超前小导管注浆加固等有效止水措施。确认围岩稳定后再继续开挖。

(4)加强施工作业队的施工力量,严格按照开挖顺序开挖土方。土方一旦开挖,就必须在最短时间内封闭支护体系,土体暴露时间不得超过 2h,循环作业时间控制在 16h 以内。

(5)加强监控量测及信息反馈制度。区间正线开挖期间,地面沉降、洞周收敛、拱顶下沉、底部隆起、地下水位、邻近建筑物变形监测至少每天一次,必要时增加监测频率。

4.4.5 喷射混凝土施工

每一步开挖后立即初喷 40mm 厚、强度等级为 C25 的 P6 早强混凝土,然后挂 $\phi 8mm@150mm \times 150mm$ 钢筋网,架立钢架并楔紧钢架与围岩空隙,最后湿喷混凝土至设计厚度。

(1)喷射混凝土应采用湿喷工艺。

(2)喷射作业应分段分片自下而上依次进行,并先喷钢筋格栅与壁面间混凝土,然后再喷两钢筋格栅之间混凝土;钢架与壁面之间的空隙必须用喷射混凝土充填密实。

(3)每次喷射厚度为边墙 70~80mm、拱顶 50~60mm。

(4)分层喷射时,应在前一层混凝土终凝后进行,如终凝 1h 后再喷射,应清洗喷层表面。

(5)爆破作业时,喷射混凝土终凝到下一循环放炮间隔时间不应小于 3h。

喷混凝土施工工艺详见第 1.3.5。

4.4.6 格栅支护施工

A1 断面每步开挖深度为 750mm(170 格栅钢架),A2 断面每步开挖深度为 600mm(170 格栅钢架),A3 断面每步开挖深度为 500mm(220 格栅钢架),A4 断面每步开挖深度为 600mm(220 格栅钢架),完成后立即初喷 30mm 混凝土、挂内侧钢筋网、安装格栅钢架、纵向连接筋、打设砂浆锚杆、锁脚锚管,挂外侧钢筋网喷射 C25 早强混凝土封闭暴露的土体至设计要求支护厚度。

格栅加工及安装施工详见第 1.2.9 节。

4.4.7 砂浆锚杆、锁脚锚管施工

在开挖过程中,用砂浆锚杆、锁脚锚杆对土体加固。

(1)砂浆锚杆:采用 $\phi 22mm$ 全螺纹砂浆锚杆,侧墙设置,环纵间距为 A1 断面 $1.0m \times 1.5m$、A2 断面 $1.0m \times 1.2m$、A3 断面 $1.0m \times 1.0m$、A4 断面 $1.0m \times 1.2m$,梅花形布置。其中 A1、A2 断面锚杆长度为 $L=3m$,A3、A4 断面锚杆长度为 $L=3.5m$,砂浆强度等级不低于 M20;垫板为 Q235 钢,尺寸 $150mm \times 150mm \times 6mm$。

(2)锁脚锚管:开挖时在每榀钢架拱脚处设 $\phi 42mm$、壁厚为 3.5mm 锁脚锚管,$L=4m$,每侧各 2 根。

砂浆锚杆、锁脚锚管施工的衬砌断面图如图 4.4-9 所示。

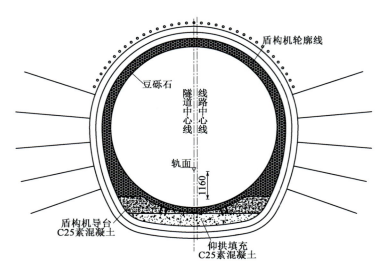

图 4.4-9 衬砌断面图(尺寸单位:mm)

砂浆锚杆及锁脚锚管施工工艺详见第 1.3.7 节。

4.4.8 区间下穿 1 号泊位

区间隧道下穿 1 号泊位,1 号泊位为砌体结构,地基采用抛石基床处理,隧道顶与处理抛石底距离约 13.5m。隧道与 1 号泊位关系如图 4.4-10 所示。

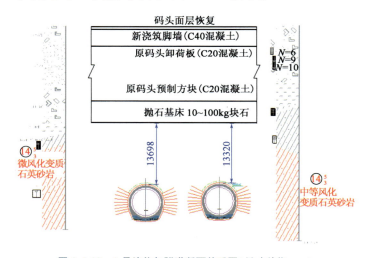

图 4.4-10 1 号泊位与隧道断面关系图(尺寸单位:mm)

为保护 1 号泊位,采取以下技术措施:

(1)掘进过程中遵循"短进尺、快封闭"原则,严格控制拱架间距,必要时增设临时仰拱,减少一次开挖面面积,缩短开挖面暴露时间。

(2)设置超前小导管,做好超前注浆加固的,加固完成后预留部分注浆管待后续跟踪注浆使用。

（3）软岩禁止爆破,硬岩控制爆破,爆破药量应按照建筑物允许安全质点速度不大于2cm/s来控制,减少爆破振动影响。

（4）加强施工监测,根据监测结果调整施工方法和施工措施。

4.5　本章小结

本章针对施工过程中开挖面稳定性控制难、周边建筑物众多、左线隧道上软下硬的施工难题,总结了海底矿山法关键施工工序,详细介绍了采用矿山法进行地铁隧道施工的三大核心环节。

（1）详细阐述了竖井施工工艺流程,重点介绍了钻孔灌注桩施工、止水施工措施、开挖支护施工措施。明确了止水注浆应注意注浆参数控制,防止孔间串浆;提出了竖井施工支护环节的工艺要求;揭示了如何在确保地面稳定的同时,高效完成深大竖井的开挖与支护工作。

（2）展示了在主隧道之间建立连接通道的技术挑战与解决方案。通过对典型案例的解析,介绍了分步开挖与支护策略,有效控制横通道开挖过程中的围岩稳定性,确保施工安全与效率。

（3）深入解析了隧道主体结构施工的关键步骤与技术细节。强调了不同围岩条件下各区间开挖支护的工艺要点,介绍了下穿风险源采取的技术措施,以应对复杂的地质条件,减少施工风险,确保隧道的稳定与安全。

CONSTRUCTION TECHNIQUES FOR
SUBMARINE METRO TUNNELS
IN COMPLEX ENVIRONMENTS
复 杂 环 境 海 底 地 铁 隧 道 建 造 技 术

第 5 章

海底地铁隧道风道施工关键技术

大时代
盾智行
构未来

地铁隧道风道及联络通道的作用主要是为了满足运营通风的需要和作为逃生通道，通常采用矿山法施工。本工程海底区间隧道在大兔屿岛设置一座通风风道，由2座竖井和1条横通道组成，在大兔屿修建围堰，建造竖井与横通道，并修建栈桥与市政道路连接，海域环境中围堰和通风风道修建难度大。海底区间隧道共设置4座独立联络通道，联络通道开挖范围内地层为Ⅴ级围岩，地层自稳能力较差，开挖过程中可能有涌水涌砂冒泥现象，施工风险较大，本工程在地层加固的基础上完成联络通道的开挖和结构施工任务。

5.1 海域段栈桥施工技术

本工程中间风道设在大兔屿上，距离陆地约400m，为了满足风道施工时水上作业材料运输及人车安全通行，在海沧大道东侧与大兔屿岛之间设置一座临时钢栈桥，栈桥长度约450m。大兔屿岛临时钢栈桥位置如图5.1-1所示。

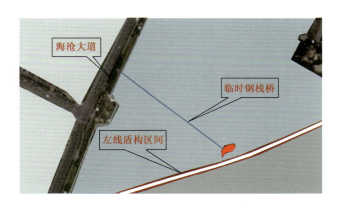

图5.1-1　大兔屿岛临时钢栈桥位置示意图

5.1.1 栈桥总体施工方案

栈桥采用"钓鱼法"插打施工。75t履带式起重机站位在桥台位置，向前悬臂拼装12m贝雷梁，在贝雷梁间设置定位桩导向框，然后插打定位桩。

在插打过程中，先将定位桩安装在定位框内，再安装打桩锤，安装好后，利用履带式起重机竖向起吊后，将定位桩下端略微插入土层内，测量并调整桩的垂直度，待符合要求后，缓慢将起重机吊钩松开，钢管桩在自重及打锤自重作用下插入土体一定深度后，点动打桩锤，插打定位桩，待桩入土3m左右桩身自身达到稳定后，再逐渐增加打桩锤振动插打时间，待桩身入土5m左右后，再摘除吊钩，继续插打定位桩。定位桩插打完成后，焊接桩间连接，利用履带式起重机安装桩顶分配梁，继续插打第二排定位钢管桩。

当一跨三排钢管桩插打完成后，利用75t履带式起重机架设第一孔栈桥，铺设桥面板，然后履带式起重机在栈桥前端进行插打栈桥第二跨定位桩，架设第二孔，如此循环进行插打定位桩及安装栈桥直至整座栈桥施工完成。

履带式起重机"钓鱼法"插打栈桥的施工步骤如图 5.1-2 所示。

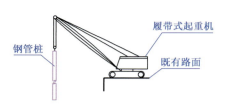

a)第一步：利用既有路面，履带式起重机在海岸边搭设第一节栈桥

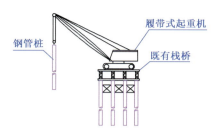

b)第二步：利用既有栈桥，履带式起重机将钢管桩吊到位，用振动锤将钢管桩打入河床

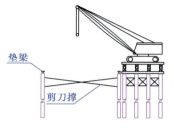

c)第三步：在相邻钢管桩之间焊接剪刀撑，并在钢管桩顶安装垫梁

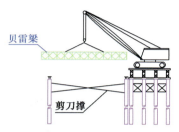

d)第四步：履带式起重机将拼装好的贝雷梁起吊到位

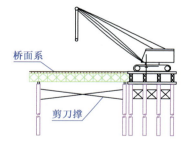

e)第五步：履带式起重机辅助铺设桥面系

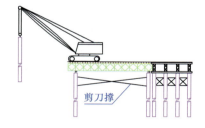

f)第六步：履带式起重机开至桥面前端，重复以上步骤，完成整个平台搭设

图 5.1-2　履带式起重机"钓鱼法"插打栈桥施工步骤

栈桥施工流程如图 5.1-3 所示。

5.1.2　栈桥桩基础施工技术

1) 钢管桩的加工与制造

栈桥钢管桩采用 Q235 钢板在专业钢结构加工厂制作，每节桩的长度为 15m 和 12m。在现场进行接桩，采用焊接接头，避免接头处于局部冲刷线附近。钢管的连接采用电焊对接，焊缝形式为 V 形坡口焊，焊缝高度应高出钢管面 2mm，焊缝宽度不小于 2 倍的钢管壁厚。

对接焊缝的外侧沿四周加焊 4 块钢板加劲块，加劲块钢板的厚度不小于钢管壁厚，长度不小于 200mm，宽度不小于 100mm，加劲块与钢管满焊连接。

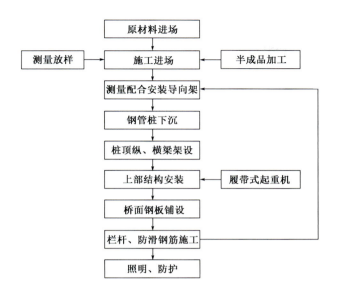

图 5.1-3 栈桥施工流程图

2) 钢管桩的运输

钢管桩构件运输最大长度为 15.0m，构件单件质量约为 2.3t。构件在出厂前标明质量、重心和吊点的位置，以便吊运和安装。利用挂车运至施工现场。

钢管桩应按不同的规格分别堆存，堆放层数和形式应安全可靠，为防止滑动，钢管桩两侧用木楔塞紧。为避免钢管桩产生纵向变形和局部压曲变形，堆放场地尽量平整、坚实且排水畅通。为方便钢管桩的吊装，根据钢管桩使用的先后顺序确定钢管桩的摆放位置。

平板车上设置运输台架，将钢管桩整体架空（高于驾驶室），整长运输。在钢管桩的起吊、运输和堆存过程中，应尽量避免由于碰撞、摩擦等原因造成的管身变形和损伤。

3) 钢管桩的施工方法

在沉桩之前，将振动打桩锤与钢管桩通过夹持器连接，检查两者的竖直中心线是否一致、桩位是否正确、桩的垂直度是否符合规定。

在确定钢管桩桩位、垂直度满足要求后，开动振动锤施打。每根钢管桩的下沉应一气呵成，下沉中途不得有较长时间的停顿，以免桩周土扰动恢复造成沉桩困难。在钢管桩下沉过程中，要及时检查钢管桩的倾斜度，发现倾斜及时采取措施调整，必要时停止下沉，采取措施进行纠正。

在钢管桩下沉过程中，随时观察其贯入度。当贯入度小于 5cm/min 时停止振动并分析其原因，或用其他辅助方法下沉，禁止强振久振。钢管桩插打采用桩端承载力和入土深度双控。施工中应确保钢管桩的入土深度，并可视设计桩尖处的贯入度适当调整钢管桩桩底高程。打桩施工完成后，检查钢管桩的偏斜及入土深度，钢管桩的垂直度控制在不大于 1%，桩中心偏差在 50mm 以内。

栈桥钢管桩垂直度和深度满足设计要求后，在每排钢管桩之间安装桩间横向连接系和剪刀撑；同时焊接桩帽，安装桩顶分配梁，桩顶分配梁应与桩帽焊接牢固。

4) 钢管桩间平联、桩顶分配梁施工

钢管桩振桩施工处完成后,立即进行该墩钢管桩间牛腿、平联、桩顶分配梁施工。先在钢管桩上进行平联、牛腿位置的测量放样。技术员实测桩间平联长度并在后场下料,同步进行牛腿加工、桩顶分配梁的加工。用履带式起重机悬吊平联,到位后电焊工焊接平联。现场技术人员及时检查焊缝质量,合格后进行纵横分配梁架设。

履带式起重机悬吊纵梁或横梁到测量放样位置后安装并简易固定,电焊工按测量放样位置焊接牛腿,技术员检查合格后,将纵、横梁焊接在牛腿上。所有焊缝均要满足设计要求。一跨钢管桩施打完成后,在纵梁上测量放样后,履带式起重机悬吊横梁并安放至纵梁顶,电焊工将纵梁和横梁焊成一体。技术员检查合格后,一跨栈桥的施工完成。

5.1.3 栈桥上部结构安装技术

1) 贝雷梁拼装

贝雷梁拼装在后场进行,运输车运到栈桥履带式起重机后面。由于贝雷梁质量不大(12m跨径2排贝雷梁质量约为2.16t),起重机有足够的吊重,故单跨2排贝雷梁作为一组同时架设。

在下部结构顶横梁上进行测量放样,定出贝雷架的准确位置。同时设置橡胶垫片,然后将贝雷梁吊起,放在已装好的贝雷梁后面并与其成一直线,将贝雷梁下弦销孔对准后,插入销栓,然后再抬起贝雷梁后端,插入上弦销体并设保险插销。贝雷梁拼装按组进行,每次拼装一组贝雷梁(横向两排),每组贝雷梁长6m,贝雷片间用花架连接,花架按顺桥向3m/个布置。

履带式起重机首先安装一组贝雷梁,准确就位后先牢固捆绑在横梁上,然后焊接限位器,再安装另一组贝雷梁,同时与安装好的一组贝雷梁用花架进行连接,贝雷梁两组之间花架按顺桥向6m/个布置。依此类推,完成整跨贝雷梁的安装。

2) 分配梁安装

采用履带式起重机进行型钢分配梁的安装,履带式起重机按1.5m的间距安装I25a横梁,并用U形卡与贝雷梁主梁固定。I25a工字钢横梁的支点必须放在贝雷梁竖弦杆或菱形弦杆的支点位置,以满足受力要求。栈桥纵梁I12.6工字钢按0.30m的间距安放,吊装到位后与I25a工字钢横梁接触点焊接成整体,焊缝厚度满足设计要求。

3) 桥面系施工

单跨栈桥上部结构安装完成后进行桥面系施工,面板采用尺寸为1.25m×6m、厚度为10mm的花纹桥面钢板,桥面板与纵梁接角点均要满焊,焊缝质量要满足要求,每块面板间横缝设置2cm的伸缩缝,纵缝设置15cm的伸缩缝,用于防止因温度变化而引起的桥面翘曲起伏。最后安装护栏立杆、护栏扶手和护栏钢筋以及涂刷油漆。

5.1.4 栈桥的拆除

在大兔屿风道工程完成后进行栈桥拆除工作。栈桥的拆除工作同栈桥的搭设工作顺序基本相反,依次拆除桥面附属设施、桥面板、型钢分配梁、贝雷梁、桩顶分配梁及钢管桩,拆除方法基本与搭设方法相同,但同时要注意的是在钢管桩基础拆除时,采用履带式起重机配合振动沉拔机分两段拆除,防止钢管在拔出过程中断管。

5.2 海岛围堰施工关键技术

本工程中间风道施工期总陆域面积为 $1776m^2$,其中永久陆域面积 $966.5m^2$。根据设计要求大兔屿岛所用场地采用土石混凝土围堰。大兔屿围堰平面位置如图 5.2-1 所示。

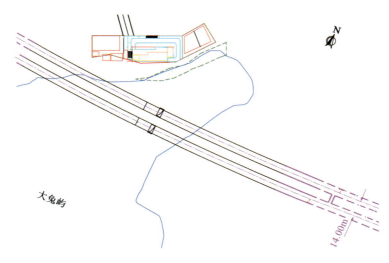

图 5.2-1　大兔屿围堰平面位置平面图

本区地层的表层主要为淤泥或淤泥质黏土,厚度变化较大。软土具有含水率高、孔隙比大、压缩性高、强度低、易发生触变和流变等不良特性。

场区基岩为燕山晚期花岗岩,残积土一般呈灰黄与灰白相杂的花斑色,除石英颗粒外,其他矿物基本风化为高岭土(属亲水矿物);土体孔隙率高,干燥状态颗粒间有一定结合力,遇水后由于亲水矿物迅速与水相结合,形成泥状物,导致强度急剧降低。地下水位以下,粒径小于 0.5mm 的细粒土壤大多呈现出软塑~流塑状态。在动水压力作用下,细粒土易流失,使渗透系数不断增大,从而产生涌泥和坍塌现象。岩体风化分带比较明显,一般随着深度的增加,自上而下岩体的风化程度由全风化带向中微风化带呈渐变过渡。围堰范围主要为全风化带及散体状强风化带。

5.2.1 围堰总体施工方案

由于栈桥与围堰施工场地存在一定的高差,机械、材料运输困难较大,为了便于围堰施工从栈桥向两侧进行施工,保证后续施工有足够的场地。围堰整体分两块进行施工,如图 5.2-2 所示。

具体的施工顺序和步骤如下:先将挖掘机通过临时栈桥吊至围堰施工场地,以栈桥为中心向两侧进行 A 区、B 区清淤;再进行 A 区、B 区二片石、抛石基础施工;A 区、B 区预制混凝土块、混凝土胸墙施工;然后将 A 区、B 区回填至设计高程;最后进行 C 区施工。

111

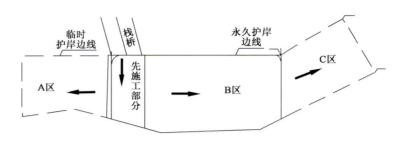

图 5.2-2 围堰施工分块平面图

围堰的施工工艺流程如图 5.2-3 所示。

5.2.2 围堰基础施工

1）基槽开挖

本场区围堰护岸为直立式护岸，护岸顶高程为 5.5m，基床施工前根据测量放点对场区内淤泥层进行清理，淤泥由挖掘机清理至自卸车内，通过临时钢栈桥运至指定的卸渣场。基槽开挖的平面位置、开挖范围应符合设计要求，断面尺寸不得小于设计规定。施工要结合地质勘探资料和实际地质情况，确保满足设计要求。基槽开挖施工时应确保基槽开挖边坡的稳定。

基槽开挖按照土质和高程进行控制，持力层为强风化变质砂岩或破裂状强风化变质砂岩。当开挖高程达到设计高程而未见持力层土质时应继续挖深至设计所需求的土层，施工时若发现与地质报告不符时，应及时与设计单位联系。基槽采用分段开挖，每段基槽开挖完毕后，应立及时抛填基床块石。

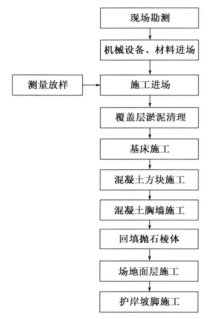

图 5.2-3 围堰施工工艺流程图

2）二片石、抛石垫层施工

基槽开挖完成后进行基础垫层施工，基础为暗式基床，基床厚度不小于 0.5m。厚度为 0.5m 基床采用二片石整平，厚度为 1.0m 基床采用抛石基床，二片石采用未风化、不成片状、无严重裂隙，并有良好的级配。

要求块石在水中饱和状态下的抗压强度不低于 50MPa，基床夯实采用分段、分层夯实，基床纵、横向采用相邻接压半夯，并分两遍或者多遍夯实的方法，以防止基床局部隆起或漏夯。基床抛石应根据水深、水流和波浪等自然条件对块石产生漂流的影响，抛石顶面不得超过施工规定的高程并不宜低于 0.5m。

5.2.3 预制混凝土方块施工

围堰基础结构完成后，在基础上方安装预制 C30 混凝土方块。根据现场施工条件预制混凝土方块，采用原位预制法进行施工。现场施工受潮汐影响，将预制混凝土方块分段施工，先施工围堰与栈桥相连接部分，然后以栈桥为中心向两侧推进施工。

5.2.4 混凝土胸墙施工

混凝土方块施工完成后在上方现浇 C30 混凝土胸墙,胸墙宽 3.5m,墙顶高程为 4.5m,胸墙分段标准段长度为 10.06m,缝宽 20mm,分缝位置与混凝土方块施工缝对齐。混凝土胸墙施工过程中靠海一侧埋设 $\phi 80mm$ 排水孔,排水孔水平间距 2m,往靠海一侧放坡,坡度为 5%,胸墙平面布置如图 5.2-4 所示。

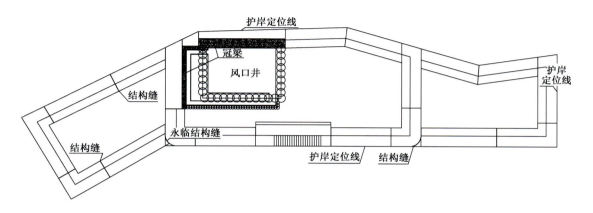

图 5.2-4 胸墙平面布置图

1) 模板工程

混凝土挡土墙模板采用木模 + 方木 + 钢管 + 对拉螺杆体系进行加固,模板系统必须保证结构和构件各部分的形状、尺寸及其空间位置准确。

模板与支撑均应有足够的刚度、强度及整体的稳定性,模板的拼缝不应漏浆,模板的接缝不大于 1.0mm。模板加固采用 $\phi 16mm$ 对拉螺杆,竖向间距为 0.5m、纵向间距为 1.0m。10cm × 10cm 的方木为背肋,间距为 0.6m、竖向双排钢管间距为 1.0m,模板前后两侧搭设三排扣件式脚手架对模板进行加固,脚手架排距为 1.5m、层距为 1.2m,并设置斜撑。防止在混凝土浇筑过程中混凝土冲击过大而导致的跑模等现象。

2) 混凝土工程

混凝土采用汽车泵输送,施工过程中注意以下几点:混凝土泵连续运转;输送泵在使用前进行检修、保养,输送司机相对固定;泵送前润滑管道,润滑时采用按设计配合比拌制的水泥砂浆或集料减半配制的混凝土进行。

混凝土浇筑前,应对模板、支架进行检查,符合要求后方能浇筑。同时,应清除模板内的垃圾、泥土上的油污等杂物;混凝土自高处倾落的自由倾浇高度,即从料斗、溜槽、串筒等卸料口倾落入模板的高度,不应超过 2m;混凝土浇筑应连续进行,浇筑过程中对混凝土进行振捣。

混凝土浇筑完后,应在 12h 内加以覆盖浇水。尤其地下工程防水外墙,要保证不少于 14d 的喷淋养护;底板混凝土采用蓄水养护;其余结构混凝土养护时间不少于 7d;养护用水的质量与拌制混凝土相同,每天浇水的次数以能保持混凝土表面经常处于湿润状态为宜。混凝土的拆模顺序一般为后支的先拆,先支的后拆;先拆除非承重部分,后拆除承重部分;重大、复杂的模板拆除应有拆模方案;不重要的侧模板应在保证混凝土及棱角不因拆模板而受损时,方可拆除。

5.2.5 胸墙后回填抛石棱体

混凝土胸墙达到设计强度后进行回填,抛石棱体石块采用无风化、不成片状、无严重裂隙,并有良好级配的 10～100kg 块石,要求块石在水中饱和状态下的抗压强度不低于 50MPa,填筑采用陆上抛石施工,采用自卸车经临时栈桥运回填区。分段分层进行回填,随回填随压实,挖掘机把抛石整平后由压路机压实。

5.2.6 场地面层施工

场区面层硬化采用 C30 混凝土,硬化高程为 5.5m。硬化之前应对整个场地进行平整压实保证硬化厚度均匀,硬化过程中应分段施工并设置伸缩缝。

5.2.7 护肩施工

为了防止海潮的冲刷和保证围堰整体的稳定性,在混凝土场地面层达到一定的强度后,用长臂挖掘机将护肩块石甩至预制混凝土方块四周,护肩四周设置坡度为 1:2。护岸坡脚采用无风化、无裂隙,100～200kg 级配良好的石块,按照设计图纸进行施工。

5.3 咬合桩施工技术

本风井基坑主要采用钢筋混凝土灌注桩+素混凝土灌注桩硬咬合支护,待坑内结构施工完成后,破除上部局部围护桩及主体结构,放坡开挖施工上部扩大结构。施工风井平面布置图如图 5.3-1 所示。

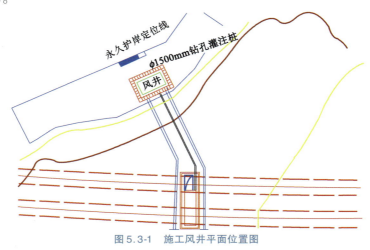

图 5.3-1 施工风井平面位置图

风井钻孔咬合桩的平面布置如图 5.3-2 所示。钻孔咬合桩的施工工艺流程如图 5.3-3 所示。

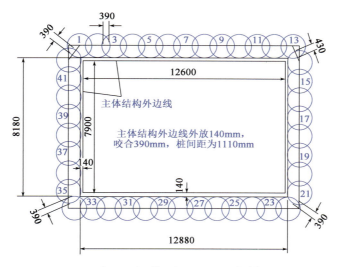

图 5.3-2 施工风井围护结构平面图(尺寸单位:mm)

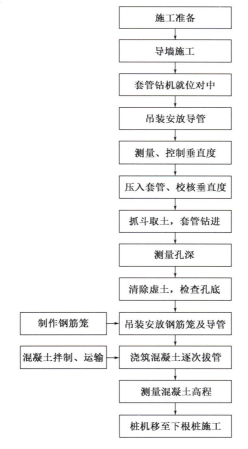

图 5.3-3 单桩施工工艺流程

5.3.1 导墙施工

为了提高钻孔咬合桩的定位精度并提高就位效率,应在桩顶上部施作混凝土或钢筋混凝土导墙,这是钻孔咬合桩施工的第一步。导墙咬合桩应满足三项要求:为全回转钻机提供作业平台,承受钻机在压、拔、扭动套管时的巨大作用;起到给护筒定位、导向的作用;导墙中心点满足桩基定位的要求,且导墙与地面有足够的摩擦力,钻机施工时导墙不得发生位移。

本工程导墙采用 500mm 厚、强度等级为 C30 的钢筋混凝土结构,导墙施工平面及配筋如图 5.3-4 所示。

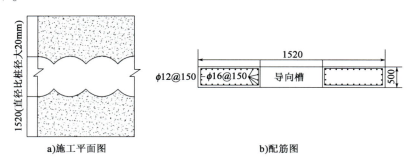

图 5.3-4 单桩施工工艺流程(尺寸单位:mm)

具体的施工步骤如下:

(1)场地平整。钻机施工前,必须先进行场地平整,清除施工区域的表层硬物,用素土回填夯实整平。

(2)测放桩位。根据施工需要距离桩中心线外放 140mm,采用全站仪根据地面导线控制点进行实地放样,并做好护桩,作为导墙施工的控制中线。

(3)导墙沟槽开挖。在桩位放样符合要求后即可进行沟槽的开挖。开挖结束后,立即将中心线引入沟槽下,以控制底模及模板施工,确保导墙中心线位置的准确无误。

(4)钢筋绑扎。沟槽开挖结束后绑扎导墙钢筋,导墙纵向钢筋设计用 HRB400φ16mm 螺纹钢筋,横向钢筋采用 HRB400φ12mm 螺纹钢筋,施工时双层布置,钢筋间距按 150mm×150mm 排列,水平钢筋置于内侧,钢筋施工结束并经"三检"合格后,填写隐蔽工程验收单,报质检员、监理验收,经验收合格后方可进行下道工序施工。

(5)模板施工。模板采用自制整体钢模,导墙预留定位孔,模板直径为套管直径扩大 2cm。模板加固采用钢管支撑,支撑间距不大于 1m,确保加固牢固,严防跑模,并保证轴线和净空的准确,混凝土浇筑前先检查模板的垂直度和中线以及净距是否符合要求,经"三检"合格后报监理通过方可进行混凝土浇筑。

(6)导墙混凝土浇筑施工。混凝土强度等级选用 C30,浇筑采用泵车与人工配合,混凝土浇筑时两边对称交替进行,严防走模。如发生走模,应立即停止混凝土的浇筑,重新加固模板,并纠正到设计位置后,方可继续进行浇筑。振捣采用插入式振捣器,振捣间距为 600mm 左右,防止振捣不均,同时也要防止在一处过振而发生走模现象。

成形后导墙形式如图 5.3-5 所示。

5.3.2 成孔施工

钻机就位后,进行垂直度复测满足要求后方可施工,垂直度控制在 3‰ 以内。利用 130t 履带式起重机起吊第一节套管置入全回转钻机内,保证套管与桩中心偏差小于 2cm,其护筒驱动器驱动第一节套管压入土中 1.5~2.5m,多功能冲抓斗从套管内取土,一边抓土,一边继续下压套管,抓土过程中,随时监控检测和调整套管垂直度,发生偏移及时纠偏调整(垂直度控制用线垂对角线方向控制)。第一节套管

图 5.3-5 导墙形式图

按要求压入套管后,地面以上预留 1.2~2m,以便于接管,接管采用螺栓接头连接,套管连接后继续取土。

当孔深度达到设计要求后,及时清孔并检查沉渣厚度。若沉渣厚度大于 20cm,则继续清孔直至符合要求。确定孔深后,及时向监理工程师报检,请求检测孔的沉渣和孔的深度(用测绳检查桩孔的沉渣和深度,注意经常进行测绳标定检查)。

成孔的施工顺序为:先施工两个素混凝土 A 序桩,灌注素混凝土;再在相邻两 A 序桩间切割成孔施工钢筋混凝土 B 序桩。依次循环,直至完成所有钻孔咬合桩施,具体如图 5.3-6 所示。

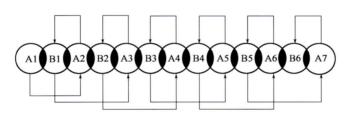

图 5.3-6 钻孔咬合桩施工顺序示意图

钢筋现场加工,使用切割机、弯曲机下料,并用套丝机进行螺纹加工。主筋连接方式采用直螺纹机械连接。

本工程桩身混凝土采用水下混凝土灌注法施工,其中 A 桩(素灌注桩)为塑性混凝土,强度值控制在 5~10MPa 之间,采用 C10 混凝土;B 桩位于水下采用 C35 混凝土。

水下混凝土灌注施工方法如下:

(1)混凝土灌注导管采用螺纹扣套橡胶密封圈连接,内径为 25cm,连接好后详细检查,使用前进行水压试验,试水压力为 0.6~1.0MPa,保证导管密封耐压。

(2)采用起重机徐徐下放导管至孔内,导管底口应高出孔底 30~50cm,保证下口出料空间,导管上口连接混凝土漏斗。导管上口用隔水栓密封,根据以往施工经验,隔水栓可采用直径比导管内径稍小的橡皮球制作。料斗容积应满足导管首次埋置深度(≥1.0m)和填充导管底部需要。

(3)混凝土搅拌运输车到达现场后,自卸入料斗内,采用起重机吊运料斗至灌注漏斗内。

漏斗内存入2.7m³以上混凝土后,拔出漏斗底插板,向导管内灌注混凝土。灌注期间要保持混凝土连续不断。

(4)灌注开始后,应紧凑连续施工,严禁中途停工。灌注过程中,注意孔内水位升降情况,随时测量混凝土面实际高度并计算导管埋深,保证导管底端埋入混凝土面以下不小于2m,避免钢筋笼产生上浮或导管露出混凝土面造成断桩事故。同时也应避免导管埋深过大造成起拔困难。

(5)随混凝土面上升拔高套管和导管,要逐步拆除套管和导管。根据导管埋深情况,每次拆除1~2节导管。导管拆除后应立即冲洗干净,以便下次使用。套管提升时,要缓慢上拔并左右摇晃,使混凝土能流入套管所占的空间内,同时注意观察钢筋笼有无上浮,套管埋深应控制在2m左右。

(6)为保证设计桩顶混凝土质量,混凝土灌注至桩顶高程以上0.5m,施工冠梁前再凿除此部分混凝土。灌注结束后拔出套管和导管。

5.3.3 冠梁、挡土墙施工

冠梁尺寸为高1.2m,宽1.5m。挡土墙尺寸为高1.3m,宽0.5m。冠梁为C30现浇钢筋混凝土结构,冠梁施工前钻孔咬合桩需达到强度要求。冠梁施工工艺流程如图5.3-7所示。

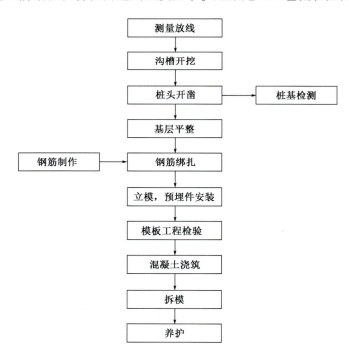

图5.3-7 冠梁施工工艺流程图

冠梁施工步骤如下:

(1)凿除围护桩桩顶浮浆

用风镐、风钻或辅以无声破碎剂破除,清除桩顶混凝土浮浆至设计高程。条件许可时,对钢筋混凝土支撑测量定位放线，开挖出支撑槽。

（2）模板施工

模板采用木模，在安装前涂刷脱模剂。侧模采用对拉杆螺纹固定。

（3）钢筋施工

破除围护桩桩顶混凝土浮浆后，调直锚入冠梁的围护桩钢筋。梁钢筋预先在钢筋加工场按设计尺寸下料加工成半成品，并分类、分型号堆放整齐。施工前再次对照设计图纸进行检查，检验无误后运至施工现场。冠梁钢筋现场绑扎，主筋接长采用搭接焊。双面焊焊缝长度不小于 $5d$（d 为钢筋直径），单面焊焊缝长度不小于 $10d$，同一断面接头不得超过 50%。每段冠梁钢筋为下段冠梁施工预留出搭接长度，并错开不小于 $35d$。

钢筋绑扎完成后，预埋渣土场、基坑护栏、龙门架基础预埋件。

（4）混凝土浇筑

冠梁混凝土采用商品混凝土，按混凝土施工工艺进行浇筑作业，并及时进行覆盖麻袋洒水养生，养护期为 14d。待达到设计强度后方可进行下一层土方开挖。为了保证土方开挖节点工期，混凝土配比中可加入早强剂，并加强养护。

5.4 风道开挖施工技术

5.4.1 风道开挖总体施工方案

风道（横通道）采用四步中隔墙（Center Diaphragm，CD）法开挖支护方案。横通道施工的主要步骤如下：第一循环深孔注浆加固→破除马头门及破桩施工→横通道开挖→安装钢筋格栅、锚杆、钢筋网片→喷射混凝土→第二循环深孔注浆施工→横通道开挖→安装钢筋格栅、锚杆、钢筋网片→喷射混凝土→第三循环深孔注浆施工→横通道开挖→安装钢筋格栅、锚杆、钢筋网片→喷射混凝土堵头墙格栅施工→横通道衬砌施工。

5.4.2 深孔注浆加固施工

1）注浆加固设计

本工程深孔注浆采用一次性成孔后退式注浆，正式注浆前先进行试验注浆，并按照设计要求进行检测，达到要求后再进行正式注浆。

根据横通道现有地勘钻孔资料，横通道拱顶及侧墙存在碎裂状强风化变质砂岩、破裂状强风化砂质泥岩，现对该地层采取超前预注浆，根据横通道长度及断面尺寸及形式，采取第一、第二、第三循环超前预注浆，其中第一、第二循环为全断面注浆，第三循环为上半断面注浆。

第一循环注浆（F0+000~F0+015）为全断面深孔注浆，加固范围为开挖轮廓线外 3m，长度 15m，开挖 12m，并保留 3m 作为第二循环止浆岩盘。利用钻孔咬合桩进行止浆，共设 6 环 120 个注浆孔。第一循环注浆加固如图 5.4-1 所示。

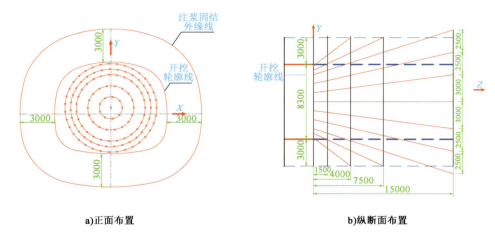

图 5.4-1　第一循环注浆加固示意图(尺寸单位：mm)

第二循环注浆(F0+012~F0+039)为全断面深孔注浆,加固范围为开挖轮廓线外3m,长度27m,开挖24m,保留最后3m并喷射80cm厚的混凝土作为第三循环止浆岩盘,共设4环54个注浆孔。第二循环注浆加固如图5.4-2所示。

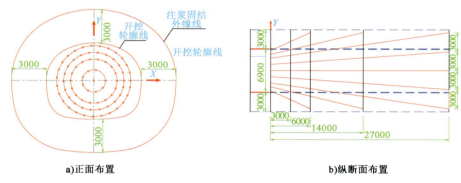

图 5.4-2　第二循环注浆加固示意图(尺寸单位：mm)

第三循环注浆(F0+036~横通道设计终点)为上半断面深孔注浆,加固范围为开挖轮廓线外3m,注浆长度34m,开挖至横通道设计终点里程,共设5环51个注浆孔,第三循环注浆加固如图5.4-3所示。

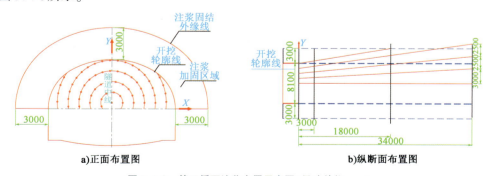

图 5.4-3　第三循环注浆布置示意图(尺寸单位：mm)

2)注浆加固施工

(1)钻孔

在钻孔前,由测量人员放出每孔的位置,用红油漆标注此孔的偏角及钻孔深度。潜孔钻机再按测量人员放出的孔位及设计偏角施钻,钻机定好角度后,采取全方位的措施,防止钻机颤动影响钻进施工的精度。开钻前期采用低速钻进,待钻机正常钻进时(一般进尺0.5m左右),将钻机转速调至正常运行转速。钻孔过程中要密切观察钻进速度、涌水、岩层等情况,并及时做好记录。钻至设计深度后,进行下一道工序。

(2)注浆

注浆材料按设计比重搅拌浆液,浆液为P·O42.5级普通硅酸盐水泥,水灰比为1:1,注浆终压控制在静水压力再加上0.5~1.5MPa,根据现场注浆情况可适当调整。浆液应提前制作,并经充分搅拌;浆液经过两道过滤网的过滤,以防喷嘴发生堵塞;喷射注浆过程中,对于搅拌时间超过4h的水泥浆液,杜绝使用。注浆应遵循"先外圈、后内圈;同一圈先上部孔后下部孔、间隔跳孔,逐渐加密;先注无水区,后注有水区"的原则。

(3)注浆效果检查

注浆完成后,应检测注浆效果,选取3~5个孔作为检查孔,检查孔直径为110mm,长度约30m,平均出水量小于0.2L/min,也可采用任一孔出水量小于5L/min;压水检查,在1.0MPa压力下,吸水量小于2L/min。满足上述条件,则认为注浆达到效果,注浆达到效果后方可进行开挖。当注浆完毕未达到设计要求时,应进行补注浆,注浆检查孔在注浆效果检查完成后应及时采用M10水泥砂浆进行全孔封堵。

3)超前小导管施工

超前小导管施工工艺流程如图5.4-4所示。

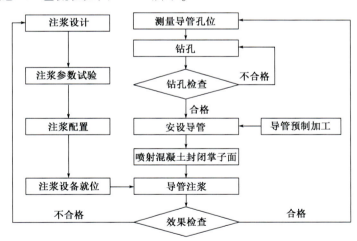

图5.4-4 横通道施工工艺流程图

超前小导管采用φ42mm、壁厚3.5mm热轧无缝钢管,钢管长度3.5m。为便于超前小导管插入围岩内,钢管前端宜做成尖锥状,尾部焊上箍筋。管身设若干溢浆孔,孔径为10mm,孔距为15cm,梅花形布置,孔位互成90°,小导管后端1.0m范围内不设溢浆孔,小导管制作加工如图5.4-5所示。

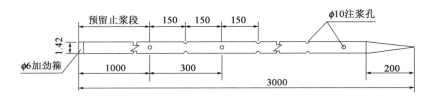

图 5.4-5　超前小导管构造图(尺寸单位:mm)

超前小导管外插角以 5°~10°为宜,可根据实际情况做适当调整,但外插角不得大于 10°。根据支护形式的不同,横通道分为三种支护形式开挖,具体情况如图 5.4-6 所示。不同支护形式下超前小导管布置如图 5.4-7 和图 5.4-8 所示。

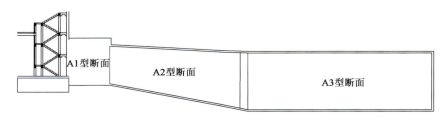

图 5.4-6　开挖整体分段情况

5.4.3　横通道开挖与支护

横通道在深孔注浆、超前小导管预注浆等超前支护辅助措施完成后,采用矿山法开挖,主要包括马头门破除、横通道土方开挖、钢格栅架设、网喷、锚杆施工、封堵墙施工等。

1)马头门破除

马头门按照四步 CD 法进行破除施工。马头门断面如图 5.4-9 所示。

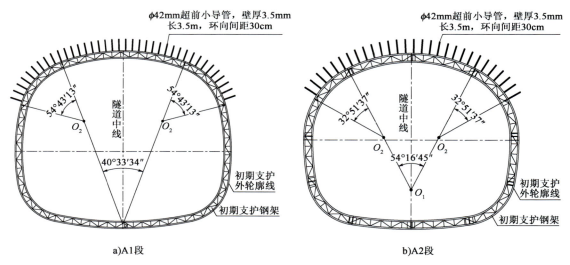

a)A1段　　　　　　　　　　　　b)A2段

图　5.4-7

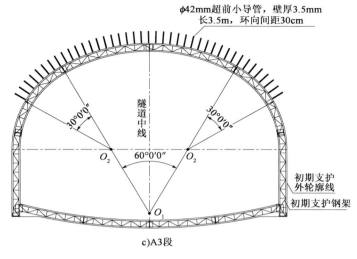

c) A3段

图 5.4-7 超前小导管布置图

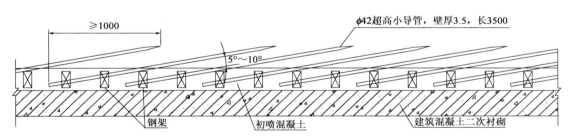

图 5.4-8 超前小导管布置剖面图(尺寸单位:mm)

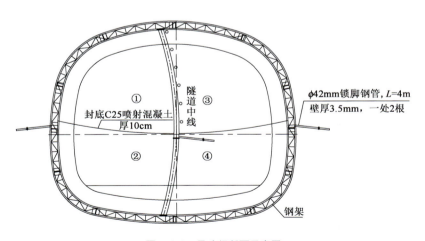

图 5.4-9 马头门断面示意图
①~④-破除分区

破除马头门施工的主要步骤如下所述。

第一步:①区范围开挖进尺 3.5m。破除①区范围内围护桩 650mm,架立第一、第二榀隧道钢架和中隔壁临时钢架,喷射混凝土至设计厚度;继续向前破除①区范围内剩余围护桩,初喷混凝土,架立第三榀钢架和中隔壁临时钢架,打设超前小导管,复喷混凝土至设计厚度;开挖至第四榀钢架,初喷混凝土,架立第四榀钢架和中隔壁临时钢架,打设系统锚杆及锁脚钢管,复喷混凝土至设计厚度;开挖至第五榀钢架,初喷混凝土,架立第五榀钢架和中隔壁临时钢架,打设超前小导管、系统锚杆及锁脚钢管,复喷混凝土至设计厚度;与上步相同,开挖至第六榀钢架;喷射混凝土(8cm)封闭掌子面。

第二步:②区范围开挖进尺1.5m。破除②区范围内围护桩650mm,架立第一、第二榀隧道钢架和接长中隔壁临时钢架,喷射混凝土至设计厚度;继续向前破除②区范围内剩余围护桩,初喷混凝土,架立第三榀隧道钢架和接长中隔壁临时钢架,复喷混凝土至设计厚度。

第三步:①、②区同步开挖,向前推进,②区距离洞口10m时开始第四步。

第四步:分台阶破除、开挖③、④区,除中隔壁临时钢架已施工完毕外,其余与第一步、第二步相同。

2)横通道土方开挖

横通道开挖长度约68m,均采用四步CD法开挖,每循环进尺0.75m。开挖采用爆破和人工风镐配合施工,原则是尽量不爆破。若爆破,采用控制爆破,爆破工艺流程如图5.4-10所示。考虑围岩不受破坏,采用微差控制爆破的方法进行设计与施工,根据以往类似工程的施工经验,采用中心掏槽眼、辅助眼及周边眼相结合的布孔方法。

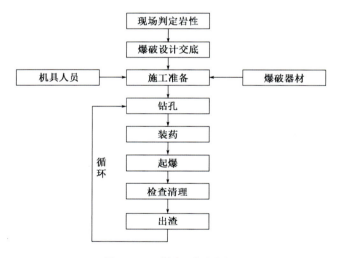

图5.4-10 爆破工艺流程图

A1型支护断面采取CD法开挖,每步开挖的深度以该里程的格栅间距为准。开挖横断面如图5.4-11所示。开挖支护施工步骤如下:

第1步:拱顶超前预支护,分台阶开挖①、②区,并错开一段距离$D(2\sim3m)$。同时,逐步施作初期支护和中隔壁临时支护,即初喷混凝土;架立隧道钢架和接长临时钢架,钻设径向系统锚杆后复喷混凝土至设计厚度。①区及时喷射8cm混凝土封闭,台阶底部及时喷射10cm混凝土封闭,并设锁脚锚杆。

第2步:分台阶开挖③、④区,继续施工初期支护,封闭格栅钢架。

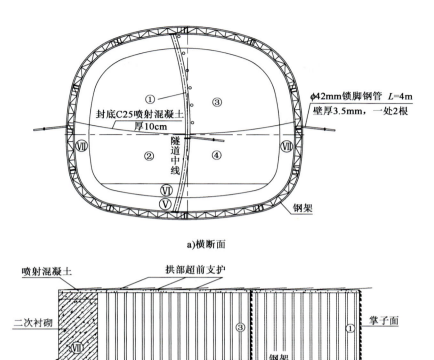

图 5.4-11 开挖步序断面示意图
①~④-开挖分区

3) 格栅支护施工

格栅安装施工主要包括定位测量、安装前的准备和安设。

首先测定出拱顶中线,确定拱脚高程;将加工好的单元格栅钢架分单元堆码并挂牌标识,以防用错。安设前进行断面尺寸检查,及时处理欠挖部分,保证钢架正确安设,安设前将格栅拱角部位的松渣处理干净,杜绝有夹层出现,并垫上钢板或木板,防止钢架下沉。

开挖后应及时安装格栅,两榀格栅间沿周边设纵向连接筋。两格栅环形间距为100cm,内外双层布置,形成纵向连接体系,然后挂设钢筋网片。钢筋网片绑扎在格栅钢架的设计位置,并与格栅钢架牢固连接,然后施作初期支护混凝土。格栅安装允许偏差应满足下列要求:钢架纵向允许偏差为±30mm;钢架横向允许偏差为±20mm;高程允许偏差为±15mm;垂直度允许偏差为5‰;钢架保护层厚度允许偏差为-5mm。

4) 砂浆锚杆与锁脚锚管施工

在开挖过程中,采用砂浆锚杆、锁脚锚管对土体加固。砂浆锚杆采用ϕ22mm钢管,锚杆成孔机具采用手持YT-28风钻,在边墙设置,锚杆间距为1.0m×1.5m(纵×环),梅花形布置,锚杆长度为3.0m。

开挖时在每榀钢架拱脚处设两根$\phi42mm$、壁厚3.5mm锁脚锚管,$L=4m$,水平倾角30°,锁脚锚管与格栅主筋焊接牢固。

5) 喷射混凝土施工

每一步开挖后立即初喷35mm厚、强度等级为C25的P6早强混凝土,然后挂$\phi8mm$@150mm×150mm钢筋网,架立钢架并楔紧钢架与围岩空隙,最后湿喷混凝土至设计厚度。

6) 变断面施工

横通道2-2小断面过渡到3-3大断面,通过向两边扩宽实现(图5.4-12)。配合超前支护手段、利用格栅喷射混凝土逐渐加宽断面的渐变形式实现,下坡坡度为12%。在大小断面间架设不同大小的异形格栅并喷混凝土支护,逐渐过渡到3-3断面;施工严格按设计要求每榀格栅打设超前小导管并注浆加固该段拱墙土体。

变断面施工具体技术措施如下:

(1) 适当调整洞室台阶长度,在上挑时,延长台阶,以便于施工和支撑稳定掌子面,在洞室施工时,缩短洞室台阶长度,实现初期支护尽早封闭。

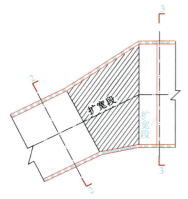

图5.4-12 拓宽段平面图

(2) 保持格栅拱脚稳定性,采取拱脚垫木板并施打注浆导管注浆,以减小沉降。

(3) 及时进行拱背回填注浆。

(4) 严格按设计要求控制格栅间距,加强纵向连接筋连接质量,以增加初期支护刚度。

(5) 加强监控量测,及时反馈、分析信息,指导施工。

7) 横通道封堵墙施工

封堵墙支护结构形式为:钢格栅+工字钢。钢格栅之间设置内外两排$\phi22mm$纵向连接筋,间距为0.5m,与环向格栅钢筋牢固焊接;内外设置双层钢筋网片,$\phi8mm$@150mm×150mm,搭接长度为150mm;喷射350mm厚混凝土,内外保护层厚度均为40mm。堵头墙外土体采用$\phi22mm$砂浆锚杆,长3m,间距1.5m×1.5m,梅花形布置;横向采用I20a工字钢,工字钢两端与初期支护钢架连接牢固,工字钢之间直接通过接头连接牢固,并通过$\phi22mm$连接筋将其连接牢固;注浆浆液根据地层情况由现场试验确定,并根据围岩条件控制好注浆压力,要求加固体直径不小于0.5m。横通道封堵墙如图5.4-13所示。按导洞施工顺序分部封堵施工。

8) 渣土和材料运输

横通道的出渣、材料运输等施工均利用施工竖井口设置的提升架。弃渣土外运由专人负责组织安排,场地内外统一调度,协调内外关系,组织安排出土车辆运输,确保外运弃土按计划有步骤地进行;外运弃土在夜间规定的时间内进行,白天开挖的渣土堆放在渣场内;堆土场地按要求设置,并做好挡护、平整及夯实;弃土、弃渣、废水的排放必须遵守市政府的有关规定;做到文明施工,保持现场及周围环境的清洁,做好弃土外运途中的管理工作。

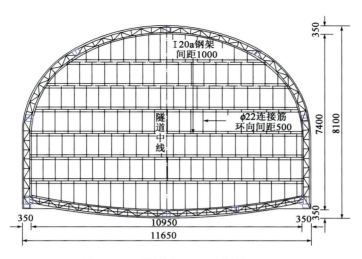

图 5.4-13 封堵墙剖面图(尺寸单位:mm)

9)施工监测技术

施工监测的主要目的有监视围岩应力和变形情况,验证支护衬砌的设计效果,保证围岩稳定和施工安全;提供判断围岩和支护系统基本稳定的依据,确定二次衬砌的施作时间;通过对测量数据的分析处理,掌握地层稳定性变化规律,遇见事故和险情,作为调整和修正支护设计及施工方法的依据,提供土层和支护衬砌最终稳定的信息;积累量测数据,为今后的地下建筑设计与施工提供工程类比的依据。

主要的监测手段有:

(1)洞内外的观察,在每个工作面上进行。断面开挖后立即核对地质情况,绘出地质断面图,记录开挖面稳定状态,即拱部有无土体剥落和坍塌现象,记录渗水、涌水情况和水质情况。若遇特殊不稳定情况时,应派专人进行不间断地观察;对已进行支护地段,观察是否有锚杆被拉断、喷射混凝土是否发生裂隙和剥离或剪切破坏、格栅钢架有无被压曲变形等一系列不利情况。

(2)洞周收敛(隧道净空变形)采用收敛计进行量测,每断面至少设 2 条水平测线。

(3)拱顶下沉量测和洞周收敛量测设于同一断面,每断面各个孔设置不小于 3 个拱顶下沉测点,CD 法上部每分部一条水平测线,其余部分一条水平测线。

(4)选测项目须根据施工需要选择量测。量测过程中须采取有效措施,保证量测数据的及时性、准确性和连续性。

(5)施工监测随隧道施工的进程连续进行,在开挖卸载急剧阶段,应加大量测频率。横通道监测系统布置如图 5.4-14 所示。

5.4.4 主体结构施工

横通道二次衬砌结构分为底板和拱部两部分施工,具体如下:

(1)底板施工:第一模包括横通道 3-3、4-4 断面底板二次衬砌结构(含环框梁),里程为 FD0+067.034~FD0+035.688。第二模包括横通道 2-2 断面底板二次衬砌结构,里程为 FD0+035.688~FD0+008.9。第三模包括横通道 1-1 断面底板二次衬砌结构,里程为 FD0+008.9~FD0+000。

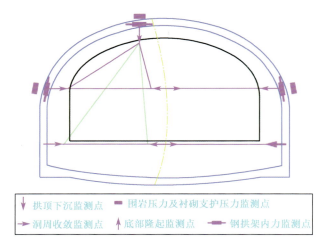

图 5.4-14 横通道断面监测系统布置图

(2)拱部施工：拱部结构从横通道端墙开始往洞口施作。

横通道二次衬砌施工步序如图 5.4-15 所示。

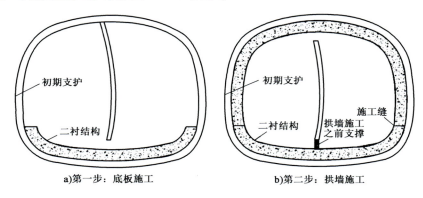

图 5.4-15 横通道二次衬砌施工步序示意图

1）底板施工

每模底板施工前保留后浇带范围内中隔壁，其余中隔壁进行拆除。

(1)破除中隔壁

底板施工完成后，将破除中隔壁，破除遵循以下基本原则：破除高度根据底板结构厚度确定，即底板混凝土顶面往上 0.4m；破除处在底板施工后，及时进行回撑；满足第一道变形缝处立模施工。具体破除纵断面如图 5.4-16 所示。

横通道底板按分模将影响施工的临时中隔壁分段破除完成，防水施工完成后，开始底板施工。底板分模如图 5.4-17 所示。

(2)钢筋加工及绑扎

在防水施作完成后，开始安装二次衬砌钢筋，在安装前核对已加工好的钢筋种类、型号、规格符合要求，钢筋具有材质证明书或试验报告单，分批堆放整齐。准备足够数量的铁丝(火烧丝)和水泥垫块；划出钢筋位置线，对于钢筋接头错开位置、型号根据规范要求在相应位置划线。

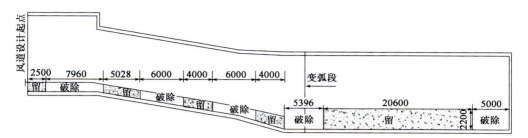

图 5.4-16　横通道中隔壁破除纵断面示意图(尺寸单位:mm)

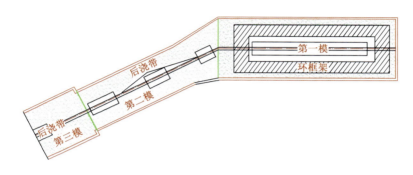

图 5.4-17　底板分模示意图

二次衬砌钢筋接头采用钢筋接驳器,相邻两列钢筋之间接头错开距离大于 $35d$(d 为钢筋直径),于同一连接区段内受力钢筋的接头百分率不应大于 50%。二次衬砌钢筋向上预留连接接头,待与上部施作边墙钢筋进行连接。

(3)立模施工

模板支撑系统为钢模板与木胶板配合,部分断面采用组合钢模板+工字钢拱架支撑。模板及支护形式如图 5.4-18 和图 5.4-19 所示。

图 5.4-18　A1、A2 断面仰拱模板支撑图

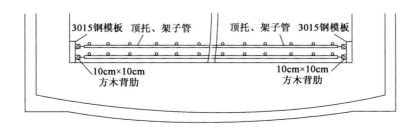

图 5.4-19　A3、A4 断面仰拱模板支撑图

(4)混凝土浇筑

底板二次衬砌采用强度等级为 C50、防水等级为 P12 的混凝土浇筑,模板支撑完成后进行浇筑,纵向分段浇筑,每模浇筑完后进行临时封堵,下一模浇筑前对连接面进行凿毛处理。混凝土采取纵向分幅,竖向分层自下而上浇筑,严格控制分层厚度。由于钢筋较密,采用较大坍落度混凝土,用小直径振捣棒插入式振捣。混凝土振捣使用插入式振动器快插慢拔,插点要均匀排列,逐点移动,按顺序进行,无遗漏,每点振动 20～30s,移动间距不大于振动棒作用半径的 1.5 倍(一般为 300～400mm),振捣上一层时插入下层混凝土面 50mm,以消除两层间的接缝。振捣以表面不再出现气泡、表面泛浆为准。

2)拱部施工

拱部施工从端墙开始往洞口施作,拱部共分八模施作,分模如图 5.4-20 所示。拱部施工按分模分段破除影响拱部施工范围内的中隔壁,施作防水,连接拱顶钢筋,施作二衬混凝土。拆除过程中需加强监测,如有异常应及时进行回撑。临时中隔壁破除如图 5.4-21 所示。

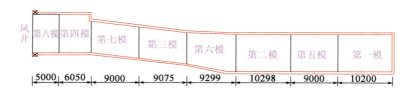

图 5.4-20 横通道拱部施工分模示意图(尺寸单位:mm)

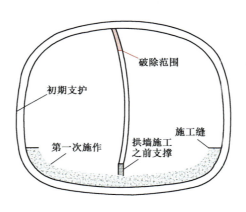

图 5.4-21 横通道拱部中隔壁破除图

第一模钢筋与第二模加工时要错开接头,以便于混凝土浇筑时的施工缝错开拱顶处。

模板采用厚 5.5cm 的钢模,每模拱顶安装两块带浇筑孔的模板,支撑体系采用 I20a@1500mm 工字钢 + 顶托 + 方木 + 钢管支撑为主,每榀工字钢支撑中心线架立在钢模板连接处,背肋采用 10cm×10cm 的方木,间距为 1m;钢管采用国标间距,为 1000mm×1000mm,在堵头模处预留观察窗口兼作振捣口,具体如图 5.4-22 和图 5.4-23 所示。

混凝土具体浇筑细节见 5.4.4 节底板的混凝土浇筑。

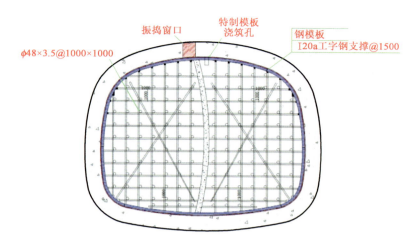

图 5.4-22　横通道 A1、A2 拱部模板图（尺寸单位：mm）

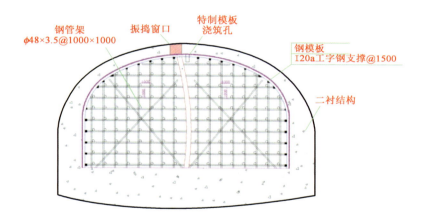

图 5.4-23　横通道 A3、A4 拱部模板图（单位：mm）

5.5　本章小结

本章旨在全面介绍海底地铁隧道及海岛围堰施工中的关键技术。首先，深入探讨了海底地铁隧道风道施工的关键技术，特别强调了地层加固技术在应对海底通风和联络通道建设中的重要作用。随后，详细阐述了海岛围堰施工的关键技术，包括基础施工、围堰结构安装和护肩施工等步骤。此外，还介绍了咬合桩施工技术和风道开挖施工技术，这些技术对于确保风井基坑的安全和稳定至关重要。

（1）在海底地铁隧道风道施工中，重点应用地层加固技术来确保地质条件的稳定性。同时，栈桥施工技术的运用，包括临时栈桥的搭建、钢管桩的施工以及上部结构的安装等，都极大地保障了施工平台的安全与稳定。而在施工完成后，拆除工作同样重要，应确保拆除过程安全、环保,不对周围环境造成损害。

（2）在海岛围堰施工中,首先进行基础施工,包括基槽的开挖、垫层的铺设,以及预制混凝土结构的安装等,以确保围堰的稳定性。同时,护肩的施工也是关键步骤,它能有效抵御海洋环境的侵蚀,保障围堰的长期安全。

（3）咬合桩施工技术通过钢筋混凝土桩的硬咬合支护,为风井基坑提供了强有力的支撑。在施工中,严格遵循导墙施工、成孔施工、冠梁挡土墙施工等步骤,确保基坑的稳定性和安全性。

（4）在风道开挖施工中,采用注浆加固和超前小导管等技术,有效改善了地质条件,提高了土体的稳定性和承载能力。同时,严格按照施工方案进行开挖与支护工作,包括马头门破除、土方开挖、钢格栅安装等步骤。此外,还应用施工监测技术,实时掌握施工过程中的各项数据变化,确保施工的安全和质量。

CONSTRUCTION TECHNIQUES FOR
SUBMARINE METRO TUNNELS
IN COMPLEX ENVIRONMENTS

复 杂 环 境 海 底 地 铁 隧 道 建 造 技 术

第 6 章

跨海地铁盾构施工关键技术

大时代

盾智行

构未来

厦门地铁 2 号线过海段是我国首条跨海地铁盾构隧道工程,隧道穿越地层地质情况复杂多变,岩石强度高、断裂带发育地层裂隙大、透水性强、孤石密集及基岩凸起,堪称"地质博物馆",科研人员面对海底孤石群、基岩突起、叠落石等巨大障碍,在始发接收、掘进保压、空推控制、高频次带压开仓以及孤石及基岩凸起处理施工进行创新研究,解决了特殊复杂海底盾构隧道掘进系列技术难题。

6.1 始发施工技术

6.1.1 始发流程

盾构始发流程见图 6.1-1。

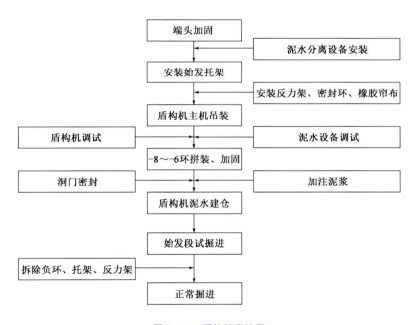

图 6.1-1 盾构始发流程

6.1.2 反力架安装及定位技术

在本工程盾构机出洞时须穿越地下连续墙(采用玻璃纤维筋)及 12m 的加固区,高强度的洞门混凝土和加固体导致推进所需的反力较大,反力系统采用整环混凝土管片受力,混凝土管片将盾构反力传递到反力架上,由反力架再传递到车站结构上,对反力架的安装及定位有较高的技术要求。

在盾构机台车全部下井后,开始进行反力架的安装。反力架由 2 根立柱和 2 根上、下横梁组成,如图 6.1-2 所示。

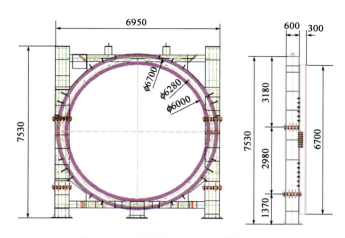

图6.1-2 反力架结构图(尺寸单位:mm)

6.1.2.1 反力架安装、定位及加固

反力架的安装轴线必须与设计轴线重合,反力架的纵向位置应满足盾构机吊装的空间要求,不影响后续盾构机吊装,还须符合设计图纸对0环管片位置的要求(0环管片进入主体结构侧墙40~80cm)。

在主体结构施工过程中预留预埋钢板,可以固定反力架,反力架在地面采用8.8级的高强度螺栓连接组装,组装完成后整体吊装下井定位,与预埋件焊接。根据工作井回填高度确定反力架高度,保证其底部与回填混凝土高度一致。

反力架底部及一侧与后续段主体结构通过钢管直顶与预埋钢板焊接,另一侧通过斜撑与底板顶面预埋钢板焊接。其安装、定位位置如图6.1-3、图6.1-4所示。

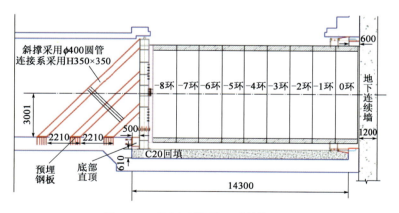

图6.1-3 反力架侧视图(尺寸单位:mm)

6.1.2.2 反力架验算与监测

为保证反力架的安全性与可靠性,需对反力架进行验算。盾构一般推力控制在8000kN,始发推力取一般推力的1.5倍,为增加安全系数,取16000kN推力进行反力演算。

1)反力架验算

反力架为一门式刚架。立柱计算高度为7140mm,上下各有两个横梁,计算跨度为6350mm。取总荷载为$F=16000$kN,平均分配到钢负环上,如图6.1-5所示。

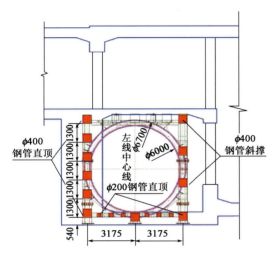

图6.1-4 反力架正视图(尺寸单位:mm)　　图6.1-5 荷载分配示意图

$$P = \sigma A \tag{6.1-1}$$

钢支撑通过3根$\phi 400$mm@20mm和6根$\phi 200$mm@10mm与底板梁接触,根据式(6-1),$P_{\max} = 210 \times 107442 = 22562$kN。

拱底块角度为84°,但考虑盾构推进底部为主要受力部分,底部分担盾构反力9370kN,则底部9根钢管支撑均能承受22562kN的反力,满足要求。

顶部横撑与车站通过横撑和与中板的搭接进行传递。与中板搭接总面积960000mm²。$P'_{\max} = 210 \times 960000 = 201600$kN。顶部受力约为1/4的底部受力,则201600kN≫2342kN,满足要求。

斜撑采用三道$\phi 400$mm@20mm钢管支撑和两道四拼200mm×200mm H型钢支撑,总计单侧立柱支撑为3道,分担96°盾构反力为5333kN,平均每根支撑为1778kN。$\phi 400$mm@20mm钢管支撑均能承受5011kN的反力,其斜撑角度为45°,则分力为3543kN。

三根斜撑和两根横撑共计受力为10629kN≫5333kN,满足要求。

此加固工况下反力架所能承受的最大力为:

$$P_{反\max} = 22562 + 3543 \times 3 + 201600 = 234791\text{kN}$$

$P_{反\max}$≫15680kN,满足要求。

反力架立柱在制作时已考虑变形要求,且相同工况下经实际检验满足盾构始发要求。

2)反力架变形监测

在盾构始发推进过程中,需对反力架进行监测,反力架变形监测布置如图6.1-6所示。以此为依据控制盾构机推力,防止反力架失稳。在上横梁及两侧横梁中部各设一个监测点,在盾构机前10环推进过程中进行实时测量,其位移变化量不得大于$L/1200$(L为横梁跨度)。

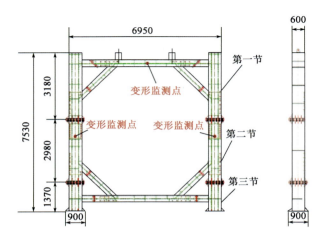

图 6.1-6　反力架变形监测布置(尺寸单位:mm)

6.1.3　穿越玻璃纤维筋地下连续墙控制技术

本工程盾构始发工作井围护结构在洞门范围内的地下连续墙墙体内连接结构为玻璃纤维筋,摒弃旧式钢筋结构,不需凿除墙体,可实现直接切削。

在掘进玻璃纤维筋地下连续墙过程中,为保证环流系统运行顺畅,刀盘切削下来的玻璃纤维筋长度控制在400mm以内。盾构掘进参数的设定要考虑盾构推力、掘进速度、切口水压等方面。其中盾构推力要考虑始发反力架可承受的压力、破除玻璃纤维筋围护结构的强度、围护结构连续墙后土体的反作用力以及切口水压的设定值等因素。切口水压的设定值要考虑橡胶帘板的可承受压力。掘进速度不宜过快,要采用慢磨的方式将玻璃纤维筋尽可能地破断,以保证环流系统运行的顺畅。穿越段的掘进推力不大于8000kN、掘进速度5~10mm/min、切水压压设定为100kPa,掘进参数的变化需要根据工况进行随时调整。

6.2　掘进扰动数值模拟与掘进保压技术

厦门跨海区间段隧道沿线最大覆土厚度达65.7m,最高水压达6bar,保证掘进中开挖面的稳定性是保障施工效率及施工安全的关键。在复杂地层(上软下硬地层、上覆砂层)掘进时,刀盘刀具受力不均使得盾构姿态控制难度加大,掘进对开挖面的扰动增大,此外上覆砂层等情况下地层稳定性差,因此掘进中保持开挖面的稳定性尤为重要。

6.2.1　盾构掘进扰动数值模拟

采用有限差分软件 FLAC 3D 模拟在复杂地层中盾构掘进的开挖面稳定性,为施工参数控制提供依据。

6.2.1.1 上软下硬地层掘进扰动数值模拟

海沧区间的 DK18+998.48~DK19+151.84 区间内,盾构穿越基岩凸起段,施工中遇到典型上软下硬地层,此区间内,在 DK19+044.94 处基岩凸起进入盾构开挖限界,为该区间内最不利断面。该断面左线的地质纵断面图如图 6.2-1 所示。

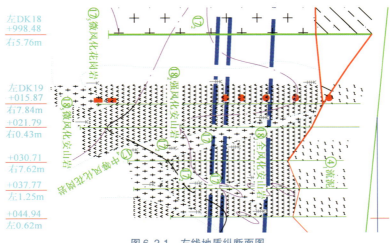

图 6.2-1 左线地质纵断面图

选取 DK19+044.94 断面处最不利情况进行模拟,即盾构限界内软硬分界线位于盾构横断面下方 1/3 处。采用 FLAC3D 有限元软件对该工程建立有限元模型,模型参数见表 6.2-1。

模型参数 表 6.2-1

围岩或结构	泊松比 u	天然重度 r (kN/m³)	弹性模量 E	黏聚力 (kPa)	内摩擦角 ϕ (°)
④₁	0.4	16.2	—	10	4
⑱₁	0.25	18.9	80MPa	25	20
⑱₅	0.25	19.7	150MPa	30	23
管片	0.17	24.6	3.5e4MPa	—	—

在盾构动态掘进数值模拟过程中,选取若干代表性工况进行盾构掘进状态及地表沉降情况监测。掘进中盾构隧道右线现行掘进,按掘进先后顺序主要检测工况见表 6.2-2。

计算工况表 表 6.2-2

工况代号	掌子面位置	工况代号	掌子面位置
1	盾构开始掘进	4	左线掘进至模型 1/3
2	右线掘进至模型中央	5	左线掘进至模型中央
3	右线贯通	6	左线贯通

1）地层扰动分析

对于海床沉降（1号监测断面及2号监测断面）进行动态施工观测，地层沉降云图如图6.2-2所示。新建右线隧道开始施工时（工况1），数值模拟模型内地层最大沉降值为4.96mm；在工况2时地层内最大沉降值扩大为11.33mm，增幅达128%；在工况3时沉降值为11.34mm，增幅很小。在工况4时沉降值扩大为11.44mm，增幅同样有限。在工况5及工况6时沉降值同样保持相对稳定。可见盾构机对地层的最大扰动出现在盾构掘进伊始处，这种扰动在盾构掘进至一定程度后便不再增加。

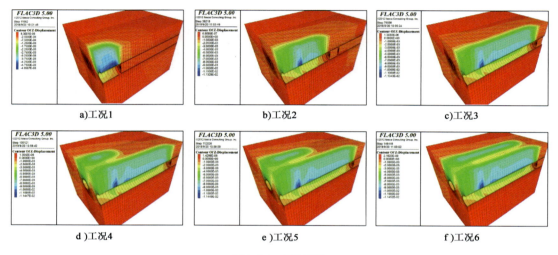

图6.2-2 沉降云图

在地层扰动范围方面，随着盾构掘进进程的推进，地层扰动范围逐渐扩大，隧道施工地层扰动范围呈对称分布，盾构在开挖过程中除影响已开挖部分外，对掌子面前方一定范围内土体也存在一定程度的影响。在施工过程中，对控制风险源处的沉降监测还应包括盾构掌子面前方的监测。受限于数值模拟缺陷，在各工况下沉降最大值均出现在盾构始发时的盾尾间隙处。排除此处的沉降值后，沉降最大值出现在连续掘进过程的起点处。针对上述缺陷，可将此处盾构掘进开始过程视为盾构长时间停机并未做妥当处置后的盾构再次掘进过程。可见，盾构停机对地层的扰动远大于盾构正常掘进，在施工过程中应尽量避免盾构长期停机，在被迫停机时应采取掌子面前方土体加固等措施控制地层扰动。

2）地表沉降分析

在盾构掘进过程中，地表沉降值是更能直观反映施工活动对周围环境影响程度的关键参数，相比地层扰动程度或地层中的最大沉降值，地表沉降值直接关联着地面建筑物、基础设施的稳定性和安全性，因此成为评估盾构施工环境影响的核心指标。为进一步分析盾构掘进过程中地表沉降的变化规律及变化方式，数值模拟过程中对1号监测断面、2号监测断面分别与3号监测断面交叉处的地表点位进行动态沉降监测。该点位具体位置如图6.2-3所示。

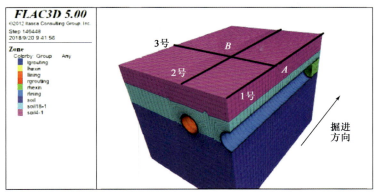

图 6.2-3　监测点位示意图

A 点处的地表位移情况如图 6.2-4 所示。可见，A 点处地表沉降在盾构机掘进至 A 点前时沉降值为 0.8mm，仅占最终沉降值的 12.9%。在掘进至 A 点后，A 点处的地表沉降迅速扩大。在计算至 20 步，即掌子面距离 A 点 24m 后，A 点沉降增幅显著降低。在计算至 25 步，及掌子面距离 A 点 30m 后，A 点趋于稳定。在计算至 29 步时盾构隧道右线开挖完成，并开启左线开挖。在盾构隧道的左线开挖过程中，A 点位移变化极小，可见对本工程而言，左右线隧道施工相互影响较小。

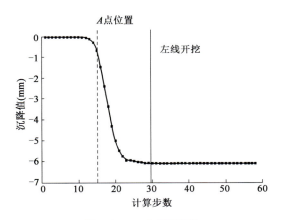

图 6.2-4　A 点沉降趋势

除地表沉降时程曲线外，盾构掘进中横向地表沉降同样为施工中重点关注的事项之一。横向沉降槽宽度直接反映了盾构掘进的影响范围，依据沉降槽宽度可在沉降影响范围较大区域内进行针对性的沉降控制处置措施，以降低盾构掘进对周边环境的影响，从而实现盾构安全、快速掘进的目的。为研究本工程中软硬不均地层盾构掘进特点及影响范围，在进行盾构掘进实时模拟时，取不同工况下 3 号监测断面处的沉降值进行监测研究。监测研究结果如图 6.2-5 所示。

由以上分析可见，随着左线盾构隧道的开挖发展，地表左线沉降逐步发展，在左线隧道掘进完成后，沉降槽呈现 w 形，且先修建完成的右线隧道地表沉降值略大于左线地表沉降值。

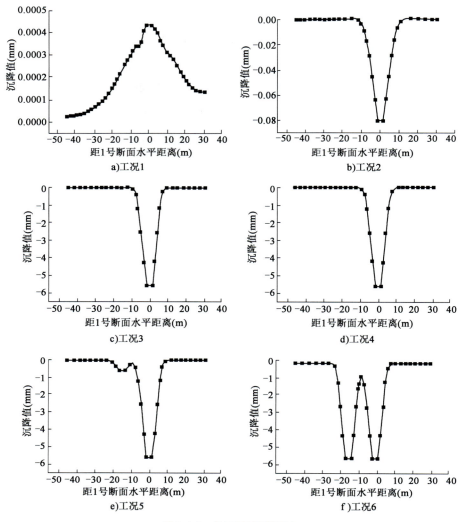

图 6.2-5 各工况沉降槽形态

6.2.1.2 上覆砂层掘进扰动数值模拟

海沧区间的 DK20+930～DK20+980 区间内,盾构限界内上半部分穿越砂层,该区间内右线地质纵断面如图 6.2-6 所示。为充分研究砂层对盾构掘进的影响,在此区间内选择最不利横断面进行盾构掘进数值模拟。

选取最不利情况进行模拟,模型中地层物理力学参数见表 6.2-3。

模型参数表 表 6.2-3

围岩或结构	弹性模量 E	泊松比 u	天然重度 r (kN/m³)	黏聚力 (kPa)	内摩擦角 ϕ (°)
④$_1$	—	0.4	16.2	10	4
⑤$_3$	—	0.3	15.8	8	5
⑤$_1^2$	30MPa	0.25	19.6	30	20

续上表

围岩或结构	弹性模量 E	泊松比 u	天然重度 r (kN/m^3)	黏聚力 (kPa)	内摩擦角 ϕ (°)
$⑤_4^2$	20MPa	0.3	21.0	2	35
管片	3.5×10^4 MPa	0.17	24.6	—	—

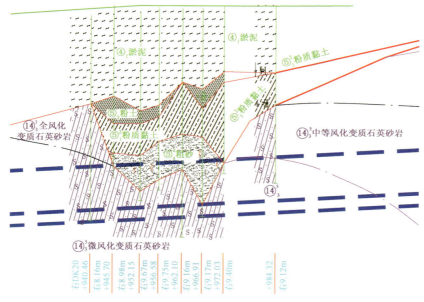

图 6.2-6　右线地质纵断面图

在盾构动态掘进数值模拟过程中,选取若干代表性工况进行盾构掘进状态及地表沉降情况监测。按掘进先后顺序主要检测工况见表 6.2-4。

计算工况表表　　　　　　　　　　　　　　　表 6.2-4

工况代号	掌子面位置	工况代号	掌子面位置
1	盾构开始掘进	4	掘进至模型 2/3
2	掘进至模型 1/3	5	掘进完成
3	掘进至模型中央		

1) 地表沉降范围分析

在盾构隧道掘进模拟过程中,模型采用单线开挖模拟,监测盾构掘进纵向及横向地表沉降,得出最大沉降值并与限定值进行比较。分析盾构开挖是否会对造成较大安全问题。具体监测点以及监测位置如图 6.2-7 所示。

对于海床沉降(1 号监测断面及 2 号监测断面)进行动态施工观测,地层沉降云图如图 6.2-8 所示。可见盾构机掘进开始时对地层扰动巨大,在盾构机掘进过程中,沉降值在掘进至监测点处时发展最快,沉降值在盾构掘进至一定程度后趋于稳定。

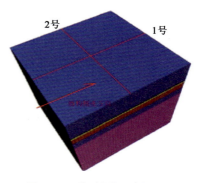

图 6.2-7　监测点位示意图

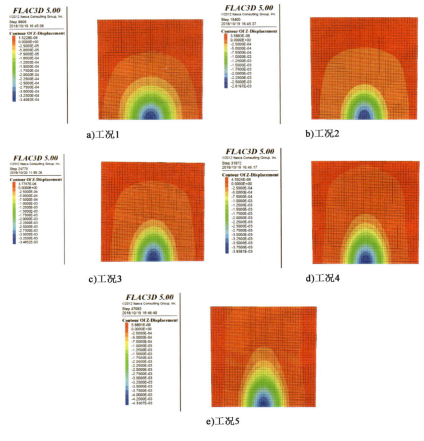

图 6.2-8 沉降云图

在地层扰动范围方面,盾构掘进初期(或盾构停机恢复掘进时)盾构施工引起的地层扰动范围最广,在砂性地层盾构若停机,应做好泥浆护壁等相应地层加固措施,预防由盾构停机引起的地表沉降超限等问题。

2)盾构掘进横向地表沉降分析

在盾构掘进的过程中,相比于地层扰动的范围,地表沉降值更能直接反映施工活动对周边环境影响的程度与模式。这是因为地表沉降直接影响到地面上的建筑物和基础设施的安全与稳定性,因此被视为衡量盾构施工对环境影响的关键指标。为进一步分析盾构掘进过程中地表沉降的变化规律及变化方式,数值模拟过程中对 4 种工况下的 2 号监测断面进行地表沉降监测,5 种工况下的地表横向沉降槽如图 6.2-9 所示。

由图 6.2-10 可见,各施工阶段下盾构掘进引起的横向沉降槽均存在反弯点,反弯点均出现在距隧道中轴线 10m 左右。在中轴线左右各 10m 范围内,地表沉降数值较大且随着距中轴线距离缩短迅速增长,这种增长在盾构掘进至监测点位之前时不太明显,在盾构掘进至监测点位后,该增长趋势迅速发展。在横向沉降槽宽度方面,阶段 1～阶段 3 沉降槽反弯点至隧道中轴线的间距逐渐增长,在盾构掘进至阶段 4(穿越监测点位下方)后,沉降槽宽度增长放缓,但

沉降值仍存在较大变化。最终沉降槽宽度约为40m,最大沉降值为0.45mm

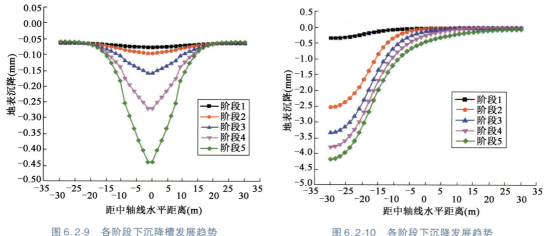

图6.2-9 各阶段下沉降槽发展趋势　　　　　图6.2-10 各阶段下沉降发展趋势

3) 盾构掘进纵向地表沉降的分析

为进一步明确砂性地层盾构掘进对地表沉降发展的影响方式,统计并分析1号监测断面上的地表沉降值,5个工况下地表纵向沉降值如图6.2-10所示。

由图6.2-11可见,不同工况下盾构掘进引起的地表沉降均呈现s形,且盾构掘进初始处的地表沉降明显大于其余点位的地表沉降。盾构停机将在盾构再次掘进时引起极大的地表沉降,这种地表沉降扩大最大可达8倍之多。

6.2.2 带压进仓保压控制技术

本工程地层条件极为复杂,刀盘刀具磨损严重,为检查、维护刀盘刀具,左右线共进行27次开仓作业,总进仓次数达到3303次,其中3bar以上带压进仓次数达到2397次。为满足开仓过程中地层保压能力及稳定性,针对本工程开仓中面临的典型地层条件(单一地层、裂隙发育地层以及碎裂状强透水不稳定地层),分别研发、制定开仓保压技术,即单一地层保压技术、裂隙发育地层保压技术及碎裂状强透水不稳定地层保压技术。

6.2.3 单一地层保压技术

工程中停机开仓位置掘削面地层大部分为风化岩层,地层较为单一,没有明显裂隙存在,具有一定的自稳能力。在该地层保压能力通过在开挖面生成泥膜形成,需考虑泥膜生成的工艺过程及泥浆材料两个方面。在泥浆使用上,采用稀泥浆、浓泥浆以及高质量泥浆,通过四步形成前掘削面保压能力,确保掘削面稳定性,具体过程如图6.2-11所示。

(1) 确定进仓时间后,对开挖仓进行泥浆置换,第一步采用相对密度为1.1~1.15,黏度为20~23s的稀泥浆进行大循环浆液置换,为使泥浆充分渗透入地层,置换过程为6h(具体时间根据现实情况而定),使浆液在地层中形成较厚的泥膜渗透带,地层孔隙被阻塞,然后进行第二步操作。

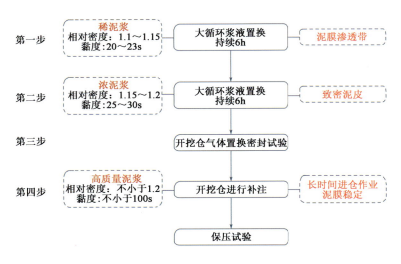

图 6.2-11 单一地层保压能力形成过程

(2)采用相对密度为 1.15~1.2,黏度为 25~30s 的浓泥浆再进行 6h 的大循环浆液置换(具体时间更换现实情况而定),使浆液在开挖面表面进一步形成较厚的致密泥皮,进一步提高地层的闭气性能,静止 2h 后观察液面稳定情况。

(3)当气泡仓液位完全稳定后,进行开挖仓气体置换密封试验。降压或升压的过程中,严格控制降升速度,液面变化的速度控制在 2cm/min 之内,切口压力波动控制在设定值 ±0.1bar 之内。当密封试验成功后进行下一步操作。

(4)当气体置换完毕并停止泥浆循环之后,为了确保在长时间进仓作业过程中开挖仓内泥浆质量的稳定,必须采用黏度不小于 100s、相对密度不小于 1.2 的高质量泥浆直接用同步注浆泵向开挖仓进行补注,确保掌子面稳定。

经上述步骤可以快速形成一定厚度、闭气性良好的泥膜,并且能够长时间保持地层的闭气性能。图 6.2-13 所示为开仓过程中掘削面上泥膜形成情况,从刀具在泥皮上的刮痕可以看出泥膜厚度在 3cm 以上,随着开仓的进行,泥膜逐渐失水干燥,如图 6.2-13c)所示,失水达到一定程度时泥皮上出现裂纹,导致泥膜的闭气性能下降,此时可以通过将裂缝涂抹泥浆的方式防止高压气体进入地层,保证泥膜的闭气性能。通过该施工流程快速实现单一地层开仓地层保压。

6.2.4 裂隙发育地层保压技术

盾构掘进中经过大量风化岩层,刀盘刀具磨损严重,需要在该地层中进行开仓作业,如图 6.2-12 所示。由于地层存在大量裂隙,密封性较弱,采用常规泥浆不能生成泥膜,开挖面保压能力不足,此外一旦海水渗透进入掌子面,仓内的泥浆将快速地产生离析、沉淀,致使浆液成膜性能下降,以致无法形成泥膜。因此在该地层中形成泥膜,面临两个难题,即海水对侵蚀作用以及裂隙的填充。针对以上难题,对常用泥浆进行改进,同时对泥膜生产工艺进行调整,分两步、两种模式制作泥膜,如图 6.2-13 所示。

a) 开仓初期

b) 开仓中期

c) 开仓末期

图 6.2-12 泥膜在开仓过程中变化

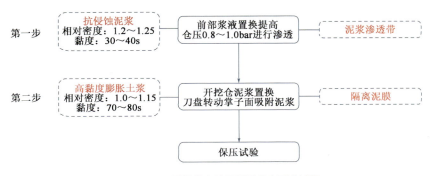

图 6.2-13 裂隙发育地层保压能力形成过程

1) 渗透模式

在渗透模式下,需要泥浆渗透入地层一定距离,以抵抗海水侵蚀,同时阻塞裂隙,对传统泥浆进行改进,泥浆配制材料及配合比见表6.2-5。泥浆采用三种膨润土,其中海水膨润土能够使泥浆抵抗海水的侵蚀,堵漏剂、锯末、稻壳等大颗粒材料能够阻塞裂隙,从而克服裂隙地层成膜难问题。配制浆液相对密度为1.2~1.25,黏度为30~40s泥浆。泥浆配制后静止一段时间,经膨润土充分膨化,测试泥浆性质达到要求后,采用气垫仓底部注入上部放浆的方式置换前部浆液,待顶部平衡管放出新配制相对密度较高的浆液后,提高仓压0.8~1.0bar,使浆液向地层中渗透,在仓压提高的过程中观察液位变化,此时液位会有缓慢的下降,这表示浆液正在向地层的裂隙中渗透、填充,通过循环往复的浆液置换以及液位变化观察,直至液位长时间稳定即代表相对密度高的泥膜制作完成。

泥浆配合比　　　　　　　　　表6.2-5

材料	高比重膨润土 (红土为主)	高黏度膨润土 (黄土为主)	海水膨润土	大颗粒材料 (堵漏剂/锯末/稻壳)	水
用量	30(袋/40kg)	10(袋/40kg)	1~2(袋/40kg)	2(袋/25kg)	4m³

2)隔膜模式

采用单一高黏度膨润土制作高黏度的泥浆,浆液相对密度为1.0~1.15,黏度控制在70~80s。在同等的仓压(高1bar)下进行开挖仓泥浆置换,直到上部平衡管放出高黏度的浆液为止,然后1h转动10min刀盘,转速0.3~0.8r/min,保证高黏度膨润土均匀地吸附在掌子面上,对上一步已经形成泥膜进行保护。

图6.2-14所示为在裂隙发育地层中泥膜的形成情况,泥浆成功填充岩石裂隙中,阻塞裂隙的联通性,在开挖面表面形成隔离泥膜,实现地层的保压,同时在长时间开仓过程中保持稳定。

图6.2-14　掘削面泥浆在破碎地层(孤石区)填塞情况

6.2.5　碎裂状强透水不稳定地层保压技术

本工程地质条件复杂,地层条件变化剧烈,其中基岩突起对盾构掘进影响显著,主要涉及两个区段:第一个区段位于411环附近,在411环附近处由于微风化安山岩从基底侵入隧道并且存在大量大块孤石,对刀盘、刀具造成严重的磨损;孤石随刀盘转动对地层扰动大造成了盾体上部发生塌陷,经塌陷区域回填,基岩爆破处理后,地层破碎,存在大量裂隙,采用裂隙发育地层中相对密度较高、黏度高的泥浆无法有效地在掘削面形成有效泥膜,掘削面不具有保压能力;第二个区域位于1153环附近,中风化辉长岩岩脉侵入隧道通过地层,该区域岩体破碎,自稳能力差,掘进过程中大量石块进入并堆积在前仓,由于石块尺寸大(最长1m)、强度高,导致主刀盘卡住，无法转动，需要带压进仓清理石块，同时掌子面顶部因岩体破碎，存在一定程度坍塌，进仓作业工作量巨大，且破碎岩层进仓作业风险较大。基岩突起地层围岩破碎，自稳能力差，裂隙发育丰富，刀盘刀具磨损严重且所在地层地下水压高，在该种地层中进行开仓换刀风险极高，为此本工程中采用海上注浆加固地层及衡盾泥填仓相结合的方式，维持及加强基岩突起地层中掘削面的稳定性，实现开仓作业。本小节以1153环附近开仓为例，分别针对海上注浆加固地层及衡盾泥成膜进行阐述。

6.2.5.1 海底高水压泥水盾构衡盾泥填仓工艺

地层突变区域通过海上注浆加固，地层具备一定的自稳能力，同时在泥水仓及掘削面位置采用衡盾泥填仓，分级加压，使地层中裂隙填充密实、形成掌子面厚泥膜，从而使掘削面具备保压能力，取得开仓作业的基本条件。

衡盾泥是一种以无机黏土为主要材料，通过改性后与增黏剂反应形成一种高黏度的触变泥浆，具有良好的和易性和黏附性，在水中不易被稀释带走，成膜稳定，附着力好，是一种绿色环保材料。本产品为双组分配制材料，分A组分和B组分，A组分为干粉料，B组分为液体材料。其主要应用于带压开仓作业的泥膜护壁、掘进中防止滞排、掘进中控制喷涌。衡盾泥具有隔水性、裹携性、与不同介质的附着力、承载力、保水性和可逆性。衡盾泥主要技术指标见表6.2-6。

衡盾泥技术指标表　　表6.2-6

项目	技术指标
观察时间(min)	15～45
浆体黏度(dPa·s)	未增黏前浆体黏度10～90 增黏后浆体黏度350～600
漏斗黏度(s)	22.0～48.0
增黏后浆体载荷能力(kg/cm^2)	≥1.5
密度(g/cm^3)	1.2～1.3
失水率(%)	29.4～47(在恒温30℃)
附着率(级)	1～7级(在恒温40℃)

(1) 衡盾泥配置

在衡盾泥置拌过程中对A组分、B组分和水的用量严格按比例控制，每次拌浆$2m^3$，首先向移动罐内加入$2m^3$水，水量通过接到水管上的水表控制；然后通过剪切泵加入25袋衡盾泥干粉(40kg/袋)，充分搅拌30min；最后将配置好的A液抽到固定砂浆罐内，按照A液：B液=15：1的比例通过自吸泵加入B液，充分搅拌10～15min，观察浆液情况，如符合标准进行前仓置换。

(2) 衡盾泥前仓注入及置换

潜水员高压进仓关闭前闸门，使用2号和5号注浆泵，将注浆管接入前仓预留3点和9点位置超前注浆管，开始注入前仓，原前仓浆液由顶部平衡管放出至污水箱，注入时观察前仓顶部压力，及时调整注浆泵频率和放浆口球阀开闭大小，控制注入时顶部压力不要波动过大。待顶部放出浆液和注入的衡盾泥基本一样时，将放出的浆液用自来水清洗，待无杂质洗出，置换完成。

(3) 分级加压控制

浆液置换完成后进行分级加压控制,由于顶部支撑压力受潮汐影响,控制标准也应根据潮汐变化进行压力调整,保压最低值高于交底顶部支撑压力0.6bar,保压最高值高于交底压力0.9bar,例如顶部支撑压力交底为1.95~2.04bar时,则按交底水压2.0bar进行控制,前仓衡盾泥保压压力范围2.40~2.70bar,待压力低于2.40bar时注入至2.70bar停止,观察每次时间变化。在保压过程中对顶部、3点、9点位置进行放浆取样,本次保压历时15d,压力分级控制调节表见表6.2-7。

压力分级控制调节表(单位:bar)　　　　　表6.2-7

序号	潮位	交底水压	开挖仓工作压力	分级加压控制	备注
1	低→高	1.8	2	2.2~2.5	根据潮汐压力变化增加
2		1.9	2.1	2.3~2.6	
3		2	2.2	2.4~2.7	
4		2.1	2.3	2.5~2.8	
5		2.2	2.4	2.6~2.9	
6		2.3	2.5	2.7~3.0	

(4) 衡盾泥置换步骤及开仓情况

分级加压后,前仓压力可以成功保住,即可进行排土换气作业。加气排土阶段,首先将气泡仓压力设置至比交底压力高0.2bar,潜水员进入气泡仓后将通往前仓的闸门打开,采用人工清理把前仓的衡盾泥清至气泡仓,通过气泡仓泥水环流将衡盾泥带出。清理范围为前仓上半部分,清理完成后进行保压试验,试验标准为将气压调节装置关闭,2h压力降至85%以上为合格,同时监测海面有无变化。待保压试验成功后,潜水员进入前舱正式作业。

图6.2-15所示为开仓过程中衡盾泥的填仓效果,仓门打开时可以看出衡盾泥形成的"泥墙",结合海上注浆对地层进行加固,使地层具有一定的自稳能力,从而实现国内首次海底高水压泥水盾构在碎裂状强透水不稳定地层的保压,成功实现开仓。

a) 仓内形成泥墙(仓门打开时观测)　　　b) 包裹刀具

图6.2-15　衡盾泥填仓效果

6.2.5.2 海上注浆加固技术

在线路1153环附近,中风化辉长岩岩脉侵入隧道,岩体破碎,岩块间胶结作用弱,地层稳定性极差,导致盾构掘进过程中,掘削面上大量岩块失稳进入泥水仓,卡住刀盘,需要进行带压进仓清理石块,地层大量裂隙导致保压困难,同时掘削面岩体稳定差,导致进仓作业风险较大,因此开仓前需要对该区域地层进行海上注浆加固。

该岩脉注浆加固区域位于火烧屿南侧,里程范围ZDK20+227.55~ZDK20+267(YDK20+248.26~YDK20+281.26),距离3号联络通道33m。补充勘察报告显示该区域主要为全、强风化辉长岩,碎裂状强风化辉长岩及中风化辉长岩,其中碎裂状强风化辉长岩及中风化辉长岩侵入隧道正线,岩体破碎。注浆区域平面布置图及地质剖面图如图6.2-16及图6.2-17所示。

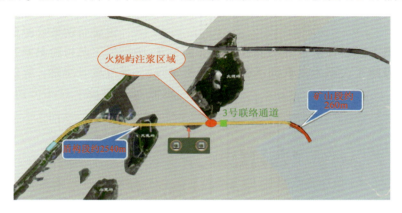

图6.2-16 注浆区域平面布置示意图

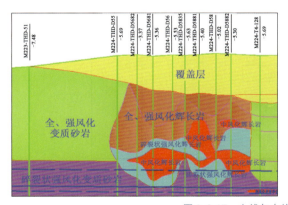 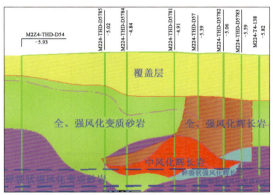

图6.2-17 左线与右线岩脉地质剖面示意图

(1)注浆加固方案优化

本工程不同于一般地层注浆加固,盾构机位于注浆加固区域内,需要考虑注浆过程对盾构机的影响,因而对注浆加固方案进行优化,分为盾体周边保护注浆及岩脉区域加固两步,在施工过程中首先对盾体周围进行保护注浆。

在盾体周围,通过盾构四周8个径向孔,对盾构四周及刀盘2m范围地层注入聚氨酯进行填充,通过管片注浆孔,对脱出盾尾后5管片四周注入聚氨酯,对该区域内地层裂隙进行封堵,防止后续注浆通过这些裂缝进入盾体周围,消除注浆浆液固结刀盘及盾体的可能。

盾体及刀盘 2m 外的岩脉地段采用海上袖阀管注浆加固处理。注浆浆液周边两排孔先采用水泥-水玻璃双液浆止水封闭,中间孔采再用 1∶1 水泥浆注浆加固以保证注浆效果。孔间距采用 1.5m×1.5m 梅花形布孔。加固区域水深 2~9m,覆土厚约 36m。加固区域:左线 ZDK20+238.9~ZDK20+267,右线 YDK20+248.26~YDK20+281.26,左线纵向长度 28.1m,右线纵向长度 33m。断面加固范围:从隧道底部加固至破碎岩体顶部界面,两侧外放 3m。注浆按先周边、后中间的方式进行,周边孔采用水泥-水玻璃双液浆,中间采用水泥单液浆,以利于控制注浆量。加固范围如图 6.2-18 所示。

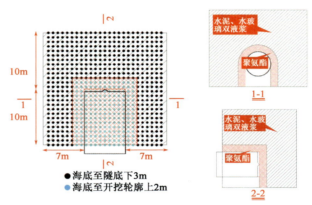

图 6.2-18 海上注浆加固范围

(2)注浆施工工艺技术

海上注浆加固采用袖阀管注浆,具体工艺流程如图 6.2-19 所示。

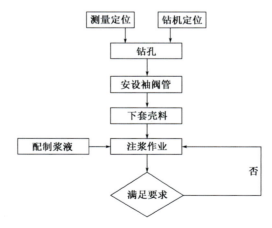

图 6.2-19 袖阀管注浆加固工艺流程图

①平台定位

海上注浆钻机定位采用 GPS 定位仪,先用 GPS 进行注浆孔定位,在平台上做好标记,钻机就位后再用 GPS 进行定位复核,考虑海上施工特殊性,孔位偏差不大于 0.1m,钻孔定位如图 6.2-20 所示。

图 6.2-20 钻孔定位

②钻孔

钻孔使用 YG-50 锚固工程钻机成孔,先下 DN130mm 钢套管至海床底部,用震管器将套管打入全风化岩层以下 2m,下好套管后即采用地质钻机开始地层钻进。钻机就位后,利用垂球结合水平尺检查钻机水平及钻杆垂直度。同时,在钻孔钻进过程中对钻孔垂直度进行检查。钻机就位与设计位置偏差小于 5cm,垂直偏差度小于 1%;在钻孔过程中要做好记录,必要时做好地质描述,以供注浆作业参考;为防止钻孔与注浆施工相互干扰和注浆时浆液串孔,钻孔按跳孔顺序、注浆孔施工顺序进行;钻进过程中遇涌水或因岩层破碎造成卡钻时,应停止钻进,进行注浆扫孔后再行钻进;钻孔顺序为先外围,后内部,从外围进行围、堵、截,内部进行填、压,同一排间隔施工;根据孔顶和设计加固底端高程进行钻孔深度控制,钻到设计深度时结束钻孔。

③下袖阀管

袖阀管由两部分组成,注浆段为带射浆孔的花管,注浆段以上为实管。花管每隔 33cm(即每米 3 组)钻一组(6~8 个孔)射浆孔,其外为长 5~8cm 的橡皮袖阀包裹。每一钻孔完成后,分节(每节 4m)将袖阀管下入孔内,袖阀管末端用锥形堵头封好,防止管内被流砂堵塞。插入袖阀管时应保持袖阀管位于钻孔的中心,以便灌注套壳料时将袖阀管包裹均匀。袖阀管外绑扎聚氯乙烯(PVC)管(便于注入套壳料,相邻两节袖阀管采用套箍连接,并用粘合剂粘接牢固。袖阀管接至海面后(应高出海面 30cm),向袖阀管内灌满清水,然后用封口盖盖紧袖阀管管口。

④注入套壳料及封口

采用膨润土、水泥和水现场配制后,用注浆机从袖阀管外注入,对袖阀管外空隙进行填充,要求套壳料的终凝强度小于 0.3MPa。钻一孔注一孔,防止发生塌孔和埋管。将配好的套壳料用 PW-120 泥浆泵压入 ϕ20mm 塑料管,套壳料会从孔底向外返浆,达到置换孔内泥浆、填满套壳料的目的。待套壳料注入超过注浆范围外 1m,即可停止注入套壳料,将 ϕ20mm 塑料管拔出到套壳料上部后注入水泥-水玻璃双液浆进行封口。

⑤注浆

待套壳料及封口达到一定强度后进行注浆。注浆时先周边实施双液浆约束,再进行水泥浆注浆以保证注浆效果。同排孔采用跳孔注浆的方式进行。

浆体应按照确定的配合比,经计量后用搅拌机搅拌均匀。水泥浆必须按比例拌和,并应在注浆过程中不停缓慢搅拌。浆液内加入适量速凝剂,速凝剂掺量现场调配,浆液采用UJW150搅拌机船上搅拌,注浆压力控制在 0.7~1.5MPa。根据现场试验段实际情况适当调整注浆参数。各孔注浆压力达到设计终压并应稳定 10min,且进浆速度小于开始进浆速度的 1/4 时,可认为注浆结束。

(3)注浆关键施工参数

因本区域注浆加固埋深大,水压高,地质比较复杂,注浆效果无类似经验可以借鉴,为最大程度保证注浆效果,整体注浆前,先设置注浆加固试验段,获取海底注浆关键施工参数。

试验段选取左线刀盘前方 2m 位置位为起始位置(里程 DK20+238.9),试验段范围 DK20+238.9~DK20+244.9,共 6m 作为试验段,共计完成 40 个注浆孔,各孔主要注浆参数见表 6.2-8。

试验段各注浆孔参数　　　　　表6.2-8

孔号	注浆量(m^3)	注浆压力(MPa)	注浆时间	孔号	注浆量(m^3)	注浆压力(MPa)	注浆时间
Z1	22	0	19:20—22:00	Z21	16.9	1.2	01:28—03:40
Z2	19.5	0.2	13:58—16:20	Z22	10.9	0.8	18:40—20:55
Z3	11	1.5	20:15—22:09	Z23	12.7	1	04:50—07:05
Z4	9.6	0	13:50—15:29	Z24	16.1	0.9	19:10—21:25
Z5	12.5	0	13:10—15:00	Z25	12.7	1.2	01:35—03:40
Z6	11	1.5	14:20—15:25	Z26	17.1	1	16:40—18:55
Z7	12	1.5	18:34—20:22	Z27	11.4	1	21:50—00:05
Z8	15.2	1.2	14:30—16:45	Z28	13	1	14:50—17:15
Z9	11.9	0.7	20:15—22:30	Z29	14.5	0.8	23:55—2:30
Z10	14	1.3	22:10—00:25	Z30	13.5	1	17:45—20:15
Z11	12.5	1.2	00:20—02:35	Z31	13	0.8	20:35—23:10
Z12	11.8	1.2	18:50—21:05	Z32	15	0.9	3:05—5:40
Z13	11.2	0.7	23:10—01:10	Z33	13	1	6:00—5:25
Z14	13.9	1.2	07:00—09:00	Z34	13	1	02:45—05:05
Z15	12.8	1	14:00—16:15	Z35	13.5	1	23:20—01:55
Z16	13.1	1	18:45—21:00	Z36	17.5	1	06:10—09:25
Z17	13.7	1	22:50—01:05	Z37	14.3	0.8	7:40—10:10
Z18	12.9	0.7	05:01—07:25	Z38	13.5	1	14:25—17:15
Z19	11.5	1	21:25—23:40	Z39	14	0.8	10:40—13:50
Z20	11.6	1	13:10—15:25	Z40	15	0.8	18:50—22:00

从试验段施工记录来看,除前 5 个注浆孔注浆压力不正常外,剩余注浆孔注浆压力及注浆量均是稳定的,平均注浆量为 13.6m³/孔,注浆压力为 0.7~1.2MPa。水泥浆(水:水泥 = 1:1),海水配出水玻璃波美度为 15 度,胶凝时间 120s;双液浆(水泥浆:水玻璃 = 1:1)。通过试验段确定后续施工继续采用 1.5m×1.5m 钻孔间距,梅花形布置。采用试验段确定的注浆配合比,注浆压力控制在 0.7~1.5MPa 时效果较好。

6.3 混凝土套筒接收技术

6.3.1 施工难点

厦门地铁 2 号线跨海区间右线采用矿山法施工的隧道段在里程右 DK20+930~右 DK20+980 范围内,存在侵入隧道 4.3m 的粗砂层,隧道下部为微风化变质石英砂岩层(岩层属坚硬岩,RQD = 80%~100%,岩石饱和抗压强度 87~192MPa)。东渡路区段范围内穿越砂层区平面示意图如图 6.3-1 所示。后经过海上补勘发现左右线正线范围内存在砂层段比详勘揭示的范围要广,且局部已侵入开挖范围之内,补勘揭示横断面地质图如图 6.3-2 所示。

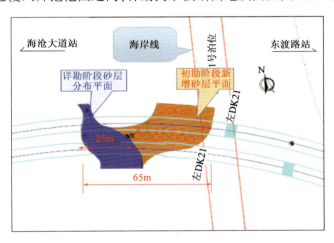

图 6.3-1 东渡路区段范围内穿越砂层区平面示意图

由于盾构机从海沧站始发,东渡路站采用矿山法开挖至砂层侵入段,盾构在砂层侵入段需进行接收。由于接收段在海底,处于高水压环境中,左右线均存在砂层侵入,存在较大的突水涌砂风险,盾构接收难度较大。

跨海隧道盾构到达接收是盾构法跨海隧道施工的最后一个关键环节,是盾构法施工的重点和难点之一,更是盾构施工过程中的一个最大风险点。盾构能否顺利进洞关系到整个隧道施工的成败。

在本次接收过程中,施工难点主要体现在以下几点:
(1)盾构接收位于海底,高水压环境中存在海水倒灌的风险。
(2)接收段工程地质复杂,有大量的砂层侵入隧道开挖轮廓线,增加了接收过程中的不稳定性。

(3)盾构机在矿山法隧道推进的过程中,管片与矿山法隧道的间隙需要密实填充,施工方法不当容易引发较多安全问题。

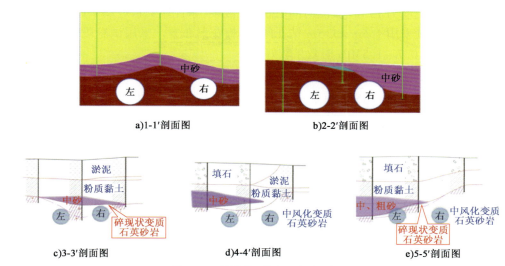

图 6.3-2　补勘揭示横断面地质示意图

6.3.2　砂层加固技术

厦门地铁 2 号线详勘阶段砂层沿隧道方向的最大分布长度约 25m;补勘阶段总共新增补勘钻孔 19 个,补勘后砂层沿隧道方向最大的分布长度达到了 65m。左线隧道外侧补勘后新增砂层沿隧道方向长度 33m,砂层厚度 12m;左右线隧道之间补勘后新增砂层沿隧道方向长度 36m,砂层厚度 4m;右线隧道外侧砂层沿隧道方向长度 25m,砂层厚度 8.3m。

6.3.2.1　加固范围计算理论

盾构法隧道施工中,盾构始发与接收是盾构隧道施工中最易发生工程事故的工序,直接关系到盾构隧道能否顺利贯通。端头土体加固是盾构始发与接收技术的一个重要组成部分,端头土体加固成功与否直接关系到盾构能否安全始发、接收。因此,端头加固方法的选取、端头加固范围的确定以及端头加固效果的检测是保证盾构顺利始发和到达的关键环节。

为了解决盾构始发与接收施工过程中出现的一系列问题,需要确定最佳的端头加固方法、确定最为经济合理的端头加固范围。

1)纵向加固范围理论

采用泥水盾构时,加固长度尤为重要,始发和接收的风险不仅取决于加固强度,还取决于盾构机壳与地层土体之间间隙形成的渗流通道。目前,关于盾构始发与接收的纵向加固范围存在的观点差异较大,有观点认为根据盾构端头加固经验,不论盾构主机长度为多少,其端头地层纵向加固范围均为 8m,还有观点认为依据地层条件和洞门密封形式确定泥水盾构始发段加固长度。国内外现有地层纵向加固长度计算理论如下。

(1)传统的理论

研究与分析盾构始发与到达端头加固土体受力机理时,经常将加固土体简化成圆形薄板。传统的力学模型将梯形荷载简化为均布荷载,然后利用弹性薄板理论的基本知识和轴对称问题的求解方法对盾构始发与接收端头加固土体的受力问题进行力学求解,求得端头土体的纵向加固范围,简化模型如图6.3-3所示。

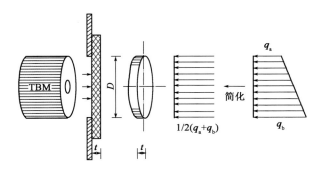

图6.3-3 纵向加固长度计算传统理论示意图

加固体抗拉强度验算公式为:

$$\sigma_{\max} = \pm \beta \frac{PD^2}{4\tau^2} \leqslant \frac{\sigma_t}{k} \quad (6.3\text{-}1)$$

$$\beta = \frac{3}{8}(3+\mu) \quad (6.3\text{-}2)$$

满足抗拉要求的断头土体的纵向加固范围为:

$$\tau_1 \geqslant \sqrt{\frac{3k(3+v)PD^2}{32\sigma_t}} \quad (6.3\text{-}3)$$

式中:D——盾构工作竖井直径;

τ——纵向加固范围;

P——洞门中心处侧向水土压力;

v——加固土体泊松比;

σ_t——加固土体极限抗拉强度;

k——安全系数。

抗剪强度验算公式为:

$$\tau_{\max} = \frac{PD}{4\tau} \leqslant \frac{t_c}{k} \quad (6.3\text{-}4)$$

式中:t_c——加固后土体的极限抗拉强度;

k——安全系数。

满足抗剪要求的端头土体的纵向加固范围为:

$$t_2 \geqslant \frac{kPD}{4\tau_0} \quad (6.3\text{-}5)$$

因此，根据静力学理论强度准则，端头土体应能同时满足抗拉和抗剪强度的要求，所以端头土体纵向加固范围为：

$$\tau = \max\{\tau_1, \tau_2\} \tag{6.3-6}$$

（2）改进的理论

传统的理论模型将端头土体受到的水土侧压力简化为均布荷载，虽然能近似求得盾构始发与接收端头土体加固强度与纵向加固范围之间的相互关系，但是传统理论荷载模型无法反应端头土体的实际受力情况。

鉴于此，为了反映端头加固土体的真实受力状况、强度特征和破坏模式，分析和总结了传统荷载简化模型的优缺点后，在弹性允许范围内，建立了端头加固土体的等效力学模型。如图 6.3-4 所示，将梯形荷载作用下不对称问题的求解等效为求解一个对称问题和一个反对称问题的叠加，求得端头土体的纵向加固范围。端头土体加固后要同时满足抗拉强度与抗剪强度要求，求得端头土体纵向加固范围与加固强度之间的关系为：

$$\tau \geq \max\{\tau_{剪}, \tau_{拉}\} = \max\left\{\frac{\beta_1 k_1}{\tau_c}, \sqrt{\frac{\beta_2 k_2}{\tau_t}}, \sqrt{\frac{\beta_2 k_2}{\tau_t}}\right\} \tag{6.3-7}$$

式中：τ_c——土体加固后的极限抗剪强度；

τ_t——土体加固后的极限抗拉强度。

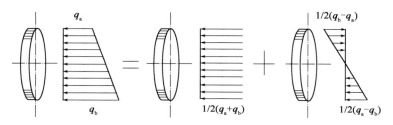

图 6.3-4　改进理论简化力学模型

江玉生等学者结合长期盾构始发与到达成功和失败的工程实际经验指出，在有水盾构始发与接收时取纵向加固范围为盾构机长度加 2~3 环管片宽度和理论计算的纵向加固范围较大者。

2）横向加固范围理论

盾构隧道开挖，破坏了土层间的平衡应力状态，并且对周围土体产生了扰动，在洞壁周围形成了应力集中，当土体剪应力最大值大于其极限值时，将会引起隧道周边土层发生结构破坏，破坏由洞壁周围逐渐向土体内部扩散，形成一个塑性松动圈。塑性松动圈使应力得到释放而明显降低，最大应力集中转移至塑性圈与弹性圈交界处。因此为了保证盾构始发与接收过程中端头横向土体的稳定，须对端头横向土体进行加固。盾构隧道端头土体横向加固范围如图 6.3-5、图 6.3-6 所示。

采用土体极限扰动平衡理论关于地层孔洞膨胀使土体压密膨胀问题的通解，随着围压的增加，地层土体进入塑性平衡状态，此时，内压达到极限值。依据平面问题有：

$$\frac{d\sigma_r}{dr} - \frac{\sigma_\theta - \sigma_r}{r} = 0 \tag{6.3-8}$$

$$\frac{R_u}{R_p} = \frac{(2\mu - 1 + \sin\varphi)\sigma_0 + c\cos\varphi}{G} + \Delta \qquad (6.3\text{-}9)$$

式中：σ_r——径向应力（MPa）；

σ_θ——环向应力（MPa）；

R_p——塑性区半径（m）；

R_u——加固区半径（m）；

G——地层土体剪切模量，$G = \dfrac{E}{2(1+v)}$；

σ_0——土体初始应力（MPa）；

c——加固土体黏聚力（MPa）；

φ——加固土体内摩擦角（°）；

v——加固土体泊松比；

Δ——平均体积应变量。

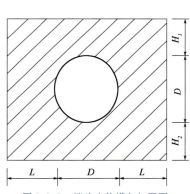

图 6.3-5 端头土体横向加固图
D-直径；L-长度；H_1-端头上方土体高度；H_2-端头下方土体高度

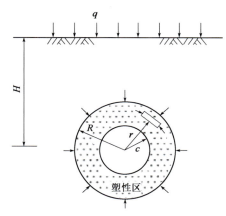

图 6.3-6 横向加固范围的计算模型
H-高度；q-荷载；R-半径；r-内径

带入边界条件：$r = a, \sigma_r = 0; r = R, \sigma_r = \sigma_t$；即可推导出：

$$\ln R + \frac{Rr}{2c} = \ln a + \frac{Hr}{2c} \qquad (6.3\text{-}10)$$

盾构隧道上下侧加固范围为：

$$H_1 = H_2 = k\left(R - \frac{D}{2}\right) \qquad (6.3\text{-}11)$$

$$R = \left(\frac{D}{2}\right)^{\frac{2\sin\varphi}{1-\sin\varphi}} \sqrt{\frac{\sigma_m}{c \cdot \cot\varphi} + 1} \qquad (6.3\text{-}12)$$

盾构左右侧两侧加固范围为：

$$L = \left(\frac{D}{2} + H_1\right) \cdot \cos\beta - \frac{D}{2} \qquad (6.3\text{-}13)$$

$$\beta = \arccos\left(\frac{D}{D + 2H_1}\right) \cdot \left(\frac{\pi}{4} \cdot \frac{\varphi}{2}\right) \qquad (6.3\text{-}14)$$

6.3.2.2 数值模拟

为了确定砂层横向和纵向的加固范围,结合相关理论采用数值模拟的方法进行了计算。

1)纵向加固范围数值模拟

(1)计算基本思路

参考相关文献,盾构到达段横向加固范围的选择依据见图6.3-7和表6.3-1。根据盾构隧道开挖洞径的不同,到达接收段横向加固范围的取值不同。厦门地铁2号线的设计盾构隧道内径6.0m,设计盾构外径6.7m,按照图示加固标准,应选取的加固范围为 $L=2.0\mathrm{m}$,$H_2=1.5\mathrm{m}$,$H_1=2.5\mathrm{m}$。

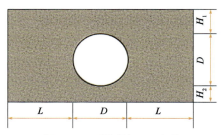

图 6.3-7 盾构段加固示意图

不同洞径盾构隧道加固段横断面范围建议取值(单位:m)　　表 6.3-1

D	1.0~3.0	3.0~5.0	5.0~8.0	8.0~12.0	12.0~15.0
L	1.0	1.5	2.0	2.5	3.0
H_2	1.5	2.0	2.5	3.0	3.5
H_1	1.0	1.0	1.5	2.0	3.0

同时,根据相关文献,盾构隧道到达接收段的纵向加固范围一般大于盾构机的长度,而厦门地铁2号线所采用的泥水平衡盾构机的机身长度为11.5m(约9.5环管片长度),因此,本节针对纵向加固长度设置4种计算工况,见表6.3-2。

纵向加固长度计算分析工况表　　表 6.3-2

工况	1	3	4	5
纵向加固长度(m)	0	11.4 (机长)	13.8 (机长+2环)	16.2 (机长+4环)
横向加固范围	无	$L=2.0\mathrm{m},H_2=1.5\mathrm{m},H_1=2.5\mathrm{m}$		

(2)建立计算模型

①计算断面

根据如图6.3-8所示的隧道穿越砂层段线路纵断面图,选取计算断面位于线路里程DK20+967m附近处。该断面处地层情况如图6.3-9所示,地层从上到下依次为④₁淤泥、⑤₂粉土、⑤₁²粉质黏土、⑤₄²粗砂、⑭₃⁵微风化变质石英砂岩。其中断面监测期内最高潮水位16.60m,隧道埋深20.74m,穿越区断面为上软下硬地层。

根据《海沧大道站—东渡路站区间》详勘阶段岩土工程勘察报告中的岩土设计参数建议取值,建模计算时地层的力学参数取值见表6.3-3。

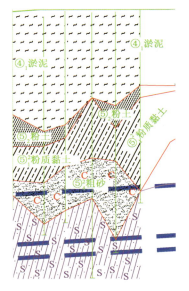 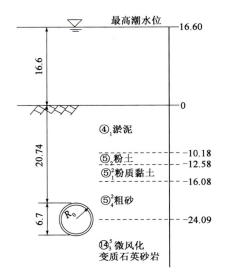

图 6.3-8 计算选取纵断面地质图　　图 6.3-9 计算选取横断面地质图（尺寸单位：m；高程单位：m）

地层地质力学参数　　　　　　　　　　　　　　　　　　　　　　　表 6.3-3

地层	密度（kg/m³）	弹性模量（MPa）	泊松比	黏聚力（MPa）	内摩擦角（°）
④₁ 淤泥	1620	7.68	0.35	10	15
⑤₂ 粉土	1580	12	0.35	8	5
⑤₁² 粉质黏土	1960	30	0.25	10	4
④₂ 粗砂	2100	20	0.4	2	35
⑭₃⁵ 微风化变质石英砂岩	2720	50000	0.15	120	35

②计算模型

根据线路盾构段和矿山段的隧道支护结构体系图，利用 Ansys 软件建立模型并导入有限差分软件中进行计算分析。相应的计算模型如图 6.3-10 所示。

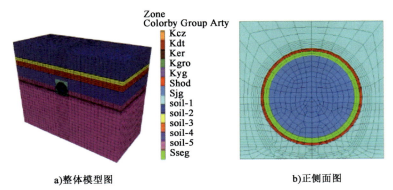

a) 整体模型图　　　　　　　　　　　　b) 正侧面图

图 6.3-10 数值计算模型

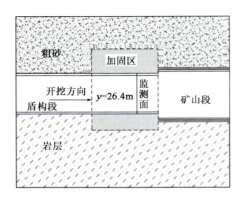

图 6.3-11 监测断面示意图

(3) 计算结果分析

如图 6.3-11 所示,在 $y=26.4\mathrm{m}$ 位置处设定计算的研究断面,分析盾构隧道掘进至研究断面时地层的位移和应力特征。

① 地层竖向位移分析

如图 6.3-12 所示为盾构开挖至设定的监测断面时开挖面处围岩的竖向位移云图。由图 6.3-12 可知,盾构隧道开挖引起掌子面处围岩拱顶发生沉降,拱底发生一定程度的隆起。未加固时,掌子面拱顶位置处的最大沉降值为 6.938mm,而加固后拱顶处的最大沉降值明显减小,工况2、工况3、工况4条件下掌子面拱顶位置处的最大沉降值分别为 3.371mm、3.344mm、3.248mm,即说明施作加固措施明显减小了隧道开挖引起的拱顶沉降值。且工况2、工况3、工况4条件下掌子面拱顶位置处的最大沉降值差别不大,说明当纵向加固长度达到盾构机长度时,加固措施已经发挥了较好的效果,盾构施工引起的拱顶沉降较小。

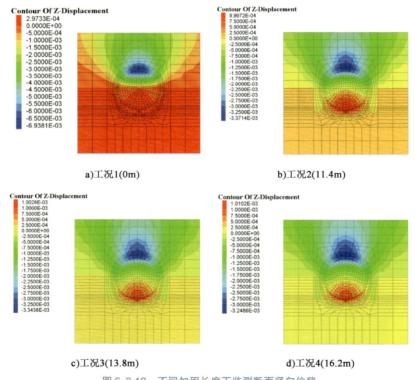

a) 工况1(0m)   b) 工况2(11.4m)

c) 工况3(13.8m)   d) 工况4(16.2m)

图 6.3-12 不同加固长度下监测断面竖向位移

同时,根据数值计算结果,得到盾构隧道开挖至监测断面时 $x=0\mathrm{m}$ 剖面位置处地层的竖向位移,如图 6.3-13 所示。由图可知,未施作加固措施时,在已开挖区域盾构施工使隧道拱顶产生了一定沉降;而施作加固措施后,在加固区域隧道拱顶的沉降值较小,在未加固区域产生的拱顶沉降值较大;且在未加固区域工况1~工况4下的拱顶最大沉降值分别为9.310mm、9.246mm、8.879mm、8.522mm,拱顶最大沉降值虽有一定的差异,但差别不大。因此,为了减小盾构隧道穿越粗砂层施工中风险,保证施工安全,应尽量对粗砂层区域进行加固。

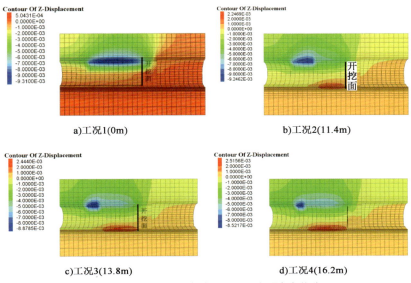

图6.3-13 不同加固长度下 $x=0$m 剖面竖向位移

②开挖面纵向变形分析

针对设定的监测断面,得到盾构开挖至监测断面时开挖面的纵向(y向)变形,如图6.3-14所示,$x=0$m 剖面处地层的纵向变形如图6.3-15所示。

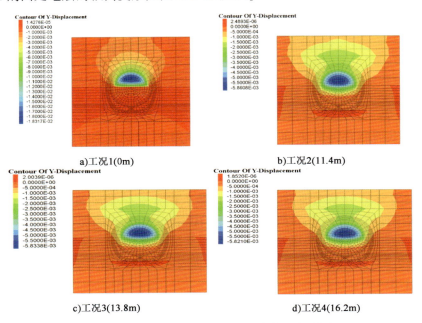

图6.3-14 不同加固长度下监测断面纵向(y向)位移

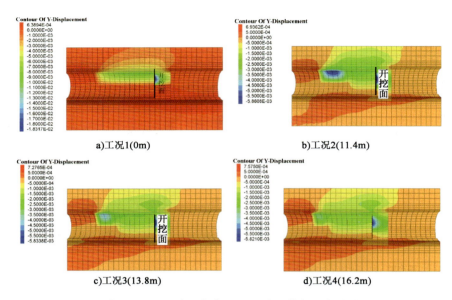

图 6.3-15 不同加固长度下 $x=0$m 剖面纵向（y 向）位移

由图 6.3-14 可知，盾构隧道开挖引起掌子面纵向（y 向）位移最大值发生在开挖面上部，这主要与盾构隧道穿越上部软弱砂层下部微风化岩层的上软下硬地层有关。在未加固情况下，因隧道上部土体为粗砂，隧道下部为全风化岩在破洞门时，粗砂更易向掌子面涌入，因此开挖面的最大纵向（y 向）位移较大，为 18.317mm。在施作加固措施的情况下，开挖面最大纵向位移明显减小，其中工况 2、工况 3、工况 4 中开挖面最大纵向位移分别为 5.861mm、5.834mm、5.821mm，说明加固十分有必要，纵向加固长度增加对约束掌子面 y 向位移有一定的作用。但在工况 2、工况 3、工况 4 不同纵向加固长度的情况下，加固措施效果的差异性不明显。

如图 6.3-15 所示，在未施作加固措施的情况下，开挖面纵向（y 向）位移最大值较大，且在隧道开挖面前方一定范围内土体都有向隧道内发生位移的倾向；而在施作加固措施后，隧道开挖面处的纵向位移明显减小，且开挖面前方的土体位移更小；即说明施作加固措施后明显提高了开挖面的稳定性。

③应力场分析

由于本模型施加的为重力荷载，在加固体应力场中 z 方向（竖直）的应力为主要研究对象。所以本节选取 z 方向为主要研究方向。针对设定的监测断面，根据数值计算结果得到不同加固长度下盾构开挖至监测断面时开挖面位置处加固体的应力云图，如图 6.3-16 所示。

由图 6.3-16 可知，不同纵向加固长度强加固体 σ_z 基本为负值，即为压应力，受拉区较少。压应力最大值出现的位置均在开挖面右拱腰处，因为此位置为加固区，由于材料压缩模量有很大差异，致使应力出现了跳动。而从量值上说，在未施作加固措施的情况下，强加固体 σ_z 方向最大压应力为 2.387MPa；在施作加固措施后，强加固体 σ_z 方向最大压应力分别为 1.813MPa、1.815MPa 和 1.814MPa。

④结果分析

a. 随着纵向加固长度的增加，加固体竖向和纵向（y 向）变形的数值逐渐减少。将未加固和加固后的各个工况进行对比，位移变量相差很大。在 3 个不同加固长度工况中，纵向加固长度为 11.4m 时变形值最大,加固长度由 11.4m 变为 16.2m,变形幅度不大,各个方向位移变化速率都很小,基本稳定。

b. 纵向上在加固和未加固的边界处土体的变形较大,因此对于本工程,为了减小盾构隧道穿越粗砂层施工的风险,保证施工安全,应尽量对粗砂层区域进行加固。

c. 在不同纵向加固长度工况中,位移和应力都发生幅值不等的变化,总体趋势是随着加固长度变长,应力和位移数值上都在减少,其数值都在设计要求范围内。从数值分析角度出发,当纵向加固长度超过盾构机长度时,地层应力场和位移场能够达到较好数值,且能满足强度和变形上的要求。

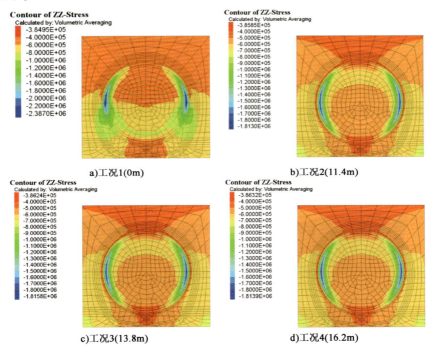

图 6.3-16 不同加固长度下加固体 σ_z 应力云图

2）横向加固范围数值模拟

(1) 计算基本思路

主要针对盾构穿越粗砂软弱地层的纵向加固长度进行分析,选择的计算断面如图 6.3-17 所示,由于上层粗砂层对盾构隧道施工的安全性影响较大,因此本节主要针对上层粗砂层的横向加固范围进行分析。

如图 6.3-17 所示,设砂层加固区距隧道拱顶的距离为 L,水平方向上取加固区距隧道拱腰距离同样为 L,砂层的地层分界线距隧道拱顶的距离为 $H=4.66\mathrm{m}$。现定义横向加固区比例系数 β,表示为加固区距隧道拱顶的距离为 L 与砂层的地层分界线距隧道拱顶的距离的比值。

$$\beta = \frac{L}{H} \qquad (6.3\text{-}15)$$

通过改变加固区比例系数 β,从而改变横向加固区的范围,本次计算的分析工况见表 6.3-3。

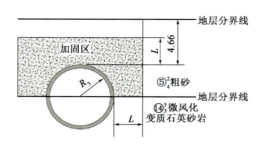

图 6.3-17 横向加固范围示意图(尺寸单位:m)

纵向加固长度计算分析工况　　　　　　　　　　　表 6.3-3

工况	3	4	5	6
加固区比例系数	0.25	0.5	0.75	1
横向加固范围 L(m)	1.25	2.5	3.5	5.0
纵向加固范围(m)	13.2(机长+2环)			

(2)计算模型

根据图 6.3-17 所示的加固区范围示意,并参考上一节的计算模型,得到考虑横向加固范围的分析模型如图 6.3-18 所示。

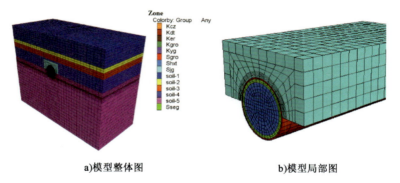

a)模型整体图　　　　　　　　　　　　b)模型局部图

图 6.3-18　计算模型图

(3)计算结果分析

①地层竖向位移分析

同纵向加固范围的分析,针对设定的监测断面($y=26.4m$ 位置处)进行分析。如图 6.3-19 所示为盾构开挖至设定的监测断面时开挖面处围岩的竖向位移云图。由图可知,盾构隧道开挖引起掌子面处围岩拱顶发生沉降,拱底发生一定程度的隆起。未加固时,掌子面拱顶位置处的最大沉降值为 6.938mm,而加固后拱顶处的最大沉降值明显减小,工况 1~工况 4 条件下掌子面拱顶位置处的最大沉降值分别为 4.481mm、4.402mm、4.328mm、4.270mm,即说明施作加固措施明显减小了隧道开挖引起的拱顶沉降值。且工况 1~工况 4 条件下掌子面拱顶位置处的最大沉降值差别不大,即说明在采取相应的加固措施后,盾构施工引起的拱顶沉降较小。

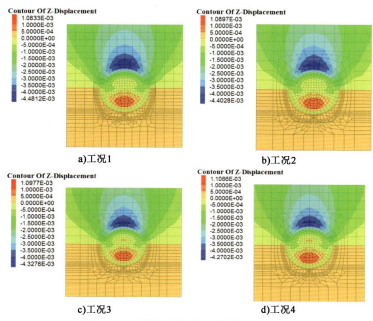

图 6.3-19　不同加固长度下监测断面竖向位移

同时,根据数值计算结果,得到盾构隧道开挖至监测断面时 $x=0$m 剖面位置处地层的竖向位移如所图 6.3-20 所示。结合上一节的计算结果,在未施作加固措施时,在已开挖区域盾构施工在隧道拱顶产生了一定沉降;而在施作加固措施后,在加固区域隧道拱顶的沉降值较小,而在未加固区域产生的拱顶沉降值较大;且在未加固区域工况 1~工况 4 工况下的拱顶最大沉降值分别为 9.545mm、9.398mm、9.339mm、9.291mm,拱顶最大沉降值虽有一定的差异,但差别不大。因此,为了减小盾构隧道穿越粗砂层施工的风险,保证施工安全,应尽量对粗砂层区域进行加固,保证纵向加固区域满足相应的要求。

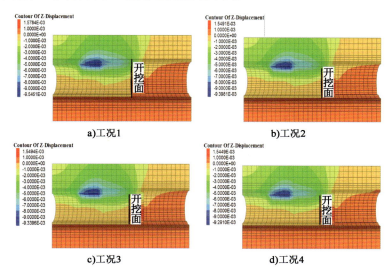

图 6.3-20　不同加固长度下 $x=0$m 剖面竖向位移

②开挖面纵向变形分析

针对设定的监测断面,得到盾构开挖至监测断面时开挖面的纵向(y向)变形如图 6.3-21 示,$x=0$m 剖面处地层的纵向变形如图 6.3-22 所示。

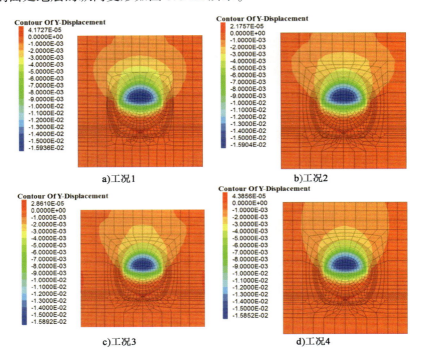

图 6.3-21　不同加固长度下监测断面纵向(y向)位移

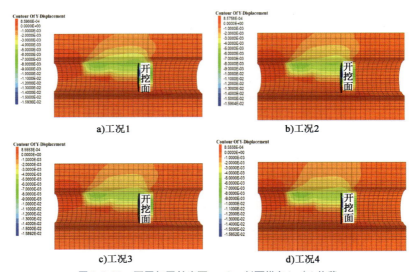

图 6.3-22　不同加固长度下 $x=0$m 剖面纵向(y向)位移

如图 6.3-21 所示,加固体开挖面纵向(y 向)位移为负值表示掌子面向封门侧突出。由图可知,盾构隧道开挖引起掌子面纵向(y 向)位移最大值发生在开挖面上部。在未加固情况下开挖面的最大纵向(y 向)位移较大。在施作加固措施的情况下,开挖面最大纵向位移明显减小,其中工况 1~工况 4 中开挖面最大纵向位移分别为 15.93mm、15.90mm、15.89mm、15.85mm,说明加固十分有必要。但从不同横向加固范围下的开挖面 y 向位移数值来看,四种工况下的位移相差不大,说明横向加固长度增加对约束掌子面 y 向最大位移作用不是很明显。

如图 6.3-22 所示,在施作加固措施的条件下,开挖面位置处发生了一定的纵向位移,且发生在开挖面中心偏上位置处,而在纵向加固范围内地层的纵向位移较小。不同横向加固范围下开挖面附近地层最大纵向变形差异性不大,说明横向加固长度增加对约束掌子面 y 向最大位移作用不是很明显。

③应力场分析

选取 z 方向为主要研究方向,针对设定的监测断面,根据数值计算结果得到不同加固长度下盾构开挖至监测断面时开挖面位置处加固体的应力云图,如图 6.3-23 所示。

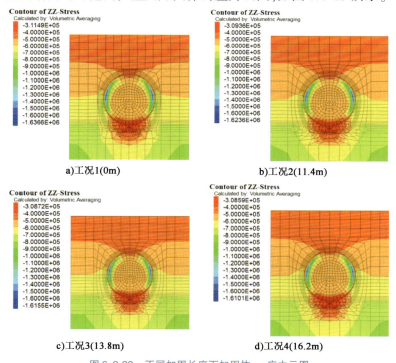

a)工况1(0m)　　　　　　　　b)工况2(11.4m)

c)工况3(13.8m)　　　　　　　d)工况4(16.2m)

图 6.3-23　不同加固长度下加固体 σ_z 应力云图

由图 6.3-23 可知,不同横向加固长度下加固体 σ_z 基本为负值,即为压应力,压应力最大值出现的位置均在开挖面右拱腰处,因为此位置为加固区,由于材料压缩模量有很大差异,致使应力出现了跳动。而从量值上说,不同横向加固长度下加固体 σ_z 方向最大压应力分别为 1.637MPa、1.624MPa、1.616MPa 和 1.610MPa。随着加固体横向加固长度的增加,加固体最大应力值逐渐减小。

同时,根据计算结果,得到不同横向加固长度强加固体应力最小值的计算结果,见表6.3-4。

不同横向加固长度下强加固体极限应力最小值计算结果　　　表6.3-4

工况	σ_x(MPa)	σ_y(MPa)	σ_z(MPa)	τ_{xy}(MPa)	τ_{xz}(MPa)	τ_{yz}(MPa)
1	-1.499	-0.575	-1.637	-0.123	-0.531	-0.123
2	-1.486	-0.577	-1.624	-0.122	-0.526	-0.182
3	-1.479	-0.574	-1.616	-0.121	-0.524	-0.186
4	-1.473	-0.574	-1.610	-0.121	-0.521	-0.118

结合计算结果可知,不同横向加固长度加固体 σ_x 基本为负值,围岩体基本受压,且随着加固长度的增加,压应力最小值和最大值基本不变,只在一定范围内波动;加固体 σ_z 全部受压,随着横向加固长度增加,压应力最小值均在一定范围内微弱波动,变化不明显;三个方向的剪应力 τ_{xy}、τ_{xz}、τ_{yz} 其数值较小,最大剪应力都出现在 τ_{xy}、τ_{xz} 方向,随着横向加固长度的增加,呈增大趋势,在工况4时达到最大值。

④结果分析

加固土体横向加固长度对位移场影响不大,压应力和剪应力在不同横向长度工况下的变化规律基本一样,量值呈增大的趋势,此时数值均在安全范围内,满足强度要求。结合数值模拟和相关工程经验,取横向加固总长度为隧道外径左、右部向外3m。

6.3.2.3 现场加固方案

1)加固方案

根据地质勘察提供的相关资料及设计相关图纸,海域段砂层从海面采用袖阀管进行注浆,陆域段砂层从矿山法段掌子面深孔超前注浆;海域段砂层袖阀管注浆时先周边实施双液浆约束,再进行水泥浆注浆以保证注浆效果。注浆采用袖阀管注浆工艺,周边两排钻孔采用水泥+水玻璃双液浆,其余钻孔采用单液浆(水灰比1:1),孔间距为0.8m×0.8m,梅花形布孔。水深9~15m,覆土20m。加固纵向长度91m,海上注浆加固范围为隧道顶部以上5m到中、微风化岩层以下0.5m;两侧各加固超出结构外边缘5m。注浆按先周边、后中间的方式进行,周边采用水泥水玻璃双液浆,中间采用水泥单液浆,以利于控制注浆量,达到可控注浆。注浆完成后,对注浆区域抽芯检测,比例3%,注浆加固28d无侧限抗压强度不小于1MPa。

海域段加固范围:左线加固42m,右线加固49m,共计91m;陆域段洞内加固:左线加固20m。

2)注浆加固工艺

海上注浆施工流程主要为:平台定位→钻孔→下袖阀管→注套壳料及封口→注浆→注浆效果检测。

(1)平台定位

海上注浆钻机定位采用GPS定位仪,先用GPS进行注浆孔定位,在平台上做好标记,钻机就位后再用GPS进行定位复核。

(2)钻孔

采用跟管钻机进行钻孔施工。钻机就位后,利用垂球结合水平尺检查钻机水平及钻杆垂直度。同时,在钻孔钻进过程中对钻孔垂直度进行检查。钻机就位与设计位置偏差小于5cm,垂直偏差度小于1%;在钻孔过程中要做好记录,必要时做好地质描述,以供注浆作业参考;钻进过程中因岩层破碎造成卡钻时,应停止钻进,注浆扫孔后再进行钻进;钻孔顺序为先外围后内部,从外围进行围、堵、截,内部进行填、压,同一排间隔施工;根据孔顶和设计加固底端高程进行钻孔深度控制,钻到设计深度时结束钻孔。在淤泥、粉质黏土及砂层段钻孔过程中应及时跟进套管,进入中、微风化地层后可不跟进套管。

(3)下袖阀管

成孔后拔出内钻杆,将袖阀管插入孔内,袖阀管末端用锥形堵头封好,防止管内被流砂堵塞。插入袖阀管时应保持袖阀管位于钻孔的中心,以便灌注套壳料时将袖阀管包裹均匀。下袖阀管时将同长度的 $\phi 20mm$ 塑料管一同下入孔内,作为注套壳料的管路。袖阀管下到位后将孔口用保护帽套好。下放袖阀管需伸出海面。

(4)注套壳料及封口

钻一孔注一孔,防止发生坍孔和埋管。将配好的套壳料用 PW-120 泥浆泵压入 $\phi 20mm$ 塑料管内,套壳料会从孔底向外返浆,达到置换孔内泥浆、填满套壳料的目的。待套壳料注入超过注浆范围外 1m,即可停止注入套壳料,将 $\phi 20mm$ 塑料管拔出到套壳料上部后注入水泥-水玻璃双液浆进行封口,平板船注浆施工作业如图6.3-24所示。

图6.3-24 平板船注浆施工作业

(5)注浆

待套壳料及封口达到一定强度后进行注浆。注浆时先周边实施双液浆约束,再进行水泥浆注浆,以保证注浆效果。同排孔采用跳孔注浆的方式进行。

浆体应按照试验确定的配合比,经计量后用搅拌机搅拌均匀。水泥浆必须按比例拌和,并应在注浆过程中不停地缓慢搅拌。浆液内加入适量速凝剂,速凝剂掺量现场调配,浆液采用 UJW150 搅拌机船上搅拌,注浆压力控制在 $1.5 \sim 3MPa$。根据现场实际情况可适当调整注浆参数。

各孔注浆压力达到设计终压并稳定10min,且进浆速度小于开始进浆速度的1/4时,可认为注浆结束。

(6)注浆效果检测

注浆结束后28d需对该加固区域进行取芯,检测加固效果。在已施工好的固结体中钻取岩芯,并将其做成标准试件进行室内物理力学性能试验,检查加固土体的均匀程度。

6.3.3 混凝土套筒接收渗流分析

在海底盾构与矿山段隧道接收的施工过程中,盾构隧道开挖面和盾尾间隙是发生突涌水的关键部位,其中在盾构达到矿山接收段前的施工过程中,由于掌子面泥水压力的影响,掌子面位置处易发生破坏而导致突涌水问题的发生;而在盾构与矿山段接收的施工过程中,当盾构主机刚进入矿山接收室时,由于开挖断面大,盾尾同步注浆间隙大,二次注浆仍位于盾构段,封水效果不易保证,盾构机进入扩大接收端后盾构机与洞室间的间隙是薄弱环节,破除封端墙后存在涌水风险。

针对厦门地铁2号线施工过程中存在的突涌水风险问题,利用数值模拟的方法对不同阶段的突涌水问题进行分析。其中针对盾构达到矿山接收段前存在的开挖面泥水压力因素及盾尾间隙因素引起的突涌水风险,利用数值模拟方法进行分析,如图6.3-25a)所示;针对盾构矿山段接收施工过程中因盾尾间隙因素引起的突涌水风险,利用数值模拟方法进行分析,如图6.3-25b)所示。

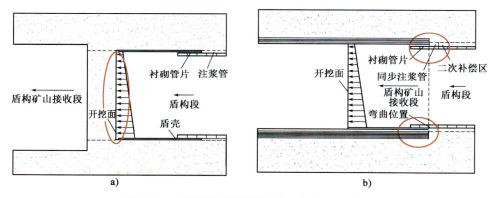

图6.3-25 开挖面和盾尾间隙突涌水风险分析示意图

开挖面位置处的泥水压力是发生突涌水的主要因素,因此针对该状态下的突涌水问题,本小节主要对不同泥水压力作用下开挖面的突涌水风险进行研究。

6.3.3.1 计算模型建立

根据线路纵断面图情况,运用数值模拟方法对海底盾构隧道矿山接收方法中的施工风险进行分析,分为盾构段和盾构矿山接收段,考虑海水潮汐的作用并换算为相应的顶面超载施加。同时,为了分析盾尾间隙等的作用,采用精细化模型进行分析;其中盾构机盾壳长度近似为12m,采用shell单元模拟;考虑盾构盾尾间隙注浆效果的时间效应,在盾尾前3环管片范围内注浆层的强度较低,3环管片范围外的注浆层达到凝结效果。考虑盾构机开挖过程的精细化模型如图6.3-26所示。

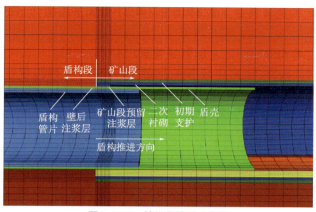

图 6.3-26 精细化模型示意图

计算模型中考虑地下水和海水的作用,利用 FLAC3D 的流固耦合模块进行分析,其中模型中的渗流场边界的设置如图 6.3-27 所示。根据泥水平衡盾构隧道掘进开挖的基本原理,在开挖面位置设置相应的水压力边界 P_1,在管片衬砌外表面处设置水压力边界 $P_2=0\text{MPa}$,在注浆层边界处设置计算水压力边界 $P_3=0\text{MPa}$;计算模型中初始水压力边界的设置为模型侧面和底面为不透水边界,模型顶面根据海水位的高低设置相应的孔隙水压力边界。隧道开挖的力学效应通过赋予开挖部分的单元体以 null 模型来模拟,流场效应则通过赋予开挖边界以 flnull 模型来模拟。

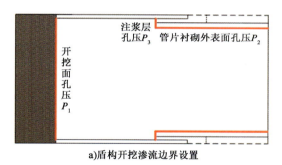
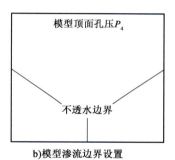

a) 盾构开挖渗流边界设置　　b) 模型渗流边界设置

图 6.3-27 模型渗流场边界示意图

(1) 数值模拟计算过程

设定在盾构到达矿山段和矿山盾构接收段隧道相应的施工过程数值模拟过程如图 6.3-28 所示。

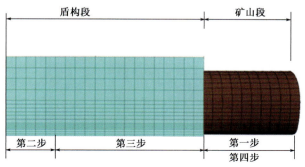

图 6.3-28 数值计算过程示意图

如图 6.3-29 所示,根据实际施工过程,数值分析中分四步模拟隧道的开挖过程,相应的施工模拟步骤如下:

第一步:初始应力场和地层空隙水压力场生成(自重应力场)。

第二步:矿山法接收段施工,矿山段开挖,支护体系、仰拱、盾构导台施作(不考虑矿山段施工过程)。

第三步:矿山接收段施作 M7.5 砂浆。

第四步:盾构段第一步施工,一次性开挖 5 环(6m),并模拟盾构管片、壁厚注浆层的施作。

第五步:盾构砂层加固附近盾构掘进模拟。进行循环开挖掘进,每一步掘进 1 环,并模拟盾构管片、壁厚注浆层的施作。共进行 10 个开步的模拟。

第六步:矿山法接收段盾构施工。一次性模拟矿山段盾构管片、壁后注浆层的施作,完成开挖模拟计算。

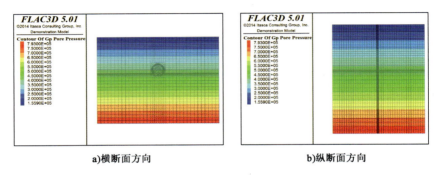

a)横断面方向　　　　　　　　b)纵断面方向

图 6.3-29　地层初始渗流场

(2)地层初始孔压场

本节计算中,参考相关文献设置隧道中心位置处的水压力为 100m 水头压力值(1MPa),以隧道周围地层的渗流场分布为例,对地层渗流场进行数值模拟时的初始状态如图 6.3-29 所示。

如图 6.3-30 所示,在横断面方向(x 轴方向)和纵断面方向(y 轴方向)上,地层的水压力均匀分布,在沿隧道埋深方向(z 轴方向),水压力值随着深度的增加而增大,且变化梯度为水的重度值 10kN/m³。

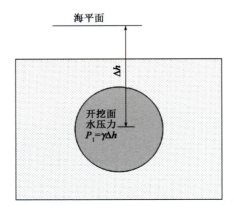

图 6.3-30　模拟中开挖面泥水压力模拟示意图

6.3.3.2 突涌水模拟结果分析

(1) 开挖面突涌水风险分析

①计算工况

针对盾构矿山接收段施工时的开挖面涌水风险问题,在数值模型中主要通过改变作用在开挖面的孔隙水压力来实现对实际施工过程中不同泥膜压力的模拟(图6.3-30)。根据计算结果,模型开挖面中心位置处初始孔隙水压力为0.393MPa。在初始水压的基础上,本节对不同水压力作用下开挖面的涌水情况和开挖面的稳定性进行分析,具体计算工况见表6.3-5。

开挖面突涌水风险分析计算工况 表6.3-5

工况	1	2	3	4	5	6
开挖面水压力(MPa)	0.4	0.35	0.3	0.25	0.2	0.1

②围岩渗流场分布特征分析

在泥水平衡盾构掘进施工过程中,掌子面泥水压力的不同对于盾构施工围岩渗流场的稳定性有一定的差异。根据计算结果,得到掌子面渗流场不同开挖水压力下横纵断面处的地层渗流场分布,如图6.3-31~图6.3-36所示。

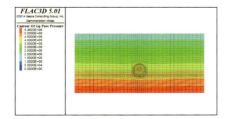
a)横断面水压力图
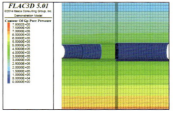
b)纵断面水压力图

图6.3-31 $P_1=0.40$MPa 时开挖面围岩渗流场分布

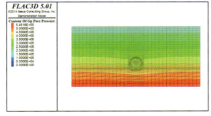
a)横断面水压力图
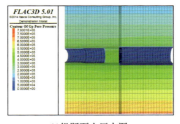
b)纵断面水压力图

图6.3-32 $P_1=0.35$MPa 时开挖面围岩渗流场分布

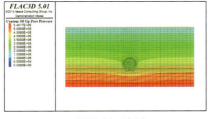
a)横断面水压力图
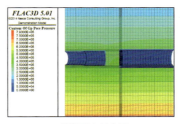
b)纵断面水压力图

图6.3-33 $P_1=0.30$MPa 时开挖面围岩渗流场分布

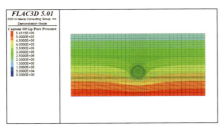
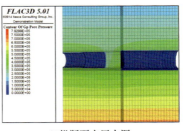

a) 横断面水压力图 b) 纵断面水压力图

图 6.3-34 $P_1=0.25$MPa 时开挖面围岩渗流场分布

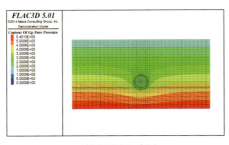
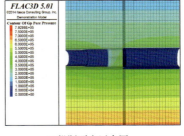

a) 横断面水压力图 b) 纵断面水压力图

图 6.3-35 $P_1=0.20$MPa 时开挖面围岩渗流场分布

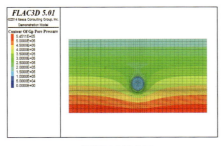

a) 横断面水压力图 b) 纵断面水压力图

图 6.3-36 $P_1=0.10$MPa 时开挖面围岩渗流场分布

如图 6.3-31～图 6.3-36 所示，随着海底盾构隧道开挖面处泥水压力的变化，施工过程中对地层渗流场的影响呈规律性变化。当隧道开挖掌子面处的水压力和地层初始水压场分布相近时，盾构开挖对地层渗流场的分布影响较小，在横断面方向上和纵断面方向上地层渗流场分布和地层初始渗流场分布相近；当隧道开挖掌子面处的水压力小于地层初始水压力，在横断面方向上，由于盾构隧道开挖后临空面的产生，在隧道周围土体中产生了明显的渗流"漏斗"，地下水向隧道洞周汇集；且开挖面处泥水压力越低，地层中的渗流"漏斗"分布越明显。而在横断面方向上，由于隧道掌子面的开挖施工，引起掌子面前方地层内地下水向掌子面渗流，且在一定范围内渗流场的影响较大；且开挖面处泥水压力越低，开挖面前方地层渗流场受影响范围越大，盾构施工中地层水压力下降越明显。

③开挖面涌水量分析

如上分析,当海底盾构隧道施工过程中开挖掌子面泥水压力较小时,开挖面处会由于地下水渗流形成明显的渗流"漏斗",从而引起掌子面的突涌水风险。现根据计算结果,利用FLAC3D 软件中的 FISH 语言提取不同开挖面泥水压力下的涌水量(不平衡流量),见表 6.3-6。

各工况下开挖面涌水量(不平衡流量)　　　　　表 6.3-6

工况	开挖面水压力(MPa)	开挖面涌水量(m^3/d)	工况	开挖面水压力(MPa)	开挖面涌水量(m^3/d)
1	0.4	359.51	4	0.25	-2708.44
2	0.35	-664.25	5	0.2	-3728.89
3	0.3	-1686.76	6	0.1	-5766.58

注:表中开挖面涌水量正负值和 FLAC3D 软件中的设置相关,表示开挖面的不平衡流量,其中正值表示流入,负值表示流出。

如表 6.3-6 所示,如工况 1 当开挖面的泥水压力为 0.4MPa 时,由于设置的开挖面水压力略大于地层的初始水压力,因此开挖面不平衡流量为正值;而当设置的开挖面水压力小于地层的初始水压力时,开挖面处的不平衡流量为负值,即开挖面处发生了不同程度的地下水渗流。当开挖面处泥水压力为 0.3MPa 时,开挖面涌水量已达到 1686.76m^3/d;当开挖面处泥水压力为 0.1MPa 时,开挖面涌水量已达到 5766.58m^3/d,即当开挖面的泥水压力较小时,海底盾构隧道施工极易出现开挖面突涌水的风险问题。

(2)盾尾间隙突涌水风险分析

①分析思路

针对厦门地铁 2 号线海底盾构隧道"盾构 + 矿山"特殊接收施工过程中出现的盾尾间隙突涌水风险问题,现以图 6.3-37 所示的状态进行分析。此时盾构刚进入矿山接收段隧道,盾尾同步注浆系统的注浆层堵水效果较差,而盾尾二次补浆仍然处于盾构段,因此可能由于盾尾注浆的效果不好而形成地下水的通路,使得盾构隧道内部发生地下水及海水渗流的情况。

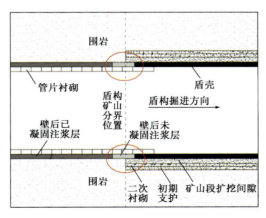

图 6.3-37　盾尾间隙突涌水模拟设置示意图

针对图 6.3-38 所示的状态,现以图中圈出的壁后未凝固注浆层为研究对象,分析在不同注浆效果下围岩的渗流场分布。其中通过改变壁后未凝固注浆层的渗透系数来反映其注浆效果。根据相关工程经验,考虑盾构壁后注浆层达到注浆堵水效果时渗透系数为 1.88×10^{-5},而未到达注浆效果时将其渗透系数进行折减,具体计算过程中采用的壁后同步注浆区域处的渗透系数见表 6.3-7。

不同工况壁后同步注浆区域处的渗透系数　　　　表 6.3-7

工况	1	2
渗透系数(cm/s)	1.88×10^{-3}	1.88×10^{-5}
模拟状态	注浆不充分,堵水效果差	注浆效果良好

②围岩渗流场分布特征分析

针对厦门地铁"盾构+矿山"段盾构接收施工过程中"盾尾同步注浆不充分"和"盾尾同步注浆效果良好"两种施工状态,根据数值计算结果,得到两种状态下地层的渗流场分布,如图 6.3-38 所示。

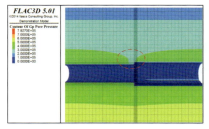 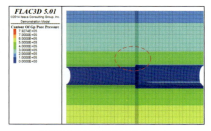

a)盾尾同步注浆不充分状态　　　　b)盾尾同步注浆效果良好状态

图 6.3-38　接收施工不同盾尾注浆效果下地层渗流场分布

如图 6.3-38a)所示,在"盾构+矿山"段接收施工中,当盾尾注浆不充分效果不佳时,盾尾同步注浆区的渗透系数较大,在该区域范围内形成了明显的地层水压力降低现象,存在相应的地下水渗流"漏斗",地下水和海水在此位置发生了一定程度的渗流涌水问题。如图 6.3-38b)所示,当盾尾同步注浆充分效果良好时,盾尾间隙处被同步注浆浆液封堵,难以形成地下水渗流的通路,因此在"盾构+矿山"段盾构机接收中能够保证施工的安全性,避免出现因盾尾同步注浆不充分和矿山段扩挖而带来的"盾构+矿山"盾构接收突涌水风险。

6.3.4　接收方案

在厦门地铁 2 号线海沧大道—东渡路区间中的东渡路站区域,隧道地层为全断面中、微风化石英砂岩,为满足工期要求,在东渡邮轮地块,设置临时竖井一座,作为双线隧道盾构机的接收井。在盾构隧道到达临时竖井位置前,先在一定范围内采用矿山法进行开挖,施作初期支护及二次衬砌,填充仰拱并浇筑盾构施工的导台。利用矿山法区段隧道接收盾构机,待盾构机到达矿山法隧道后空推并拼装管片推进,从而达到洞内盾构机接收的目的。东渡路站区域"盾构+矿山"段施工设计如图 6.3-39 所示。盾构接收过程中主要有以下几个控制难点:

（1）在掘进接近接收区时，盾构机需要降低推力、扭矩等掘进参数，此时盾构管片拼装反力将随之降低，在高水压环境中管片间容易发生渗漏水现象。

（2）在接收过程中，盾构周围充满海水且有一定的水压，当盾构机破除接收端时，海水将直接通过盾构与周围岩土体的间隙进入隧道中，容易引发事故。

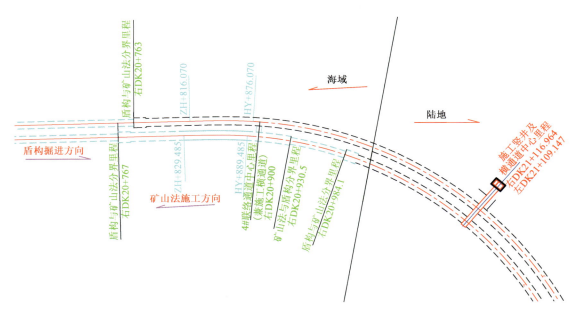

图 6.3-39　东渡路站区域"盾构+矿山"段施工设计

如图 6.3-39 所示，在厦门地铁 2 号线海沧大道—东渡路区间中的东渡路站区域，左线隧道存在 1 处盾构隧道和矿山法隧道接收位置，而右线隧道由于局部穿越软弱砂层而存在 2 处盾构隧道和矿山法隧道接收位置。针对厦门地铁 2 号线东渡路站附近区域"盾构+矿山"隧道接收段的特殊地层性质，对接收技术进行了针对性研究。

6.3.4.1　接收方法

如图 6.3-40 所示，原设计方案中封端墙距洞门的接收距离为 12m，封端墙采用 60cm 厚钢筋混凝土墙，接收腔室内采用沙袋斜坡式回填，回填后剩余区域注水填充。而根据工程施工现场的需要，原设计存在的风险有：

（1）接收腔室较短，盾构机主机长 11.5m，接收腔室长为 12m，且开挖断面大，刀盘顶到封端墙时主机刚进入接收腔 0.5m，盾尾同步注浆间隙大，二次注浆仍位于盾构段，封水效果不易保证，盾构机进入扩大接收端后盾构机与洞室间的间隙是薄弱环节，破除封端墙后存在涌水风险。

（2）回填的沙袋刀盘切削后散漏的沙子容易被环流带走，从而导致盾构机下沉，破损的编织袋容易堵塞泥浆环流系统。

（3）原设计接收腔室内回填沙袋和水，提供给盾构机的反力不够，可能使管片无法压紧，从而导致管片渗漏。

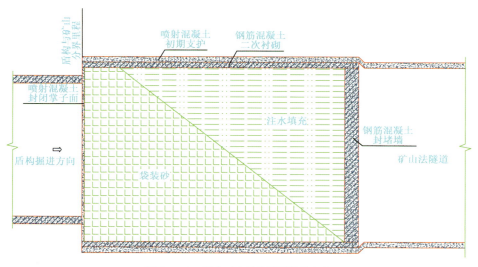

图 6.3-40 盾构矿山接收段原设计方案

针对原有设计方案中存在的问题和不足之处,现结合实际情况对设计方案进行优化,具体如图 6.3-41 所示。现设计方案将盾构矿山段接收腔室扩大至 18m,同时采用砂浆回填开挖的矿山接收段。

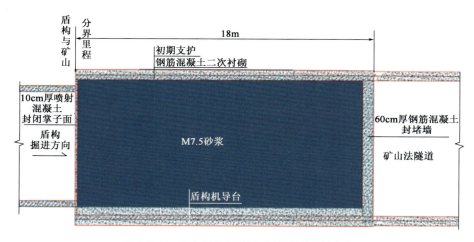

图 6.3-41 优化后的"混凝土套筒"接收设计方案

如图 6.3-41 所示,将接收腔室扩大,待小里程盾构机接收段盾构机导台施工完成 20m 后,施作封堵墙,封堵墙距离洞门掌子面距离调整为 18m,从而增加盾构接收距离确保盾尾封水效果。封堵墙共分 3 层施工,第一层高度 3485mm,第二层 2000mm,第三层 2000mm。在封堵墙拱顶处及两侧起拱线部位预留 3 个泵送孔洞,沿隧道中线在拱顶环向间距 2m 预留 3 个注浆管。同时,在封堵墙每一层施工完成后,在封堵墙至掌子面 18m 范围内,泵送 M7.5 级砂浆至填平,然后施工下一层封堵墙,砂浆依次施工至填满封堵墙至掌子面 18m 范围。最后通过 3 个预留注浆孔进行压注水泥浆(水灰比 1:1)回填密实。盾构机

(12m)进入回填区域完成2环管片(3m)拼装后,前方仍存在3m的安全距离,可防止接收段的贯穿,以保证盾构机在密闭条件下顺利接收。优化后的盾构矿山接收段设计方案优点如下:

(1)接收腔室长度加长,使盾构机主机与二次注浆区域全部进入混凝土套筒接收腔室,同步注浆空隙减小,有利于盾尾堵水效果,降低涌水风险。

(2)相较于原设计方案中的堆载袋装砂,利用回填砂浆后盾构接收时易切削,渣样均匀,循环流畅,不易堵管。

(3)回填砂浆整体性好,能够提供盾构机足够的反力,确保管片拼装紧密,减少渗漏风险。

6.3.4.2 接收数值模拟

针对厦门地铁2号线海沧大道站—海东站区间所采用的"盾构+矿山"海底盾构隧道施工接收工法,本小节根据该工法的工程特点,利用数值模拟方法对施工中的力学行为进行模拟分析。

1)模型建立

根据区间隧道线路纵断面图,现以右线隧道盾构与矿山分界里程(DK20+980)处的断面作为计算断面,该断面处地层情况如图6.3-42所示,地层从上到下依次为④₁淤泥、⑤₁² 粉质黏土、⑭₃⁴中等风化变质石英砂岩、⑭₃⁵微风化变质石英砂岩;其中隧道全断面穿越中等风化变质石英砂岩和微风化变质石英砂岩,穿越区域地层岩性较好;且计算断面处在监测期内最高潮水位15.59m,隧道埋深20.35m,水位线较高。

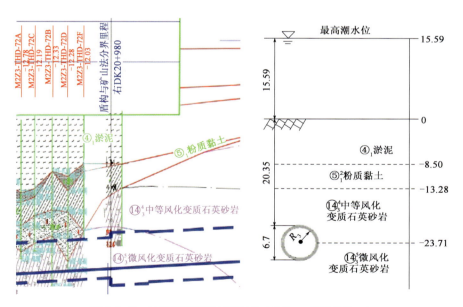

图6.3-42 计算选取断面地质图(尺寸单位:m;高程单位:m)

根据(海沧大道站—东渡路站)区间详勘阶段岩土工程勘察报告中的岩土设计参数建议取值,建模计算时地层的力学参数取值见表6.3-8。

地层地质力学参数 表6.3-8

地层	密度（kg/m³）	弹性模量（MPa）	泊松比	黏聚力（MPa）	内摩擦角（°）
④₁ 淤泥	1620	7.68	0.35	10	15
⑤₂ 粉土	1580	12	0.	8	5
⑤₁² 粉质黏土	1960	30	0.25	10	4
⑭₃⁴ 中等风化变质石英砂岩	2630	18000	0.15	50	30
⑭₃⁵ 微风化变质石英砂岩	2720	50000	0.15	120	35

2）计算模型

根据线路盾构段和矿山段的隧道支护结构体系图，利用Ansys软件建立模型并导入FLAC3D有限差分软件中进行计算分析。为尽量减少计算时的"边界效应"，结合矿山法隧道的开挖洞径，模型总体尺寸设定为80m（x轴）×48m（y轴）×55.36m（z轴）；管片内径6.0m，外径6.7m，厚度0.35m，管片幅宽1.2m。地层采用Mohr-Coulomb本构模型，可以有效模拟地层进入塑性阶段的力学行为。考虑海水潮汐的作用并换算为相应的顶面超载施加。计算中所涉及的相关地层计算参数见表6.3-9。

盾构管片衬砌计算参数 表6.3-9

地层	厚度（m）	密度（kg/m³）	弹性模量（MPa）	泊松比 ν
矿山段初期支护	0.25	2200	23000	0.25
矿山段二次衬砌	0.25	2500	32250	0.2
矿山段仰拱及导台	—	22	23000	0.25
盾构管片衬砌	0.35	2500	34500	0.2
盾构壁厚注浆层	0.2	2000	200	0.2

3）数值模拟与结果分析

根据项目的施工方案，施工步骤模拟如下：

第一步：初始应力场生成（自重应力场）。

第二步：考虑模型边界效应，盾构矿山段封堵墙一步开挖6m，并施作初期支护和二次衬砌。

第三步：在盾构矿山段中的接收段根据矿山法的施工顺序分步开挖（18m），其中开挖进尺为1.2m，每一开挖步模拟隧道的全断面开挖（应力释放10%），初期支护施作（应力释放70%），二次衬砌施作。

第四步：盾构与矿山交接位置处喷射混凝土封堵墙。

第五步：一次性施作盾构矿山段的仰拱和导台。

第六步：施作M7.5砂浆填充，并施作钢筋混凝土封堵墙。

第七步：模拟盾构段隧道的开挖掘进；首先考虑边界效应一次性开挖6m（5环），然后再分步开挖盾构隧道，每一步的模拟开挖进尺为1.2m，开挖步内模拟管片的拼装和盾构管片壁后间隙的注浆。

第八步:盾构矿山段的接收模拟。首先破除初喷混凝土封堵墙,然后盾构隧道进入矿山段掘进模拟,每一步开挖进尺仍然为1.2m。

第九步:破除钢筋混凝土封堵墙,并进行非接收段盾构隧道的开挖模拟。

数值模型计算过程如图6.3-43所示。

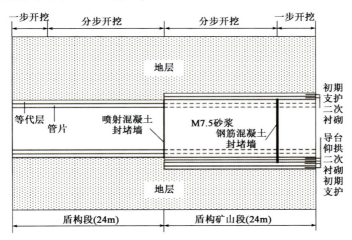

图6.3-43 数值模型计算过程示意图

(1)位移结果分析

盾构矿山接收段盾构隧道管片衬砌的位移变形分布规律和盾构段隧道管片衬砌的位移分布规律不同,在盾构矿山接收段,管片衬砌拱底位置发生了一定的沉降。为清楚地表示盾构段和盾构矿山段管片衬砌位移分布规律的差异性,现以盾构隧道管片衬砌的拱顶位置、拱底位置和拱腰位置为参考点,得到沿模型纵向不同断面管片衬砌的位移分布曲线,如图6.3-44 ~ 图6.3-46所示。

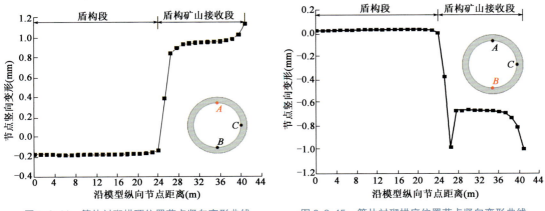

图6.3-44 管片衬砌拱顶位置节点竖向变形曲线　　图6.3-45 管片衬砌拱底位置节点竖向变形曲线

可以明显看出,盾构段和盾构矿山接收段隧道管片衬砌的位移变形有较大差异,拱顶、拱底和拱腰位置节点变形说明盾构矿山接收段的隧道管片衬砌位移变形明显大于盾构段隧道管片衬砌的位移变形。

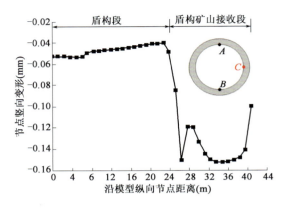

图 6.3-46　管片衬砌腰顶位置节点水平变形曲线

因为接收段已经有初期支护和二次衬砌等矿山法隧道的支护体系承担围岩压力,盾构矿山接收段管片衬砌的位移分布规律和正常盾构隧道开挖支护时管片衬砌的位移分布规律不同,且在盾构矿山接收段管片衬砌壁后存在较大的空隙,所以盾构接收段隧道管片衬砌的位移变形要大。盾构段和盾构矿山接收段隧道施工时管片衬砌位移变形的差异性,使得进行盾构矿山接收施工时,盾构管片容易出现错台等施工问题,进而引起管片接缝发生渗漏水等现象,因此应做好相应的保障工作。

(2) 管片衬砌内力分析

同上一节对管片衬砌位移的分析,本节以相同的思路对盾构段和盾构矿山接收段隧道管片衬砌的应力分布状态进行对比,得到相应管片衬砌的应力云图,如图 6.3-47～图 6.3-49 所示。

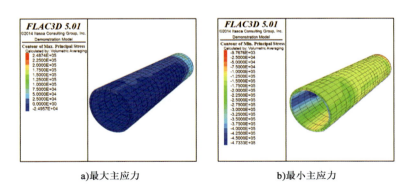

a) 最大主应力　　　　　　b) 最小主应力

图 6.3-47　盾构段隧道开挖完成后管片衬砌应力云图

从图 6.3-47～图 6.3-49 可知,在上述两个状态下盾构段隧道管片衬砌的应力分布状态相同,其中管片衬砌的最小主应力发生在拱腰位置处,最大主应力发生在拱顶位置处,即衬砌拱顶位置产生拉应力。比较各状态下最大最小主应力,可知最大主应力和最小主应力位置均靠近开挖掌子面。盾构段管片衬砌的应力分布和盾构矿山接收段管片衬砌的应力分布规律有较大差异,这也和两个区段管片衬砌的位移分布规律相一致,位移分布规律的差异性反映了应力分布规律的差异性。

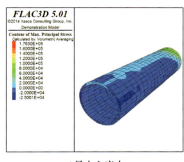
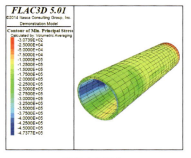

a) 最大主应力　　　　　　　　　b) 最小主应力

图 6.3-48　盾构矿山接收段隧道施工完成后盾构段管片衬砌应力云图

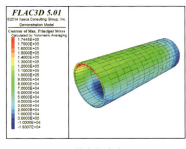
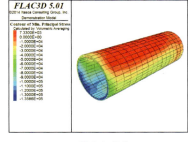

a) 最大主应力　　　　　　　　　b) 最小主应力

图 6.3-49　盾构矿山接收段隧道施工完成后接收段管片衬砌应力云图

6.3.4.3　接收施工流程

针对厦门地铁 2 号线海沧大道—东渡路区间双线盾构隧道东渡路站附近穿越全断面中、微风化石英砂岩的工程情况，为减小项目实施工期，降低盾构开挖的施工风险，部分施工段采用"盾构 + 矿山"法施工。为了确保工程项目在"盾构 + 矿山"施工段的工程安全，形成了一整套的海底盾构隧道矿山段接收施工技术。相应的施工工艺流程如图 6.3-50 所示。

图 6.3-50　海底盾构隧道矿山段接收施工工艺流程图

1)到达段准备工作

矿山接收段施工:矿山段在盾构到达前完成隧道开挖、初期支护及二次衬砌支护、仰拱填充、盾构机导台施工,并施作掌子面喷射混凝土封闭掌子面、接收封堵结构及竖井横通道正线连接封堵。

2)到达段掘进施工

盾构到达矿山段前50m为到达段掘进,盾构机进入到达段后,要严格按照以下要求进行控制:

(1)在盾构机到达前50m、前10m均需对隧道内所有测量控制点进行一次整体、系统的控制测量(复测和联测),对所有控制点的坐标进行精密、准确的平差计算,并对激光经纬仪复检和盾构机机头位置进行人工测量。盾构贯通前30m和10m需对TCA托架三维坐标进行人工复测。盾构贯通时必须以实测中心为贯通中心点,刀盘中心位置以人工测量和自动测量的平均值为准。

(2)在盾构机机头进入距矿山段15m范围后,首先减小推力、降低推进速度和刀盘转速。且盾构机推进速度小于15mm/min。

3)矿山段盾构接收掘进

为确保海底盾构接收安全,盾构接收采用混凝土套筒接收。在距盾构与矿山分解里程18m位置设置一道封堵墙,墙体厚度600mm,钢筋混凝土结构。封堵墙主筋采用HRB400ϕ22mm@100mm×100mm布置,箍筋采用HPB300ϕ8mm@200mm×200mm布置,双层钢筋网。在浇筑封堵墙位置二次衬砌结构式时,预留封堵墙后浇带,封堵墙"嵌固"在二次衬砌凹槽内,封堵墙钢筋与二次衬砌钢筋焊接,设置双层钢筋网,确保封堵墙足以承受盾构机的推力。封堵墙分三次浇筑完成,封堵墙每一层施工完成后,在封堵墙至掌子面18m范围内,泵送M7.5级砂浆至填平;然后施工下一层封堵墙,砂浆依次填满封堵墙至掌子面18m范围。最后通过3个预留注浆孔进行压注水泥浆(水灰比1:1),回填密实。保证盾构机(12m)进入回填区域完成2环管片(3m)拼装后,前方仍存在3m的安全距离,以防止接收段的贯穿,保证盾构机在密闭条件下的顺利接收。

在抵达封堵墙的最后三环,须进一步减小推力、降低推进速度,掘进速度控制在5~10mm/min。盾构机在接收段掘进过程中,气泡仓压力应逐步降低至0.4~0.5bar,避免由于压力过大对封堵结构造成影响。二次注浆完成后,将气泡仓压力调整为零,排出气泡仓及开挖仓内泥浆。工作人员通过人舱进入掌子面,观察地下水有无进入仓内,确认二次注浆效果后,人工破除封堵墙。

6.3.4.4 安全控制措施

厦门地铁2号线海沧大道站—东渡路站区间双线盾构隧道采用泥水平衡盾构机进行施工。泥水盾构机在掘进施工过程中,由于刀盘的掘进在开挖面处形成临空面,地下水向开挖面处汇集,而掌子面位置处的泥水泥膜压力起到稳定掌子面的作用;同时,盾构机的超挖作用使得盾壳壁后出现空隙,地下水向空隙位置处汇集。因此,在泥水平衡盾构机施工过程中,掌子面位置处和盾尾间隙位置处将是施工过程中发生突涌水问题的薄弱环节。

针对厦门地铁2号线东渡路站附近盾构矿山接收段的特殊施工特点,根据施工过程中不同阶段的特点,分析矿山段盾构接收施工出现突涌水问题的原因,并采取的相应控制措施。

1) 不同阶段盾构机突涌水关键点分析

(1) 盾构达到接收段时施工突涌水风险分析

如图 6.3-51 所示为盾构到达矿山接收段时的施工状态示意图。当盾构到达盾构矿山隧道交接位置处时,初喷混凝土的封堵墙已经被破除,而盾构机刀盘前方矿山隧道接收室的填充物情况会影响堵水效果,同时盾尾壁后间隙注浆填充的效果仍然是盾构隧道施工发生突涌水的关键。

在盾构到达矿山接收段位置时,突涌水的薄弱环节位于如图 6.3-52 中红色所示区域;其中掌子面位置处由于盾构机刀盘开挖形成了一定的间隙,且初喷混凝土被拆除,因此在开挖面位置的间隙很容易形成地下水和海水渗流涌入的通道;同时盾尾壁后的间隙也会形成地下水流动的通道,壁后间隙形成突涌水通路道原因和上一阶段相同。

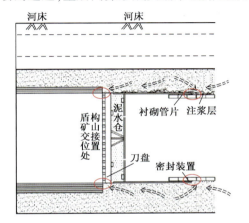
图 6.3-51 盾构到达接收段时施工状态示意图

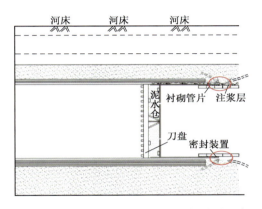
图 6.3-52 盾构完全进入矿山接收段前施工状态示意图

(2) 盾构完全进入矿山接收段前施工突涌水风险分析

如图 6.3-52 所示为完全进入矿山接收段前的施工状态示意图,当盾构在水下矿山隧道接收室中推进施工,在盾构未完全进入矿山接收段时,矿山隧道和盾构隧道之间的间隙将是盾构隧道掌子面位置处与地层地下水形成的主要水流通道;同时,盾构盾尾壁后间隙位置也是盾构隧道内发生突涌的薄弱关键部位。

在盾构完全进入矿山接收段前,突涌水的薄弱环节位于如图 6.3-53 中红色所示区域;在盾构隧道施工过程中,盾构机刀盘的超挖会在管片壁后形成一定的间隙,在施工过程中,会通过同步注浆和壁后二次补浆等措施来封堵壁后间隙水流的通路。而当盾构机盾壳脱环时,如果壁后注浆措施不及时、不到位,壁后间隙位置处容易形成地下水及海水与隧道洞室联通的通道,从而导致盾构隧道施工时发生突涌水。

(3) 盾构完全进入矿山接收段后施工突涌水风险分析

如图 6.3-53 所示为完全进入矿山接收段后的施工状态示意图,当盾构在水下矿山隧道接收室中推进施工且盾构隧道完全进入矿山接收段后,盾构隧道管片壁后的注浆层是盾构隧道内发生突涌的薄弱部位。

在盾构完全进入矿山接收段前,突涌水的薄弱环节位于如图 6.3-53 中红色所示区域;在该阶段盾构机盾壳已完全进入接收室内,地下水和海水只能通过盾构管片衬砌背后的间隙进入盾构隧道内,而此时盾尾间隙除了进行同步注浆外,也已进行了二次补浆,因此盾尾间隙的注浆质量是影响的该阶段盾构隧道施工突涌水的主要因素,在该阶段通过加强补浆提高注浆质量可以避免盾构隧道施工发生突涌水问题。

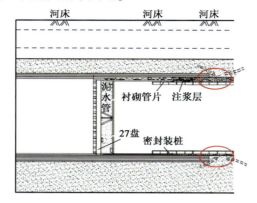

图 6.3-53　盾构完全进入矿山接收段后施工状态示意图

2) 盾构开挖面防突涌控制措施

(1) 合理设定泥水压力

①开挖面泥水压力作用

通常我们所讨论的盾构开挖面是指盾构刀盘正前方与土体接触的平面,即盾构刀盘正前方的开挖面,由面板式刀盘本体与泥水仓内的加压泥水支护。当泥水盾构开挖面泥水压力过低时,开挖面前方土体由于应力释放可能产生失稳甚至塌陷,进而影响地面建筑物安全;当泥水盾构开挖面泥水压力过大时,开挖面前方土体可能隆起,也可能产生泥水作用力突然消失引起开挖面失稳的情况。泥水盾构的理论泥水压力一般取为地下水压 + 差压(土压 + 预压)。其中,地下水压力即掘削面地层中的孔隙水压力,对黏土层而言,通常是把地下水压力计在土压力中;预压要考虑地下水和土压的设定误差及送、排泥设备中的泥、水压力变动等因素,根据经验确定的压力,通常取 0.02~0.03MPa;土压力是指掘削面上水平向的作用土压力。

泥水压力抵御了因盾构掘进产生的临空面,进而在开挖面产生土压力和水压力,在施工过程中泥水浓度的选取也正基于此。对于海底盾构隧道,如果在盾构掘进中采用的泥水压力过大,也会使正面受到过大压力而导致破坏,出现泥浆外流、窜浆、地表隆起等现象,进而发生开挖面涌水等一系列问题。

②开挖面泥水压力的合理设定

泥水平衡盾构泥水压力的提高将有利于泥膜的形成,但泥水压力也不应过高或过低,泥膜前后的任何压力差的绝对值的增大都对开挖不利,要保持这层泥膜始终存在,就必须保持泥水压力与盾构前的水土压力平衡。泥水压力即切口水压作用原理如图 6.3-54 所示。

盾构隧道施工中,盾构开挖面推进时必然会对前方土体造成扰动,扰动程度与盾构开挖面支护压力有很大关系,因此,合理确定开挖面支护压力是盾构掘进施工中的一项关键技术。开挖面支护压力应保证不至于过小而产生开挖面坍塌,又不能过大而造成地表隆起破坏。对于泥水盾构,通常泥水压力可按下式计算:

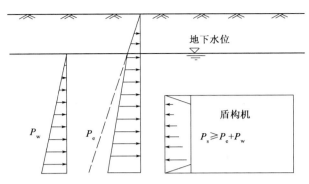

图 6.3-54　泥水盾构泥水作用机理
P_e-土压力(MPa)

$$P = P_w + P_s + \Delta P \tag{6.3-16}$$

式中：P_w——地下水压力(MPa)；
　　　P_s——泥水压力(MPa)；
　　　ΔP——附加压力(MPa)，根据实际情况取 0~0.2MPa。

土压是指掘削面上水平向的作用土压力，土压力的计算理论可采用古典的朗肯土压力理论，水平压力计算中使用的土压系数采用主动土压系数或者静止土压系数。当采用主动土压力计算时，公式如下：

$$P_a = \gamma \cdot H \cdot \tan^2\left(45° - \frac{\varphi}{2}\right) - 2c \cdot \tan\left(45° - \frac{\varphi}{2}\right) \tag{6.3-17}$$

式中：P_a——主动土压力(kPa)；
　　　γ——掘削地层的土体重度(kN/m³)；
　　　H——掘削面上顶到地表覆盖土层的厚度(m)；
　　　c——土体黏聚力(kPa)；
　　　φ——土体内摩擦角(°)。

地层为砂性土时：

$$P_a = \gamma \cdot H \cdot \tan^2\left(45° - \frac{\varphi}{2}\right) = \gamma \cdot H \cdot K_a \tag{6.3-18}$$

当土压采用静止土压力时：

$$P_s = \gamma \cdot H \cdot K_0 = \gamma \cdot H \cdot (1 - \sin\varphi') \tag{6.3-19}$$

式中：K_0——静止土压力系数；
　　　φ'——土体有效内摩擦角(°)；
　　　其余参数含义同上。

水压计算：

$$P_2 = \gamma_w \cdot H \tag{6.3-20}$$

式中：γ_w——水的重度(kN/m³)；
　　　H——掘削面到地表覆盖土层的厚度(m)。

根据工程经验，预压力一般为 20~30kPa，这是考虑地下水压力和土压力的设定误差及设备中的泥水压力变动等因素而设定的。表6.3-10为不同地层泥水压力基准(参考值)。

不同地层的泥水压力基准(参考值)　　表6.3-10

地层土质	泥水压力基准(参考值)	预压力(kN/m^2)
冲击层软黏土	上限值 = 劈裂压力 + 水压力 + 预压力 下限值 = 静止土压力 + 水压力 + 预压力	20～30
松砂土～砂砾(冲积层)	上限值 = 静止土压力 + 水压力 + 预压力 下限值 = 主动土压力 + 水压力 + 预压力	20～30
中等～团结黏性土(洪积层)	上限值 = 静止土压力 + 水压力 + 预压力 下限值 = 主动土压力 + 水压力 + 预压力	20～30
中等～密实砂质土(洪积层)	上限值 = 静止土压力 + 水压力 + 预压力 下限值 = 主动土压力 + 水压力 + 预压力	20～30

(2)控制泥膜质量

①泥膜质量的影响因素分析

在隧道的掘进过程中,维持开挖面的稳定是很关键的环节。在开挖面平衡体系中,刀盘正面的土体主要依靠加压的泥水(流体压力)对其发挥平衡作用,以保持开挖面颗粒稳定。在开挖面上任一点的受力方式总是泥水压力大于地下水压力,从而在开挖面附近土体中形成一个向开挖面外围渗透的水力梯度,这是泥水平衡盾构保持开挖面稳定的基本条件。为了能够有效地在刀盘开挖面上施加泥水压力,要求在泥水压力和地下水压力差的作用下,悬浮在泥水中的膨润土颗粒在开挖面上很快形成一层不透水的泥膜,防止泥水在压力差作用下的渗透损失,同时也阻止刀盘正面的土体颗粒向盾构仓内流动。因此,刀盘开挖面上泥膜的有效形成对提高开挖面的稳定性可以起到至关重要的作用,这对于自稳能力差、均匀系数小的无黏性砂土的稳定尤为重要。

②与地层相适应的泥膜特性分析

泥水平衡盾构开挖面的稳定是依靠密封仓的压力泥浆来实现的。当泥水渗入土壤时,土壤表面形成渗透性非常小的一层泥膜,泥水压力通过泥膜有效地作用于开挖面,从而可防止开挖面的变形和坍塌,确保开挖面的稳定。

砂卵石地层主要有以下特点:

a. 渣土具有不均匀性,卵石含量高;

b. 透水性强,渗透系数大,流动性差;

c. 强度及摩擦系数大,对刀具的磨损大;

d. 黏聚力小或几乎没有黏聚力、结构松散、不连续。

在泥水平衡盾构施工过程中,泥膜的特性及质量对开挖面的稳定起着至关重要的作用。因此,在砂卵石地层应选择与该地层特点相适应的泥浆以达到保证开挖面稳定的效果。泥水的特性主要包括相对密度、黏度、滤失量和物理及化学稳定性等。

化学稳定性是指泥水中混入带正电的杂质(含Ca^{2+}、Na^+、Mg^{2+})时,泥水成膜功能减退的化学劣化现象。原因是黏土颗粒带负离子,当遇Ca^{2+}等正离子时黏土颗粒就从悬散状态变为凝聚状态,故泥水的黏性增加,泥水中浮游散悬的黏土颗粒数量锐减,导致泥膜生成困难。试验证明泥水在未遭受正离子污染时的pH值的范围为7～10,呈弱碱性;泥水遭受正离子杂质污染后的pH值远超过10。故可以通过测定pH值来判定正离子造成的劣化程度,从而鉴别泥水的化学稳定性。

通过上述分析,相对密度以及黏度是泥浆的两个最重要指标。从稳定掘削面来说,泥水的相对密度越大,细颗粒含量越多,对于地层的充填效果越好,泥膜的致密性也越好,泥水压力可有效作用于掘削面,保持其稳定;另一方面,相对密度越大则泥浆所能提供的浮力越大,有更多的粗颗粒可以以悬浮的方式输送至地面,减小对管道的磨损。而泥浆的黏度越大,逸泥的可能性越小,也可以保证较多的细颗粒能分散在泥浆中,有利于掘削面的稳定;另一方面,黏度越大,粗颗粒在排泥管中的沉降速度越小,有利于粗颗粒的输送。根据在砂砾石地层中掘进的泥水盾构实例可知,所采用泥水的相对密度以及黏度较大有利于稳定开挖面。

(3)选择合适的推进速度

根据已有的工程经验,泥水盾构在过江的正常掘进条件下,掘进速度应设定为 20~30mm/min;通过卵石、砾砂、圆砾地层时,掘进速度应控制在 10~20mm/min。一般情况下,推力随着泥水压力的大小和推进速度的快慢而变化,盾构掘进施工中总推力按最大不宜超过设计总推力的 70% 进行控制。盾构掘进速度设定及控制应注意以下问题:

①在每环掘进开始时,应逐步提高掘进速度,防止启动速度过大而冲击扰动地层。

②在每环正常掘进过程中,掘进速度值应尽量保持恒定,减少波动。在调整掘进速度时,应逐步调整,避免速度突变对地层造成冲击扰动和造成切口水压摆动过大。

③推进速度的快慢必须满足每环掘进注浆量的要求。

3)开挖面防突涌控制措施综述

为了确保泥水盾构开挖面的稳定,拟采用选择合适的推进速度、选择合适的泥水压力、加强泥水质量控制等措施。

(1)管片壁后间隙防突涌控制措施

在厦门地铁 2 号线盾构矿山接收段的施工过程中,盾构隧道管片壁后间隙一直是施工过程中防突涌的薄弱部位。如图 6.3-55 所示为泥水盾构施工中管片壁后间隙示意图,此处为盾尾与同步注浆充填区域之间的部分,通常是盾构隧道内部与地下水形成流动的重要通路。

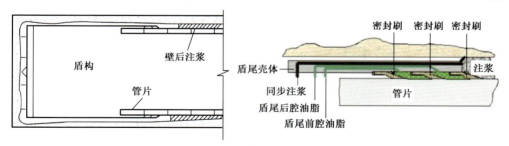

图 6.3-55 泥水管片壁后间隙示意

在施工过程中,泥水盾构盾尾脱出管片后,在此处形成环形建筑空隙,如果不能及时注浆填充,在水压力差的作用下地下水会顺着此位置向盾构隧道内流动,造成隧道内涌水。而在一定注浆的作用下,此部位同步注浆的浆液随着推进距离的增加逐渐硬化,而浆液外围土体也随着超孔隙水压力的消散而产生固结,从而阻止了突涌水问题的发生。

(2)同步注浆施工质量控制

①注浆的目的

管片衬砌背后注浆是盾构施工中十分重要的工序,其目的主要有以下三个方面:

a. 及时填充盾尾建筑空隙,支撑管片周围岩体,有效地控制地表沉降。

b. 凝结的浆液将作为盾构施工隧道的第一道防水屏障,增强隧道的防水能力。

c. 为管片提供早期的稳定并使管片与周围岩体一体化,有利于盾构掘进方向的控制,并能确保盾构隧道的最终稳定。

②浆液主要性能指标

胶凝时间一般为 3~10h,根据地层条件和掘进速度,通过现场试验加入促凝剂及变更配合比来调整胶凝时间。对于强透水地层和需要注浆提供较高早期强度的地段,可通过现场试验调整配合比和加入早强剂,进一步缩短胶凝时间,获得早期强度,从而保证良好的注浆效果。根据以往的工程经验确定的浆液性能指标为:1d 固结体强度不小于 0.2MPa,28d 固结体强度不小于 2.5MPa;浆液结石率大于 95%,即固结收缩率小于 5%;浆液稠度为 8~12cm;倾析率(静置沉淀后上浮水体积与总体积之比)小于 5%。

③注浆模式

注浆可根据需要采用自动控制或手动控制方式,自动控制方式即预先设定注浆压力,由控制程序自动调整注浆速度,当注浆压力达到设定值时,自行停止注浆。手动控制方式则由人工根据掘进情况随时调整注浆流量,以防注浆速度过快,而影响注浆效果。一般不从预留注浆孔注浆,以降低从管片渗漏水的可能性。

④注浆质量保证措施

a. 在施工开始前,应制定详细的注浆作业指导书,并进行详细的浆材配合比试验,选定合适的注浆材料、添加剂及浆液配合比,保证所选浆液配合比、强度、耐久性等物理力学指标满足工程的设计要求。

b. 制定详细的注浆施工工艺流程及注浆质量控制程序,严格按要求实施注浆、检查、记录、分析,及时做出 P(注浆压力)-Q(注浆量)-t(时间)曲线,分析注浆速度与掘进速度的关系,评价注浆效果,反馈信息指导下次注浆。

c. 注浆作业由专人进行,上岗前应进行交底培训,施工过程应由富有经验的土木工程师负责注浆技术指导工作。施工人员应如实填写盾构机推进过程同步注浆记录表,为浆液参数调整提供数据支持。

d. 根据洞内管片衬砌变形和地面及周围建筑物变形监测结果,及时进行信息反馈,修正注浆参数,发现情况及时解决。

e. 做好注浆设备的维修保养,定时对注浆管路及设备进行清洗,保证注浆作业顺利连续不中断进行。

f. 注浆时,要观测盾尾密封效果,不能使浆液在盾构机与管片之间渗漏出来。若出现该问题,应加大盾尾油脂泵压力,并查看注浆压力是否过大。

g. 掘进过程坚决执行"掘进与注浆同步,不注浆不掘进"的原则。

h. 浆液在拌制过程中冲洗搅拌设备的水应当排入污水沉淀池,不宜与成品浆液混用以免影响砂浆质量。

i. 浆液拌制与运输过程应结合紧密,不宜时间过长。合理控制时间以免浆液结块造成管路堵塞,影响盾构工程施工进度与施工质量。

（3）二次补强注浆

同步注浆后使管片背后环形空隙得到填充,多数地段的地层变形沉降得到控制。在局部地段,同步浆液凝固过程中,可能存在局部不均匀、浆液的凝固收缩和浆液的稀释流失,为提高背衬注浆层的防水性及密实度,并有效填充管片后的环形间隙,根据检测结果,必要时进行二次补强注浆。

结合国内外泥水盾构施工事例,二次补强注浆材料以水泥、粉煤灰和膨润土等为主,其配合比(质量比)见表6.3-11。

二次注浆配合比($1m^3$)　　　　表6.3-11

材料	水泥	粉煤灰	膨润土	细砂	水
用量(kg)	450	400	25	300	400

二次补强注浆管路自制,能够实现快速接卸以及密封不漏浆的功能,并配有止浆阀;二次补强注浆的注浆压力选定0.3~0.5MPa,注浆量根据监测到的空隙和监控量测的结果确定。

（4）盾尾油脂注入管理

盾尾油脂的主要作用是保护盾尾刷,减少盾尾刷位置处的漏浆、漏水现象,通过对盾尾油脂压力的管理,可以起到抑制盾尾管片间隙地下水渗流的作用。在进行盾尾油脂注入管理时主要有以下几方面的内容：

①正常掘进情况下,应选用自动模式注入油脂,补充油脂仓内的损耗量。

②停机状态下,手动模式对漏浆、漏水位置处进行补充油脂,提高仓内的油脂压力。

③注意控制油脂的注入量。

④注入压力的控制。当在施工中出现盾尾油脂漏出的情况时,应及时停止压力较高的空位,具体施工中压力控制应视切口水压及注浆压力而定。

⑤更换油脂时要注意清洁,不可将砂粒等颗粒物掉入油脂桶中。

（5）盾构机姿态控制

盾构机的掘进要求应尽量根据设计线路进行,尽量避免线路偏差。但在实际掘进过程中,因地质情况等原因,盾构机的姿态经常会偏离隧道的设计线路,从而会使盾尾间隙过小而造成管片破损的问题,使得盾构管片间接缝位置处发生渗漏水。而盾尾间隙过小,会导致盾尾刷被过度挤压,在盾构推进的过程中与管片容易产生相对运动,易导致盾尾密封的弹簧板和钢丝脱落,使密封失效。管片破损后的碎块进入管片背面,然后挤压通过盾尾刷进入油脂仓,阻断了油脂流动的通道,导致盾尾密封失效,地下水易形成渗流的通道。如果盾构机偏离设计线路时,在纠偏过程中不要过急,为保证盾构的铰接密封、盾尾钢丝刷密封的良好工作性能,同时也为了保证管片不受损坏,应尽量做好盾尾间隙的控制,保持上、下、左、右间隙均匀。且在施工过程中,管片相对盾尾的姿态是统一的,在拼装好上一环管片后,必须对管片的上、下、左、右四个位置的盾尾间隙进行测量,根据盾尾间隙及隧道线形调整盾构机的掘进,保持间隙的合理性。

（6）矿山接收段砂浆填充

为保证盾构矿山段接收的密闭性和防涌水措施,盾构机接收端采用混凝土套筒接收方案,接收端长度范围内(长度18m),施作二次衬砌结构,施作封堵墙后,在二次衬砌结构内回填M15水泥砂浆,盾构机到达接收端,盾构机切削水泥砂浆掘进。在接收施工中,当盾构机破除封闭掌子面进入接收封闭结构时,保持低压力(0.4~0.5bar)、低推力(不大于1500kN)、低速度(5~10mm/min)掘进,并时刻观察封堵墙有无开裂及渗漏等情况。而在盾构刀盘距离封堵墙25cm距离时应停止掘进,准备人工破除封堵墙。为防止封堵墙破除过程中地下水顺盾体与封堵结构空隙涌入隧道,应在破除前对盾尾后10环管片进行二次注浆。二次注浆采用双浆液,注浆完成后,将气泡仓压力调整为零,排出气泡仓及开挖仓内泥浆。工作人员通过人舱进入掌子面,观察地下水有无进入仓内,确认二次注浆效果后,人工破除封堵墙。

6.4 空推段施工技术

6.4.1 空推段浆液性能优化

盾构通过矿山法隧道时,因管片缺少周围土体的握裹、盾构前方掌子面反力欠缺,导致管片拼装质量不易保证,易发生错台、开裂、渗漏等质量通病,管片壁后填充的方式与效果对管片错台、上浮以及结构防水影响显著,直接影响整个隧道衬砌的质量。因此,需探明不同注浆方案及浆液类型的壁后回填效果,开展管片与矿山法隧道初期支护间隙填充材料及其关键参数研究,以及磷酸-水玻璃组合双浆液优化配合比技术研究。

在本工程中,通过浆液配合比试验,研制出能够充填盾尾间隙、方便压注、能在早期约束管片、不容易被开挖面稀释、能减少抗浮和稳定地层的油脂浆液。

1)试样方法

为满足室内试验数据的工程适应性,试验中液浆的制备具体流程图6.4-1所示。制备前首先根据拟定的材料配合比准备好各种材料,包括标准温度的水(20℃±1℃)、膨润土、消石灰、粉煤灰及中细砂,整个制备过程在环境温度20℃±1℃、相对湿度大于50%的实验室内进行。

图6.4-1 浆液制备流程图

第一步:将膨润土加入水中,用搅拌器搅拌3min,然后检查膨润土是否以均匀分散开,如果仍有未搅拌开的膨润土颗粒继续搅拌0.5~1min,直到膨润土完全均匀散开为止。

第二步:向溶液中加入中细砂,搅拌1min。

第三步:向溶液中加入称量好的消石灰和粉煤灰,搅拌0.5min,然后检查是否搅拌均匀,可视情况再搅拌 0.5min。当水泥搅拌均匀后浆液即制备完毕。

第四步：在浆液初凝前均匀倒入内腔为 40mm×40mm×160mm 的试模中成型。

第五步：入模 30min 后，对成型的浆液试模表面刮平以方便拆模。为了不扰动试件，用刀片垂直沿着未硬化的浆液表面轻轻刮至与试模表面平齐。刮平 15min 后就可以拆模进行养护，得到试验所需的浆液试件。

2) 试验内容

(1) 流动度测定

流动度反应水泥浆的流动性，对注浆施工而言，浆液的流动性越好，其施工性能越好。但如果浆液自身流动性太大就可能导致其保水性和黏聚性降低，从而对浆液的最终强度造成不利影响。所以在具体选择配合比时必须根据具体的施工情况，选择适当的流动度。

流动度测定方法应符合《公路桥涵施工技术规范》(JTG/T 3650—2020) 表 7.9.3 的规定，见表 6.4-1。流动度测定仪器为流动度测试仪，即流动锥。测定时，先将漏斗调整放平，关上底口活门，将搅拌均匀的浆液倒入漏斗内，直至表面触及点测规下端(1725mL±5mL 浆液)；打开阀门，让浆液自由流出，浆液全部流出的时间(s)称为浆液的流动度。本测定方法采用了多次测量取算数平均值的方法，已取得较为精准的测定结果。流动度的测定过程如图 6.4-2、图 6.4-3 所示。

流动度性能指标　　　　　　　　　　　　　　　表 6.4-1

项目		性能指标
流动度(25°)(s)	初始流动度	10~17s
	30min 流动度	10~20s
	60min 流动度	10~25s

图 6.4-2　流动度测定漏斗

图 6.4-3　流动度测定过程

(2) 泌水率测定

试验容器采用 1000mL 的量筒进行测试。将搅拌均匀的浆体缓慢注入试验容器中，装入浆液体积 900mL 和 10mL。浆体注入后使用玻璃片盖住容器上口，静置于水平面上。静置

1min 后记录浆体高度 h_1，静置 1h 后量测其离析水水面高度 h_2 和浆体膨胀面的高度 h_3。然后按照以下公式计算泌水率，其测试方法如图 6.4-4 所示。

a)1000mL玻璃量筒

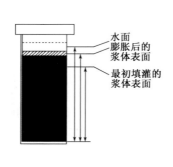
b)泌水率测试示意图

c)浆液泌水率测试图

图 6.4-4 泌水率测定

泌水率取三个试样测值的平均值：

$$泌水率(\%) = \frac{h_2 - h_3}{h_1} \times 100\% \quad (6.4\text{-}1)$$

（3）抗压强度测定

本次试验抗压强度测定采用的是 WDW-10 微机控制电子万能试验机。主要用于测试各类材料的拉伸、压缩以及弯曲强度等，并打印输出记录测试数据。本机采用富士伺服电机调速系统、博美特减速机作为动力源，传感器测力，微机控制、屏幕显示试验数据和试验状态。

棱柱体中心与压力机压板受压中心差应在 ±0.5mm 内，棱柱体露在压板外的部分的高度约为 10mm。在整个加载过程中以 2400N/s ±200N/s 的速率均匀地加载，直至破坏。抗压强度 R_c 以牛顿每平方毫米（N/mm^2）为单位，按下式进行计算：

$$R_c = \frac{F_c}{A} \quad (6.4\text{-}2)$$

式中：F_c——破坏时的最大荷载（N）；

A——受压部分面积（mm^2）（$40mm \times 40mm = 1600mm^2$）。

整个试验过程中，共测定了浆液试件的 1h、1d、7d 和 28d 抗压强度，其中 1h 抗压强度在拆模后标准养护 15min 后进行。

（4）弹性模量测定

双液浆弹性模量测试试件采用 70.7mm × 70.7mm × 212mm 的试模灌注成型；按要求刮平试件表面，等待 45min 拆模，将其放入标准养护室养护 28d，然后进行静力弹性模量的测试。双液浆弹性模量测试试件的浇模成型过程如图 6.4-5 所示，其养护环境如图 6.4-6 所示。

图 6.4-5　浆液弹性模量测试试件成型过程

图 6.4-6　置于混凝土标准养护室中的测试试件

首先测定不同配合比双液浆弹性模量测试试件的抗压强度破坏荷载,在得到试件抗压强度破坏荷载值后,依据《建筑砂浆基本性能试验方法标准》(JGJ/T 70—2009),测定应力为40%轴心抗压强度时的加荷割线模量。测试时,在试件4个面上都贴上应变片后与应变仪相连,共8个通道。然后将荷载分4级加至0.4倍的破坏荷载,读取荷载和对应的应变值,最后换算出试件的静力弹摸。

3)浆液试验结果

(1)原材料掺量与砂浆稠度的关系

材料掺量与砂浆稠度的关系如图 6.4-7 ~ 图 6.4-10 所示。

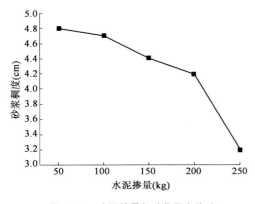

图 6.4-7　水泥掺量与砂浆稠度关系

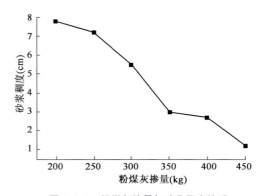

图 6.4-8　粉煤灰掺量与砂浆稠度关系

由图 6.4-7 ~ 图 6.4-10 可知:随着水泥掺量的增加,浆液稠度不断降低,水泥掺量的增加降低了浆液的流动性;随着粉煤灰掺量的增加,浆液稠度不断降低,粉煤灰掺量的增加降低了浆液的流动性;随着膨润土掺量的增加,浆液稠度先升高后降低,表明膨润土的最佳掺量为60kg;随着砂掺量的增加,浆液稠度不断降低,砂掺量的增加降低了浆液的流动性。浆液的含水量和水泥含量是决定浆液凝结时间和流动性的主要因素,因此,应合理控制浆液的含水量和水泥含量。

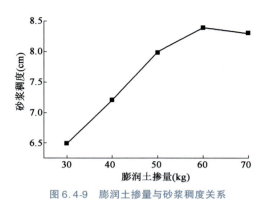
图 6.4-9　膨润土掺量与砂浆稠度关系

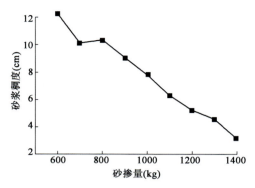
图 6.4-10　砂掺量与砂浆稠度关系

（2）原材料掺量与抗压强度的关系

原材料掺量与抗压强度的关系如图 6.4-11～图 6.4-14 所示。

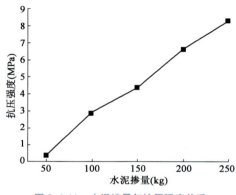
图 6.4-11　水泥掺量与抗压强度关系

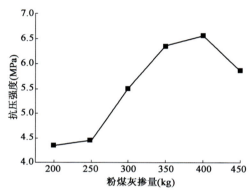
图 6.4-12　粉煤灰掺量与抗压强度关系

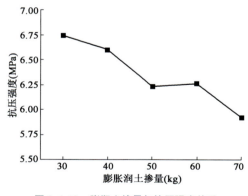
图 6.4-13　膨润土掺量与抗压强度关系

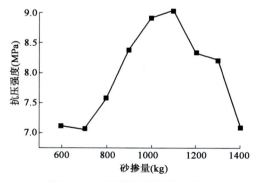
图 6.4-14　砂掺量与抗压强度关系

由图 6.4-11～图 6.4-14 可知：在其他材料含量不变条件下，随着水泥、粉煤灰、砂含量的增加，砂浆的 28d 抗压强度不断，其中，水泥掺量的增加导致抗压强度增加的趋势比较大，砂的增加趋势相对比较小，且砂掺量在 1100kg 左右抗压强度达到最大值；随着膨润土含量的增加，砂浆的抗压强度降低，膨润土含量将对砂浆的强度带来不利。

（3）原材料掺量与凝结时间的关系

原材料掺量与凝结时间的关系如图 6.4-15 ~ 图 6.4-18 所示。

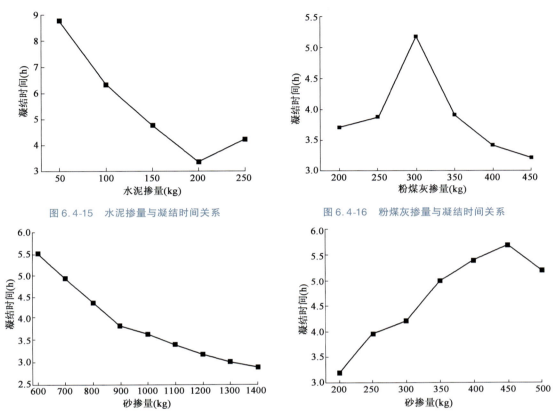

图 6.4-15　水泥掺量与凝结时间关系

图 6.4-16　粉煤灰掺量与凝结时间关系

图 6.4-17　砂掺量与凝结时间关系

图 6.4-18　水掺量与凝结时间关系

由图 6.4-15 ~ 图 6.4-18 可知：随着水泥掺量的增加，凝结时间先减小后增加，水泥掺量为 200kg 时，凝结时间达到极小值；随着粉煤灰掺量的增加，凝结时间先增加后减少，粉煤灰为 300kg 时，凝结时间达到极大值；随着膨润土掺量的增加，凝结时间基本上保持不变；随着砂掺量的增加，凝结时间基本呈线性比例减小；随着用水量的增加，凝结时间先增加后减少，用水量为 450kg 时，凝结时间达到极大值；粉煤灰能与水泥互补短长、均衡协作，可增加砂浆的流动性，改善和易性。

根据以上试验以及其各种原材料对同步注浆砂浆性能影响的对比分析可知，同步注浆单液活性砂浆的工作性能优劣直接决定砂浆的可注性。如果砂浆的稳定性差，则易分层离析，在注浆过程中会引起堵管现象，如果砂浆的流动性差，则注浆时泵压会升高，影响注浆效果在实际工程中，由于砂浆要经历转储等待过程，如果其经时工作性能劣化程度严重，也会导致注浆效果不好。

根据施工现场配合比检验报告，施工现场材料用量分别为水 380kg、水泥 100kg、砂 1100kg、石灰 80kg、粉煤灰 260kg、膨润土 50kg，见表 6.4-2，与试验结果较为吻合，试验配合比为现场施工配合比提供了一定的参考依据。

试验选取配合比（1m³）　　　表6.4-2

材料	水泥	粉煤灰	膨润土	砂	水	稠度	28d强度	凝结时间(h)
用量(kg)	150	350	50	1000	400	12.5	3.75	5

6.4.2 空载推进控制措施

6.4.2.1 管片安装及变形控制

管片拼装是盾构法隧道施工的一个重要工序，管片拼装是用环、纵向螺栓逐块将高精度预制钢筋混凝土管片组装而成。本工程管片为通用楔形管环，强度等级C55，防水等级P12，按配筋分为五种形式，适用于不同的地层，并根据功用设置了负环、首环、末环和连接通道特殊管环，施工时需根据需要选择合适的管片。

1）拼装前的准备

（1）管片运达施工现场后，在地面上按拼装顺序排列堆放，按规定粘贴止水密封条及传力衬垫。

（2）将检查合格后已粘贴防水材料的管片及连接管片的螺栓和配件、垫片等，用门式起重机运送到井下，放在管片车上，由电瓶车运送至工作面。

（3）管片拼装前，清除管片表面上的灰砂等杂物。

（4）拼装前应保证拼装设备安全可靠。

（5）对上一环的环面质量进行检查和确认，结合盾构姿态和盾尾间隙，选择合适的管片拼装点位。

2）管片选型

管片拼装前首先要确定圆环点位即K块位置，影响管片选型的主要因素如下：

（1）1/3错缝拼装

所选管片不能与上环管片形成通缝，也可理解为K块位置必须位于上环圆环标准块或相邻块的中间位置。

（2）超前量

在曲线段，以 $R=350m$ 的平面左曲线为例，每环管片所需的右超前量为 $\Delta = DW/R = 6.7 \times 1.5/350 = 28.7mm$（$D$ 为管片外径，W 为环宽）。

（3）盾尾间隙大小

管片选型必须考虑到盾尾间隙的影响。盾尾间隙为盾尾内壳与已拼管片外表面之间的间隙。所选管片圆环宽度最小处即管片圆环转向应与最大盾尾间隙处对应。这样可以修正盾尾间隙，逐步使盾尾间隙均匀。

（4）盾构推进千斤顶行程

盾构机每环推进结束后的千斤顶行程对管片选型影响最大。所选管片圆环最宽处应与最大行程千斤顶位置对应，管片圆环转向最小行程千斤顶位置。这样可以修正千斤顶行程，逐步使千斤顶行程一致。

（5）在保证其他因素满足要求的情况下，尽量选择封顶块位于隧道上半部的圆环。

3）管片拼装工艺

管片拼装工艺流程如图6.4-19所示，在衬砌拼装过程中，严格按照工法上的工艺流程进行操作。

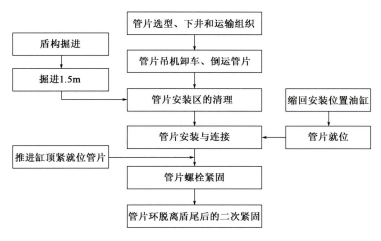

图6.4-19　管片拼装工艺流程图

6.4.2.2　管片背后回填及注浆

盾构施工引起的地层损失和盾构隧道周围受扰动或受剪切破坏的重塑土的再固结以及地下水的渗透，是导致地表以及建筑物沉降的主要原因。为了减小和防止沉降，在盾构掘进过程中，要尽快在脱出盾尾的衬砌管片背后同步注入足量的浆液材料充填盾尾环形建筑空隙。

1）注浆材料

同步注浆采用厚浆，由粉煤灰、砂、膨润土、消石灰混合水搅拌而成。该浆材具有良好的长期稳定性及流动性、良好的填充性能、在地下水环境中不易产生稀释、固结后体积收缩小、泌水率小等优点。浆液主要物理力学指标见表6.4-3。

浆液主要物理指标　　　　表6.4-3

序号	指标	取值	序号	指标	取值
1	渗透性	$<5 \times 10^{-5}$ cm/s	4	屈服强度	20h，>800Pa
2	比重	>1.8 g/cm^3	5	泌水率	<5%
3	坍落度	12~16cm	6	抗压强度	$R_7>0.15$MPa；$R_{28}>1.0$MPa

根据相关施工经验，同步注浆配合比采用粉煤灰：砂：膨润土：消石灰：水 = 336：1000：100：100：420，密度约为1956kg/m^3。使用前进行配合比验证，确保其满足性能要求。

2）注浆参数

（1）注浆压力：同步注浆时要求在地层中的浆液压力大于该点的水土压力0.1~0.2MPa，施工中应根据地层特征及水土压力进行调整。但需满足以下要求：

①应大于开挖面的水土压力。

②不能使地面有较大隆起(<10mm),也不能使地面有较大的沉降量(<30mm)。

③不能使管片因局部受压而错位变形。

④不能使浆液经常或大量从盾尾刷处渗漏。

(2)注浆量:注浆量取环形间隙理论体积的 1.3~1.8 倍,即每环同步注浆量为 6.7~9.3 m^3。

(3)注浆速度:同步注浆速度应与掘进速度相匹配,按盾构完成一环 1.5m 掘进的时间内完成当环注浆量来确定其平均注浆速度。

(4)注浆结束标准:采用注浆压力和注浆量双指标控制标准,即当注浆压力达到设定值,注浆量达到设计值的 85% 以上时,即可认为达到质量要求。

3)注浆工艺

同步注浆与盾构掘进同时进行,通过同步注浆系统及盾尾的外置注浆管,在盾构向前推进盾尾空隙形成的同时进行,采用 3 台 6 管路(共 12 条管路,其中 6 条管路为备用)对称同时注浆(图 6.4-20)。注浆可根据需要采用自动控制或手动控制方式。为了防止施工中注浆管路被堵塞后在清通时影响进度,注浆管路预留了备用注浆管。

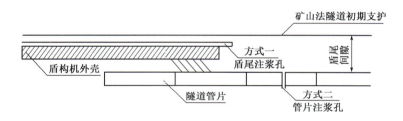

图 6.4-20 同步注浆示意图

同步注浆设备配置如下:

①搅拌站:自行建造砂浆搅拌站一座,搅拌能力 30m^3/h。

②同步注浆系统:配备液压注浆泵 3 台,KSP12 注浆泵,注浆能力 $1 \times 12 m^3$/h。

③运输系统:浆液箱有效容积 8.0m^3,有自搅拌功能和砂浆输送泵。随编组列车一起运输。

为提高背衬注浆层的防水性及密实度,考虑前期注浆效果不饱满以及浆液固结率的影响,对管片背后空隙进行超声波检测,并结合地面沉降监测数据,对不密实处进行二次补强注浆。注浆位置采用管片预留二次注浆孔。注浆材料采用水泥单液浆,水灰比 0.8~1。

二次注浆的注浆压力为 0.4~0.6MPa,浆液流量为 10~15L/min,使浆液能沿管片外壁较均匀地渗流,而不致劈裂土体,形成团状加固区,影响注浆效果。注浆时密切观察管片情况,防止压力过大造成管片错台,甚至破碎。

6.4.2.3 盾构掘进姿态控制

鉴于盾构推进结束后,由于同步注浆浆液需要一段时间才能初凝,因此管片都会有一定程度的上浮。因此掘进姿态宜控制盾构在设计轴线稍靠下位置(约 2cm,根据管片实测上浮量予以调整)。

鉴于本工程地层普遍为上软下硬,盾构姿态向上调整容易,向下调整困难,应将盾构姿态保持稍向下的俯仰角。曲线段掘进时,应在进入曲线段前预留靠曲线内侧的偏移量。

(1) 推进液压缸油压的调整不宜过快、过大,切换速度过快可能造成管片受力状态突变,而使管片损坏。

(2) 根据盾体的转角,应及时切换刀盘转动方向。切换刀盘转动方向必须先停止掘进,缓慢降低刀盘转速,关停刀盘。严禁推进中随意切换刀盘转动方向。

(3) 根据偏移量、趋向建立姿态预警机制,并划分为蓝、黄、红三个等级。偏移量达到3cm或趋向达到3mm/m为蓝色预警,由当班机长进行盾构姿态调整;偏移量达到5cm或趋向达到5mm/m为黄色预警,当班机长需上报至盾构架子队经理;偏移量达到10cm或趋向达到8mm/m为红色预警,由盾构架子队上报至项目部,确定姿态调整方案,再进行纠偏,必要时邀请专家组予以指导。

(4) 纠偏作业必须确保管片相对盾构机处在良好状态,纠偏作业过程中应严格控制纠偏力度,同时每完成30cm推进,测量一次盾尾间隙,确保盾构机不发生卡壳。

(5) 蛇行的修正应以长距离慢慢修正为原则,如修正得过急,蛇行反而更加明显。在直线推进的情况下,应选取盾构当前所在位置点与设计线上远方的一点作一直线,再以这条直线为新的基准进行线形管理。在曲线推进的情况下,应使盾构当前所在位置点与远方点的连线同设计曲线相切。

(6) 正确进行管片选型,确保拼装质量与精度,为盾构纠偏提供良好的基准面。

(7) 盾构到达时方向控制极其重要,应按照盾构到达掘进的有关技术要求,做好测量定位工作。

6.4.3 空载段管片上浮控制

6.4.3.1 管片上浮趋势模拟

1) 建立模型

通过 Ansys 建立盾构内推隧道模型并导入 FLAC3D,隧道分为矿山法施作的初期支护部分、仰拱部分、豆砾石填充部分、盾构空推部分和隧道掌子面前方堆载部分,掌子面前方堆载材料为豆砾石,用于提供盾构空推反力,堆载高度约为 3m。其中,盾构空推部分(包括盾壳)外径为 7100m,内径 6000mm,管片厚度为 350mm,盾壳厚度为 20cm。隧道埋深为 48.8m,模型高度取 78.8m,为了减少边界效应对计算结果的影响,模型两侧宽度应大于 5 倍洞径,预留管片和注浆圈。模型纵向长度为 75m,管片幅宽为 1.5m,共划分为 50 个开挖步。在开挖面施加 300kN 的 y 方向的顶推力,在模型 4 边的边界与底部边界施加约束,模型顶部边界作为自由边界。矿山法初期支护与围岩交界面设为不透水边界。模型采用四边形单元,共 121100 个单元,127449 个节点。采用莫尔-库仑本构模型,有限元模型如图 6.4-21、图 6.4-22 所示。

2) 参数的选取

隧道分为矿山法施作的初期支护部分、仰拱部分、豆砾石填充部分、盾构空推部分和隧道掌子面前方堆载部分,地层参数见表 6.4-4。

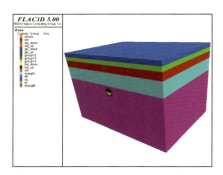
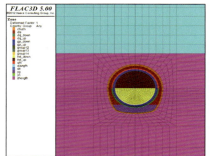

图 6.4-21　FLAC3D 计算模型

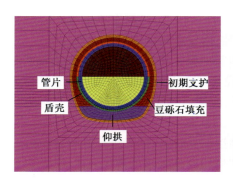
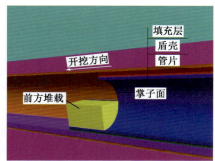

图 6.4-22　数值模型细部图

地层参数　　　　　　　　　　　　　　　表 6.4-4

序号	地层名称	密度（N/m³）	弹性模量（MPa）	泊松比	摩擦角（°）	黏聚力（kPa）	渗透系数（cm/s）
1	素填土	1870	6	0.46	15	20	1.14e-6
2	淤泥	1710	2.8	0.35	5	12	3e-6
3	全风化凝灰熔岩	1890	30	0.25	23	25	5e-4
4	强风化凝灰熔岩	2210	40	0.2	28	40	2e-4
5	中风化凝灰熔岩	2660	45	0.2	30	70	9e-3

3）计算工况选取

盾构同步注浆是通过同步注浆系统及盾尾的注浆管，在盾构向前推进、尾盾脱离、空隙形成的同时进行的注浆工作。本模拟主要研究盾尾注浆浆液弹性模量和注浆压力的不同对厦门地铁空推段受力与位移的影响。其中，工况 1～工况 3 用于研究不同注浆压力对空推段的影响，注浆压力的模拟是在管片外环面上施加垂直指向管片圆心的均布压力，在与等代层外圆面接触的土体面上施加垂直背离圆心的均布压力；工况 3～工况 5 用于研究不同注浆压力对空推段的影响。各计算工况见表 6.4-5。

管片上浮研究计算工况　　　　　　　　　　　　表6.4-5

工况序号	注浆浆液弹性模量(MPa)	注浆压力(Pa)	工况序号	注浆浆液弹性模量(MPa)	注浆压力(Pa)
1	5	45000	4	7.5	25000
2	5	35000	5	10	25000
3	5	25000			

（1）浆液弹性模量影响

为了研究浆液弹性模量对管片上浮的影响，设计浆液弹性模量变化工况见表6.4-6。

浆液弹性模量变化工况　　　　　　　　　　　　表6.4-6

工况序号	注浆浆液弹性模量(MPa)	注浆压力(Pa)	地表最大位移(mm)
1	5	25000	-5.34
2	7.5	25000	-5.25
3	10	25000	-5.23

图6.4-23为不同浆液弹性模量条件下的地表位移变化曲线，不同弹性模量条件下的地表位移变化趋势大致相同，随弹性模量增大，地表位移一定程度上减小。在注浆压力固定为25kPa时，注浆弹性模量为5MPa时的地表最大位移为5.34mm，注浆弹性模量为7.5MPa时的地表最大位移为5.25mm，注浆弹性模量为10MPa时的地表最大位移为5.23mm。

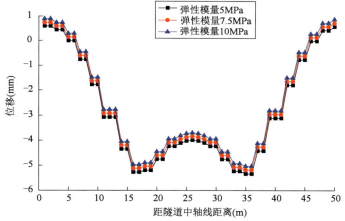

图6.4-23　不同浆液弹性模量条件下的地表位移变化曲线

根据FLAC3D计算结果，提取不同弹性模量条件下盾构隧道内侧监测点的位移数据和注浆圈内侧监测点的位移数据，监测点选取拱顶、拱腰及拱底位置。绘制不同弹性模量条件下盾构隧道内侧及注浆圈内侧监测点的z向位移，如图6.4-24~图6.4-26所示。

盾构在掘进过程中，盾构刀盘位于监测断面后方25环(37.5m)与监测断面后方7环(10.5m)之间时，盾构隧道内侧监测点z向位移基本为0；盾构刀盘位于监测断面后方7环(10.5m)与监测断面后方4环(6m)之间时，盾构隧道内侧拱腰及拱底首先出现z向位移；随着盾构的推进，当盾构刀盘位于监测断面后方3环时，盾构隧道内侧拱顶出现z向位移；当盾构刀盘通过监测断面之后，盾构隧道内侧拱顶、拱腰及拱底z向位移均不断增大，直至盾构掘进到监测断面前方21环(31.5m)时，盾构隧道内侧拱顶、拱腰及拱底z向位移趋于稳定。

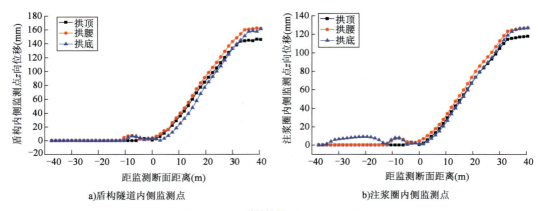

a)盾构隧道内侧监测点　　　　　b)注浆圈内侧监测点

图 6.4-24　弹性模量 E =5MPa 工况

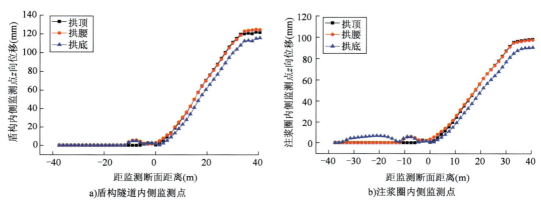

a)盾构隧道内侧监测点　　　　　b)注浆圈内侧监测点

图 6.4-25　弹性模量 E =7.5MPa 工况

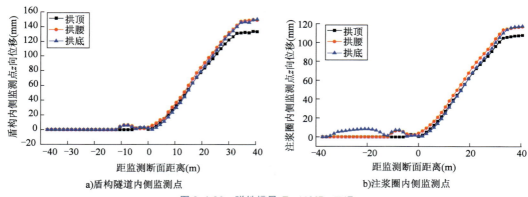

a)盾构隧道内侧监测点　　　　　b)注浆圈内侧监测点

图 6.4-26　弹性模量 E =10MPa 工况

掘进过程中，注浆圈内侧监测点表现出不同的变化规律。盾构刀盘位于监测断面后方 25 环(37.5m)与监测断面后方 7 环(10.5m)之间时，注浆圈内侧拱底 z 向位移呈先增大后减小的趋势,而拱顶及拱腰 z 向位移基本为 0;盾构刀盘位于监测断面后方 7 环(10.5m)与监测断面后方 4 环(6m)之间时,注浆圈内侧拱腰及拱底首先出现 z 向位移,随着盾构的推进,当盾构刀盘位于监测断面后方 3 环时,注浆圈内侧拱顶出现 z 向位移;当盾构刀盘通过监测断面之后,注浆圈内侧拱顶、拱腰及拱底 z 向位移均不断增大,直至盾构掘进到监测断面前方 21 环(31.5m)时,注浆圈内侧拱顶、拱腰及拱底 z 向位移趋于稳定。

针对不同弹性模量工况下盾构隧道内侧监测点及注浆圈内侧监测点位移变化曲线(图 6.4-27、图 6.4-28),选取盾构刀盘位于监测断面前方 25 环时的稳定 z 向位移,统计结果见表 6.4-7。

不同弹性模量工况下监测点 z 向位移　　　　表 6.4-7

不同浆液弹性模量工况	$E=5$MPa 工况	$E=7.5$MPa 工况	$E=10$MPa 工况
盾构隧道内侧拱顶上浮(mm)	145.721	133.577	121.434
盾构隧道内侧拱腰上浮(mm)	161.512	149.088	124.240
盾构隧道内侧拱底上浮(mm)	161.738	150.185	115.527
注浆圈内侧拱顶上浮(mm)	117.838	108.018	98.198
注浆圈内侧拱腰上浮(mm)	126.753	117.002	97.502
注浆圈内侧拱底上浮(mm)	126.767	117.713	90.548

结合图表分析可知,三种工况下,盾构隧道内侧拱顶上浮量最大值为 145.721mm,最小值为 121.434mm,浆液弹性模量每增加 2.5MPa,拱顶上浮量减小 12.1mm 左右;盾构隧道内侧拱腰上浮量最大值为 161.512mm,最小值为 124.240mm,浆液弹性模量每增加 2.5MPa,拱腰上浮量减小 12.4~19.5mm;盾构隧道内侧拱底上浮量最大值为 161.738mm,最小值为 115.527mm,浆液弹性模量每增加 2.5MPa,拱底上浮量减小 11.6~27.2mm。随着弹性模量增大,盾构隧道内侧监测点上浮量不断减小,且减幅增大。

三种工况下,注浆圈内侧拱顶上浮量最大值为 117.838mm,最小值为 98.198mm,浆液弹性模量每增加 2.5MPa,拱顶上浮量减小 9.8mm 左右;盾构隧道内侧拱腰上浮量最大值为 126.753mm,最小值为 97.502mm,浆液弹性模量每增加 2.5MPa,拱腰上浮量减小 9.7~19.5mm;盾构隧道内侧拱底上浮量最大值为 161.738mm,最小值为 115.527mm,浆液弹性模量每增加 2.5MPa,拱底上浮量减小 9.054~27.165mm。随着弹性模量增大,注浆圈内侧监测点上浮量不断减小,且减幅增大。

(2)盾尾注浆压力影响

注浆技术虽然属于一种传统的工艺,但将其引入盾构施工后仍存在不少亟待解决的问题。不管采用哪种注浆方式,注浆压力选择与控制都是壁后注浆效果是否良好的关键。注浆压力过大,可能引起管片局部或整体上浮、错台、开裂、压碎或其他形式的破坏,如地表隆起、浆液从盾尾流入隧道内部等。反之,注浆压力过小,可能引起地表沉降超限,严重时会造成建筑物倾斜、开裂、倒塌、道路沉陷,影响交通。因此,壁后注浆过程中,必须合理选择注浆压力。

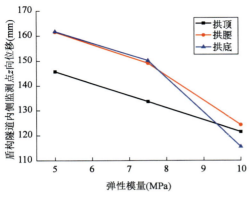
图 6.4-27 盾构隧道内侧监测点 z 向位移

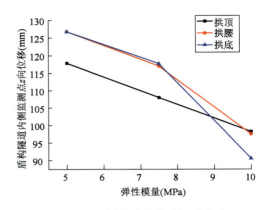
图 6.4-28 注浆圈内侧监测点 z 向位移

针对注浆压力已有不少研究,目前注浆压力的选择多以经验为主,缺少现实可用的计算理论。注浆压力一般为 0.1~0.3MPa,并应结合覆盖土厚度、地下水压力及管片的强度进行设定。通过文献调研管片注浆压力取值见表 6.4-8。

注浆压力建议值　　　　表 6.4-8

序号	注浆压力建议值	国内外学者或应用工程
1	对于钢管片,取 0.4~0.6MPa	
2	一般为 0.1~0.3MPa,建议取"孔隙水压力 +0.2MPa"	日本学者小泉淳
3	取 0.3~0.5MPa,保证管片与围岩之间充填密实	深圳地铁大东区间隧道工程
4	一般大于注浆口处静水压或土压 0.1~0.2MPa	南水北调工程泥水盾构工程

国内外对盾构注浆压力与地表沉降量之间关系进行的研究表明,当注浆压力相当于隧道埋深处的地层应力时,对减少地层损失和地表沉降量效果最为显著。地铁隧道一般埋深在 10~20m 之间,采用太沙基的土压力计算方法较为合理。魏纲认为注浆压力不能大于土体劈裂压力。理论上,注浆压力应略大于地层土压与水压之和,以达到对环向空隙的有效充填。所以,注浆压力一般控制在 0.25~0.3MPa,可取为地层土压与水压之和的 1.1~1.15 倍。

在盾尾注浆过程中,当注浆压力提高,虽然浆液的扩散半径增大了,但其对管片的压力也急剧增大了,管片受压的增大可能导致管片上浮,出现管片错台、裂缝、破损,乃至轴线偏位。因此一方面要确保盾尾空隙被均匀、密实地填充,另一方面又要保证管片结构的安全性及稳定性,并要防止浆液流至前端。为了研究注浆压力对管片上浮的影响,设计注浆压力变化工况见表 6.4-9。

设计注浆压力变化工况　　　　表 6.4-9

工况序号	注浆浆液弹性模量(MPa)	注浆压力(Pa)	地表最大位移(mm)
1	5	25000	-5.27
2	5	35000	-5.30
3	5	45000	-5.34

由图 6.4-29 可知,不同注浆压力条件下的地表位移变化趋势大致相同,随着注浆压力增大,地表位移一定程度上增大。在弹性模量固定为 5MPa 时,注浆压力为 25kPa 时的地表最大位移为 5.27mm,注浆压力为 35kPa 时地表最大位移为 5.30mm,注浆压力为 45kPa 时地表最大位移为 5.34mm。

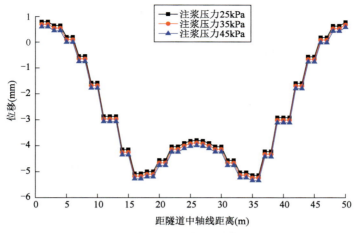

图 6.4-29　不同注浆压力条件下的地表位移变化曲线

盾构在掘进过程中,盾构刀盘位于监测断面后方 25 环(37.5m)与监测断面后方 7 环(10.5m)之间时,盾构隧道内侧监测点 z 向位移基本为 0;盾构刀盘位于监测断面后方 7 环(10.5m)与监测断面后方 4 环(6m)之间时,盾构隧道内侧拱腰及拱底首先出现 z 向位移;随着盾构的推进,当盾构刀盘位于监测断面后方 3 环时,盾构隧道内侧拱顶出现 z 向位移;当盾构刀盘通过监测断面之后,盾构隧道内侧拱顶、拱腰及拱底 z 向位移均不断增大,直至盾构掘进到监测断面前方 21 环(31.5m)时,盾构隧道内侧拱顶、拱腰及拱底 z 向位移趋于稳定。

掘进过程中,注浆圈内侧监测点表现出不同的变化规律。盾构刀盘位于监测断面后方 25 环(37.5m)与监测断面后方 7 环(10.5m)之间时,注浆圈内侧拱底 z 向位移呈先增大后减小的趋势,而拱顶及拱腰 z 向位移基本为 0;盾构刀盘位于监测断面后方 7 环(10.5m)与监测断面后方 4 环(6m)之间时,注浆圈内侧拱腰及拱底首先出现 z 向位移;随着盾构的推进,当盾构刀盘位于监测断面后方 3 环时,注浆圈内侧拱顶出现 z 向位移;当盾构刀盘通过监测断面之后,注浆圈内侧拱顶、拱腰及拱底 z 向位移均不断增大,直至盾构掘进到监测断面前方 21 环(31.5m)时,注浆圈内侧拱顶、拱腰及拱底 z 向位移趋于稳定。

针对不同注浆压力工况下盾构隧道内侧监测点及注浆圈内侧监测点位移变化曲线(图 6.4-30~图 6.4-33),选取盾构刀盘位于监测断面前方 25 环时的稳定 z 向位移,统计结果见表 6.4-10。

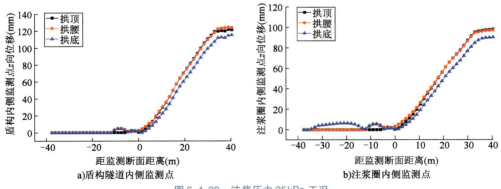

a)盾构隧道内侧监测点　　　　b)注浆圈内侧监测点

图 6.4-30　注浆压力 25kPa 工况

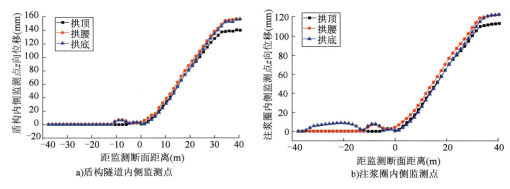

图 6.4-31 注浆压力 35kPa 工况

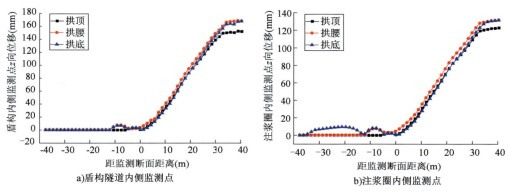

图 6.4-32 注浆压力 45kPa 工况

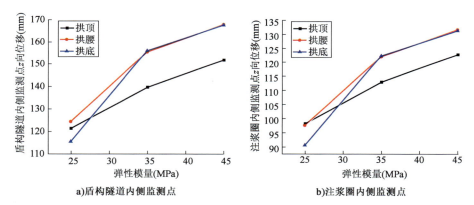

图 6.4-33 盾构隧道内侧及注浆圈内侧监测点 z 向位移

不同注浆压力工况下监测点 z 向位移（单位：mm） 表 6.4-10

上浮位置	不同注浆压力工况		
	25kPa 工况	35kPa 工况	45kPa 工况
盾构隧道内侧拱顶上浮	121.434	139.649	151.793
盾构隧道内侧拱腰上浮	124.240	155.300	167.724

续上表

上浮位置	不同注浆压力工况		
	25kPa 工况	35kPa 工况	45kPa 工况
盾构隧道内侧拱底上浮	115.527	155.961	167.514
注浆圈内侧拱顶上浮	98.198	112.928	122.748
注浆圈内侧拱腰上浮	97.502	121.878	131.628
注浆圈内侧拱底上浮	90.548	122.240	131.295

结合图表分析可知,三种工况下,盾构隧道内侧拱顶上浮量最大值为151.793mm,最小值为121.434mm,浆液弹性模量每增加2.5MPa,拱顶上浮量减小12.144~18.215mm;盾构隧道内侧拱腰上浮量最大值为167.724mm,最小值为124.240mm,浆液弹性模量每增加2.5MPa,拱腰上浮量减小12.424~31.060mm;盾构隧道内侧拱底上浮量最大值为167.514mm,最小值为115.527mm,浆液弹性模量每增加2.5MPa,拱底上浮量减小11.553~40.434mm。随着注浆压力增大,盾构隧道内侧监测点上浮量不断增大,且增幅增大。

三种工况下,注浆圈内侧拱顶上浮量最大值为122.748mm,最小值为98.198mm,浆液弹性模量每增加2.5MPa,拱顶上浮量减小9.82~14.73mm;盾构隧道内侧拱腰上浮量最大值为131.628mm,最小值为97.502mm,浆液弹性模量每增加2.5MPa,拱腰上浮量减小9.75~24.376mm;盾构隧道内侧拱底上浮量最大值为131.295mm,最小值为90.548mm,浆液弹性模量每增加2.5MPa,拱底上浮量减小9.055~31.692mm。随着注浆压力增大,注浆圈内侧监测点上浮量不断增大,且增幅增大。

由上述分析可知,随着弹性模量增大,管片上浮量不断减小;随着注浆压力增大,管片上浮量不断增大。因此,选取浆液弹性模量$E=10$MPa、注浆压力25kPa作为最终组合计算工况,模型z向最大位移为79.296mm,矿山段z向最大位移为79.595mm,盾构段z向最大位移为9.201mm。管片拱顶位移朝下,拱底位移朝上,两侧拱腰往外扩张。盾构最大x向位移为8.72mm,发生在地表处,方向朝向隧道中轴线方向。

6.4.3.2 管片上浮控制措施

1)改善上覆土特性

局部抗浮计算模型的整环管片错动分析模式和整体抗浮计算分析模式中,上覆土都有着重要的抗浮性能,而且其抗浮性能主要依赖于其本身的重力。所以,改善上覆土的特性是抗浮的方法之一。设计中应尽量避免浅埋和超浅埋,加大浅埋段上覆土的厚度,改善上覆土的性能。可采用注浆等方式改善上覆土的性能,使上覆土中形成一层不透水的硬壳层,此时江河水压力也作为一种上覆荷载作用在隧道上,防止了管片上浮。

2)同步注浆控制

动态上浮力主要由注浆产生,其大小与注浆压力、注浆时间、浆液黏度、土体渗透率、盾尾间隙厚度、注浆管半径等众多因素有关。而且,不同扩散模式下对管片产生的压力大小差别较大,所以对注浆压力的控制是管片抗浮的关键。

注浆压力大小采用分块分孔控制的方式,依据埋深、周围土体特性、注浆孔在管片环(或盾尾)上的位置情况等对注浆压力实施动态控制。

土体渗透性较好时,浆液在土体中会以渗透方式扩散,此时可按半球面扩散模式或弧面扩散模式计算动态上浮力,进而进行抗浮计算;土体渗透性较差,或管片脱离盾尾后盾尾间隙仍然完整或局部存在时,可能发生压密扩散,此时需按压密扩散模式计算动态上浮力。

3)接头性能改善

不管是局部抗浮计算模式还是纵向整体抗浮计算模式,接头都起着至关重要的抗浮作用。对局部抗浮计算模式来说,其抗浮作用表现为螺栓抗剪和断面摩擦;对纵向整体抗浮计算模式来说,表现为对纵向总体抗弯刚度的影响。所以,改善接头本身的性能也是抗浮的手段之一。

通过改善浅埋段管片自身的受力性能,如增加浅埋段管片的纵向螺栓数量、加大螺栓直径、设置剪力键,从而提高其抗剪性能,或者在不影响螺栓正常使用的情况下,加大螺栓紧固力,增大邻接管片对上浮段管片的约束力,从而增大管片的整体纵向抗弯刚度,改善其抗浮特性。

盾构隧道纵向抗弯刚度与环向抗弯刚度关系密切,表现为纵向抗弯刚度随环向刚度的增大而增大,所以,增大环向刚度也会对抗浮有积极作用。

6.5 带压进仓技术

6.5.1 带压进仓原理

带压进仓作业(检查及更换刀具、检查刀盘、孤石处理)的工作原理是:在刀盘前方掌子面形成优质泥膜,保证刀盘前方周围地层稳定,气泡仓和开挖仓满足气密性要求,气泡仓和开挖仓下部通过前闸门连通,上部压缩气体连通。在开挖仓内,通过压缩气体来平衡刀盘前方水、土压力,达到稳定掌子面和防止地下水渗入的目的,作业人员在气压条件下,通过气泡仓和开挖仓之间的人舱门安全地进入开挖仓内进行检查、维修保养、更换刀具及孤石处理等作业,如图6.5-1、图6.5-2所示。

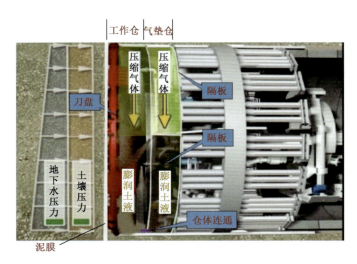

图 6.5-1　气压平衡原理图

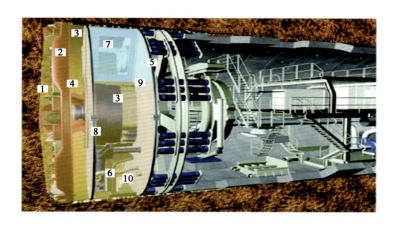

图 6.5-2　泥水盾构开挖仓和气泡仓示意图

1-掌子面；2-刀盘；3-膨润土悬浮液；4-开挖仓；5-分隔板；6-进浆管；7-气泡仓；8-分隔板；9-工作室；10-排浆管

压气对开挖面的稳定作用可大致分为下述三种：

（1）可阻止来自开挖面的涌水，防止开挖面坍塌。

（2）由于气压作用于开挖面，能够直接提高开挖面的稳定性。

（3）由于压气对围岩缝隙起到排挤水的作用，提高了粉砂、黏土层或含有粉砂黏土成分的砂质土的固结强度。

6.5.2　带压进仓气压值计算

带压换刀所需气压值的确定，关键是要确定刀盘切口的压力值，然后根据相关规范规定的潜水员可承受气压值并考虑一定的安全系数，按较低值取用，加压幅值越小，对人体生理健康越有利，劳动效率越高，单班持续工作时间越长。根据经验公式进行数据的核算（核算时应考虑作业范围的地质、岩土及水压等情况），设定值若取太大，会使掌子面的实际压力大于承受压力，从而出现地面冒浆、冒泡等不利现象，造成地表坍塌、危及作业安全；设定值若取太低，会导致掌子面自稳能力下降，出现局部或大部坍塌、滑层等危险。最好的解决办法是根据计算出的理论值进行保压试验，观察液位有无明显变化，如果没有变化则说明在此压力下进仓为最佳时机。海中段切口压力采用水土分算的方式（图6.5-3），带压进仓压力计算公式（海中段）如下。

（1）切口水压上限值

$$P_{fu} = P_1 + P_2 + P_3 \tag{6.5-1}$$

$$P_{fu} = \gamma_w \times h + \sum K_0 [(\gamma - \gamma_w) \times d] + 20 \tag{6.5-2}$$

式中：P_{fu}——切口水压上限值（kPa）；

P_1——水压力（kPa）；

P_2——静止土压力（kPa）；

P_3——变动土压力（kPa），一般取20kPa；

d——各层土的厚度（m）；

γ_w——水的重度（kN/m³）；

K_0——静止土压力系数；

γ——土的重度（kN/m³）。

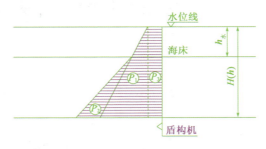

图 6.5-3 切口压力（海中段）计算图

P_1-水压力；P_2-静止土压力；P_3-变动压力，$P_3=20\text{kPa}$；$h_\text{水}$-海水的深度，应根据潮汐确定盾构切口上方实际水深（m）；$H(h)$-隧道埋深（算至隧道顶部）（m）

（2）切口水压下限值

$$P_{f1} = P_1 + P_2 + P_3 \tag{6.5-3}$$

$$P_{f1} = \gamma_w \times h + \sum \{K_a[(\gamma - \gamma_w) \times d] - 2 \times c_u \times \sqrt{K_a}\} + 20 \tag{6.5-4}$$

式中：P_{f1}——切口水压下限值（kPa）；

P_2——静止土压力（kPa）；

K_a——主动土压力系数；

c_u——土的黏聚力（kPa）。

计算切口压力的上限值和切口压力下限值，实际取值介于理论计算值的上下限之间，然后根据实际监测数据并考虑掘进的地面沉降量进行调整。在带压进仓前，充分了解潮汐的变化规律，根据最高水位和最低水位来设置盾构机切口压力值。

6.5.3 作业面的压力平衡控制

海沧大道站—东渡路站跨海区间采用海瑞克生产的 2 台泥水平衡盾构机，单台盾构配备两套 Samson 系统（一用一备），在地面上建立空压机站，地面空压机站配置 BOGE 空压机和赛格冷干机各 3 台，盾构机上配备 3 台空压机并配置可呼吸气体过滤器和油水分离器等，地面空压机站采用常备切换。地面空压机和盾构机上空压机通过阀门和三通接头连通，满足盾构带压进仓要求。

6.5.3.1 高压进仓设备配置

高压进仓设备配置见表 6.5-1。

6.5.3.2 膨润土泥浆配比及置换

1）膨润土制备设备配置

地面泥水处理场配置制调浆系统，应满足盾构掘进及高压进仓时的浆液要求，具体配置见表 6.5-2。

高压进仓设备配置　　　　　　　　　表6.5-1

	空压机规格型号	GA75、GA90
盾构机上气压平衡控制系统	空压机数量	1×GA75+1×GA90
	总排气量	空压机1:17m^3/min 空压机2:12m^3/min
	储气罐总容量	3×2m^3
	气压调节装置调节范围	0~6.5bar
	气压调节装置灵敏度	0.01bar
	自动保压系统及控制方式	Samson气压调节系统
	自动保压系统数量	1+1备用
地面空压机站	空压机规格型号	BOGE S220
	空压机数量	3台
	总排气量	23.8m^3/min/台
	排气压力	排气压力6~13bar,最大压力13.8bar
冷干机	型号	DA-195
	处理能力	空气处理量22.5N·m^3/min

在盾构机上预留专用的注浓泥浆接口,与盾构机同步注浆管路相连接,需要注入浓泥浆时采用同步注浆泵泵送即可。

膨润土制备设备配置　　　　　　　　　表6.5-2

		细目部件名称	参数
制浆设备	性能综述	设备型号	ZXZJ-100制浆设备
		膨润土制浆能力	100m^3/h
		剪切制浆泵(膨润土制备)	100m^3/h,37kW
		制浆池移动搅拌器	16kW
调浆设备	性能综述	设备型号	ZXTJ-2200调浆设备
		浆液综合调整能力	250m^3/h
		清水补给能力	250m^3/h
		膨润土新浆补浆能力	250m^3/h
		超标泥浆调整能力	250m^3/h
	浆液储存单元	清水池体积	432m^3
		制浆池体积	300m^3
		储浆池体积	432m^3
		沉淀池体积	432m^3+396m^3
		弃浆池体积	430m^3+430m^3
		调浆池体积	2×432m^3
		回浆池体积	2×108m^3
		泵坑面积	162m^2

续上表

细目部件名称			参数
调浆设备	浆液搅拌单元	储浆池行走搅拌器	15kW+1.1kW
		调浆池行走搅拌器	2×(2×15kW+1.1kW)
		回浆池固定搅拌器	2×15kW
		制浆池行走搅拌器	15kW+1.1kW

2）膨润土配比要求

膨润土泥浆在带压换刀及孤石处理过程中控制气压和漏气量起到极其重要的作用，为了使泥浆的效果满足施工需要，在带压换刀前应对其配合比和效果进行试验。

膨润土泥浆的技术指标包括膨润土配合比、发酵时间、制备流程。

为了使膨润土泥浆符合本工程需要，对其不同配合比需做多次试验，最终配制出满足要求的膨润土。

（1）将膨润土粉末与配合比所需水充分混合，并持续搅拌一段时间；搅拌好后放置于常温条件下发酵（20℃）。

（2）每隔4h将发酵的膨润土泥浆提取少量样品，并用锥形漏斗稠度仪测量时间，并记录当次发酵时间。

（3）处理数据并提出膨润土泥浆效果评估，如不符合要求，调整配合比并重新试验至满足要求为止。

3）膨润土置换

（1）在确定进仓时间后，应在进仓之前及时对开挖仓进行泥浆置换。采用相对密度为1.1~1.15、黏度为20~23s的稀泥浆进行6h的大循环浆液置换（具体时间根据现实情况而定），使浆液在地层中形成较厚的泥膜渗透带，然后在泥浆场调浆后进行下一步操作。

（2）采用相对密度为1.15~1.2、黏度为25~30s的泥浆再进行6h的大循环浆液置换（具体时间更换现实情况而定），使浆液在开挖面表面进一步形成较厚的致密泥皮，静止2h后观察液面稳定情况。

（3）当气泡仓液位完全稳定后，进行开挖仓气体置换密封试验。降压或升压的过程中，严格控制降升速度，液面变化的速度控制在2cm/min之内，切口压力波动控制在设定值的±0.1bar之内。

（4）当气体置换完毕并停止泥浆循环之后，为了确保在长时间进仓作业过程中开挖仓内泥浆质量的稳定，必须采用同步注浆泵将黏度不小于100s、相对密度不小于1.2的高浓度、高质量泥浆向开挖仓进行补注，确保掌子面稳定。

6.5.4 带压进仓的控制技术

6.5.4.1 停机后开挖仓及气泡仓液位处理

盾构机停机后，盾构机膨润土置换完成，泥膜形成良好，计算并确定盾构机的切口压力值。现以切口压力值为3bar，液位降至开挖仓的1/2处为例介绍开挖仓及气泡仓的液位处理措施。停机后气压平衡图如图6.5-4所示。

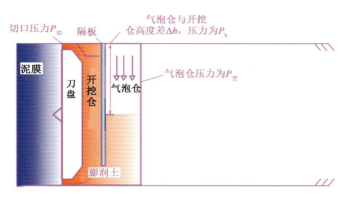

图 6.5-4　停机后气压平衡图

根据公式 $P_{空} = P_{切} + P\Delta h$，以切口压力为 3bar 为例，开挖仓内液体每米压力取 0.1bar/m，盾构开挖直径为 7.02m，故盾构机气泡仓内空气压力 $P_{空} = 3 + 0.35 = 3.35$bar。

(1) 缓慢升高气泡仓的液位高度，每升高 1m 液位后，降低气泡仓空气压力，观察液位 30min，液位及压力稳定后，升高液位 1m，再次降低气泡仓压力值。直至气泡仓内的压力稍大于切口压力，此时气泡仓膨润土液位与开挖仓液位几乎相等，即 $P_{空} \approx P_{切} = 3$bar，如图 6.5-5 所示 (液位高度不能超过 Samson 系统进气口的高度和人舱口的高度)。

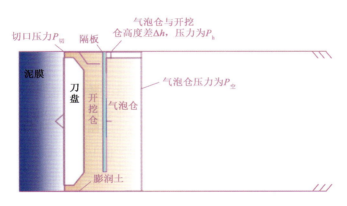

图 6.5-5　气泡仓与开挖仓液位图

(2) 缓慢降低气泡仓和开挖仓液位。打开盾构机底部排浆管道，先降液位至开挖仓的 1/3 处，观察压力的变化情况；若 2h 内无明显变化，液位继续降至开挖仓 1/2 偏下处，观察压力变化情况；若 2h 内无明显变化，人员可开仓带压作业。Samson 系统最终设置为盾构机切口压力值，通过 Samson 系统自动调节，保持气泡仓和开挖仓气压稳定。换刀时气泡仓与开挖仓液位图如图 6.5-6 所示。

6.5.4.2　盾构机恢复掘进技术

换刀作业结束后，待人员与设备撤出土仓和人舱后，气泡仓液位稍微低于开挖仓的液位，如图 6.5-7 所示。

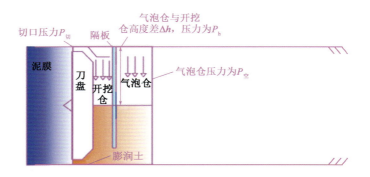

图 6.5-6　换刀时气泡仓与开挖仓液位图

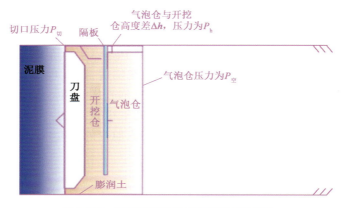

图 6.5-7　恢复掘进前气泡仓与开挖仓液位图

换刀作业结束后,待人员与设备撤出土仓和人舱后,关闭气泡仓与开挖之间的连通阀门,打开平衡管缓慢放气,当气泡仓液位降低1m,增加气泡仓压力,首先降低至气泡仓的1/3处;若无异常,接着降低至气泡仓液位的1/2处,直至平衡管流出浆液。

气泡仓的压力 $P_空$ 需要增加到等于切割面压力 $P_切$ 加上由高度差引起的压力增量 $P_{\Delta h}$,即 $P_空 = P_切 + P_{\Delta h}$。重新到达气压平衡,通过压力传感器可以看到气泡仓内压力变化,重新建立泥水压力平衡,进入正常掘进施工。启动刀盘,恢复掘进,如图6.5-8所示。

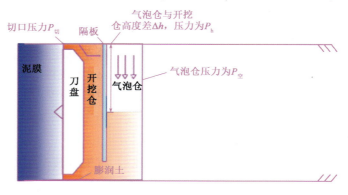

图 6.5-8　恢复掘进气泡仓与开挖仓示意图

6.6 孤石、基岩凸起综合处理技术

6.6.1 工程难题

厦门地铁穿越地层地质条件复杂,穿越主要地层为淤泥,中砂,粗砂,粉质黏土,残积土,全、强风化层,碎裂状强风化层等软弱地层,但部分区间存在以花岗岩和安山岩为主的基岩凸起现象(图6.6-1),并存在一定孤石,给盾构掘进造成一定的困难。

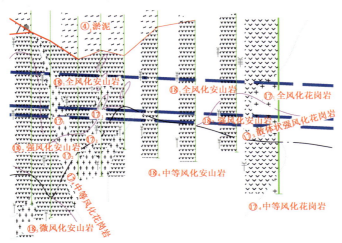

a) 左线基岩凸起段

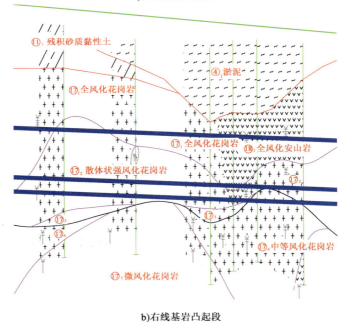

b) 右线基岩凸起段

图 6.6-1 厦门地铁 2 号线基岩凸起区段示意图

基岩凸起区段存在以下3个特点：

(1)基岩凸起段上部局部存在高角度风化裂隙。

(2)基岩凸起带上部普遍存在孤石群。

(3)安山岩两侧与变质砂岩胶结带存在厚的碎裂状强风化带及节理裂隙发育。

由于孤石埋藏分布是随机的,且形状各异、大小不一、岩石强度较高,当盾构机通过此区段时将面临以下问题：

(1)由于孤石单轴抗压强度非常高,与四周风化碎屑强度差异较大,在刀盘切削时,孤石将发生滚动,很难被刀具破碎,掘进效率低下,在掘进中容易出现刀具过载,甚至严重损坏盾构机刀盘结构,有时还会出现刀盘被卡、刀具损坏失效甚至脱落等问题,导致盾构不能正常掘进,甚至被迫停机,增加施工成本,影响施工进度。

(2)盾构掘进时孤石在地层内随机滚动,周边软弱土体破坏,极易造成刀盘偏载,盾构姿态难以控制,可能会因为姿态不好而造成盾尾间隙过小和管片错台裂缝,影响管片的拼装质量。

(3)在此条件下掘进,掘进速度慢,刀具贯入度极低,掘进参数波动大,掘进过程对周边地层扰动大,容易造成地层沉降超标,甚至危及周边建(构)筑物安全,特别是对地层沉降要求较高的地区。

(4)由于孤石周围强风化和全风化地层的稳定性差,遇水极易软化崩解,且其渗透性因风化程度的差异极不均匀,更换刀具时往往需要采取非常规手段,更换刀盘困难,效率低且安全保障性差。

(5)刀具磨损非常严重,刀座、刀盘变形严重,盾构在孤石群中连续破岩掘进,需要频繁开仓换刀,而孤石群周边地层自稳性差,有时需要注浆加固后才能施工,加上掘进施工扰动,开仓作业困难。

由上述可知,若盾构机掘进过程中遇到孤石、基岩凸起等,将导致刀具异常磨损,使得盾构机掘进效率降低并且导致刀具更换频率增大,最终增加施工成本并显著影响工程进度。

刀具磨损对比如图6.6-2所示。

a)滚刀正常磨损　　　　　　　　　　b)刮刀异常磨损

图 6.6-2

c) 滚刀偏磨

d) 圈刀断裂

图 6.6-2　刀具磨损对比

6.6.2　孤石及基岩探测技术

通过提前对隧址区内孤石及基岩凸起位置进行探测,获得盾构掘进区间内孤石大小及其分布情况,可为孤石及基岩预处理提供技术依据,并对困难区段盾构掘进提供预警以调整相关掘进参数。

6.6.2.1　地表探测

由于孤石或凸起基岩周围的土体风化程度较高,使得孤石与周围土体在波速、密度、电阻率、电磁波吸收能力等方面存在明显的差异性(表6.6-1),而这些为采用地表物探方法探测孤石提供了可能性。

孤石或凸起基岩与周围地层的物性差异　　　　表 6.6-1

地层	电阻率($\Omega \cdot m$)	纵坡速度(m/s)	介质常数	吸收系数(db/m)
第四纪土层	$n \sim 2 \times 10^2$	$n \times 10^2 \sim 1 \times 10^3$	8~12	>4.5
全、强风化花岗质岩	$n \times 10 \sim n \times 10^2$	$n \times 10^2 \sim 3 \times 10^3$	7~9	4.5~2.0
孤石或凸起基岩	$n \times 10^3 \sim n \times 10^5$	$3 \times 10^3 \sim 6 \times 10^3$	4~5	<2.0
探测方法	电法	地震法	地质雷达	电磁法

注:n 为介质常数。

一般对孤石或凸起基岩采用"物探+钻探"的探测方法,用物探探明可能存在的异常区域,然后采用钻探方法进一步探明孤石或凸起基岩的位置,以求尽量减少钻孔布置的数量与密度,减少对地面道路及地下管线的影响,降低成本。由于厦门地铁2号线海沧大道站—东渡路站区间横跨厦门西港且上覆水土压力大,盾构掘进过程中面临较多基岩凸起及孤石危险,因此对基岩凸起和孤石处理的要求标准更为严苛。

1) 地质雷达探测

地质雷达是利用超高频窄脉冲电磁波探测介质分布的一种地球物理勘探方法,这种探测方法的依据是不同地层介质常数的差异。利用主频为106~109Hz波段的电磁波,以宽频带短脉冲的形式,由地面通过发射天线发射器发送,当遇到电性差异的目标体(如孤石、空洞、裂隙、岩溶等)时,电磁波便发生反射,由接收天线接收反射波。工作原理图如图6.6-3所示。在对地质雷达数据进行处理和分析的基础上,根据雷达波形、电磁场强度、振幅和双程走时等参数,推断地下目标体的空间位置、结构、电性及几何形态,从而达到探测地下目标体的目的。

实际上,电磁波在介质界面产生反射就是因为两侧介质的介电常数不同,差异越大反射信号越强烈,反之反射信号越差。探地雷达剖面分辨率高,能探测到孤石内部结构,而且探测效率高,无破坏性,受周围环境的干扰小,适应性强。

2) 地震勘测

地震勘测是通过观测和研究人工地震(炸药爆炸或锤击激发)产生的地震波在地下的传播规律来解决地质问题的一种地球物理方法,在岩土工程勘察中运用最多的是高频、高分辨率的浅层地震反射波法(频率<200~300Hz),可以探查与研究深度在100m以内的地质体。浅层地震反射波是以地下介质间的波阻抗差异为前提,当给地面施加一个冲击力,使介质质点发生弹性振动时,该振动变化以应力波的形式在介质中传播,若应力波在传播过程中遇到波阻抗界面,应力波就会产生反射(或折射),其工作原理图如图6.6-4所示。通过地面的检波器接收该反射波信号,利用浅层地震全程多次反射波的时距曲线方程,经计算机进行数据处理和分析,形成反射波的时距曲线,通过对该曲线特征进行分析与研究,可得到地下介质的变化情况,达到勘探目的。

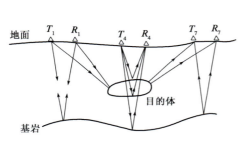

图6.6-3 地质雷达探测的工作原理

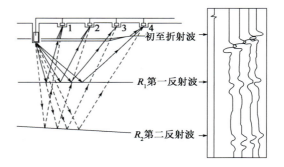

图6.6-4 浅层地震反射波法示意图

浅层地震反射波法作为工程物探方法之一,是钻探施工的先行手段,并具有分辨率高、勘探深度范围大、成果直观明显等优点,被广泛应用于矿山采空区、孤石探测区,岩溶塌陷和断层探测中,在城市发展、山区建设和地灾治理等许多方面具有显著的应用效果。其中刘宏岳等在台山核电海域花岗岩孤石探测中运用了此法。

6.6.2.2 基于掘进参数进行预判

由于在地下接收信号的效果不佳,使得盾构机内探测孤石的发展受限,只能通过盾构机相关的参数变化来发现孤石。盾构掘进的过程中,应对孤石进行预测、判断,注意观察盾构机掘进的异常情况以及掘进参数的异常变化(例如刀盘扭矩剧增大、转动有异响、盾构机颤动明显、渣样与地勘报告严重不符等),判断是否遇到孤石。即使在盾构掘进的过程中,仍应坚持"有疑必勘",及时对地面进行补勘,这就需要工作人员时刻认真关注相关的参数变化,及时反馈,及时采取相关措施予以解决。遇到孤石的推进速度、推力与扭矩变化如图6.6-5~图6.6-7所示。

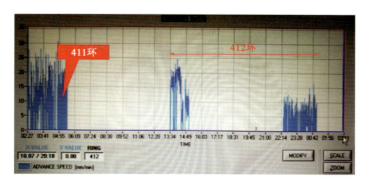

图6.6-5 推进速度变化

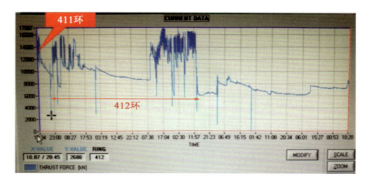

图6.6-6 推力变化

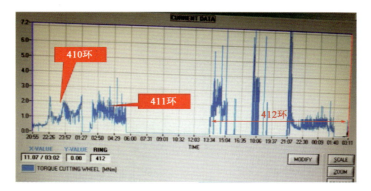

图6.6-7 扭矩变化

6.6.3 孤石、基岩处理技术

6.6.3.1 爆破预处理技术

通常孤石存在于自稳能力不好的残积层,但有时也会由于预先处理基岩不彻底产生人为孤石。盾构施工过程中,由于在软土层中土层无法提供滚刀破岩的反力,孤石会随着土体的破坏而移动或被刀具弹开,挡在刀盘前面并损坏刀具,且造成地层大面积扰动,易造成隧道塌方或冒顶等灾难性后果。若无法顺利进入开挖仓,对盾构施工影响甚大,轻则导致刀具磨损,刀盘堵塞卡住,盾构负载加大;重则刀盘刀座变形、刀盘受力不均匀,导致主轴承受损或主轴承密封被破坏,更有甚者被刀盘推向隧道侧面的大漂石会导致盾构转向,偏离隧道轴线等。基岩凸起主要为中风化花岗岩,平均强度高达92MPa,会造成盾构施工时频繁换刀,且在软土层中换刀存在很大风险。可见孤石和基岩凸起的危害非常大,要尽可能在盾构掘进到有风险的孤石段前,对孤石进行预处理。

预处理方法如下:根据加密补勘探明的地质情况,在盾构施工开始前,对存在的孤石及基岩凸起通过地质钻机对岩石进行钻孔,从地表将炸药安放在需要爆破的岩体内,利用炸药爆炸产生的能量对岩石进行破碎,将硬度较高的岩石分割、解体成碎块,使碎块粒径满足盾构机出渣口的要求,以便盾构施工时顺利通过,从而规避工程风险。

6.6.3.2 岸上段爆破预处理施工工序

1)施工原理

针对盾构区间孤石及基岩凸起情况,为确保盾构掘进施工的顺利进行,对于存在的孤石、基岩凸起拟采取"内部作用药包"进行预处理。即通过前期勘探探明的地质情况,对存在孤石及基岩凸起的地方再通过地质钻机进行引孔施工至孤石或基岩凸起位置处,利用地质钻机对岩石进行钻孔,然后从地表将炸药安放在岩石指定位置,利用炸药爆炸产生的能量将岩石破碎、解体。施工中应考虑孤石的大小、基岩凸起的位置、强度、深度、周边环境等因素影响,严格控制单段起爆最大药量,确保爆破施工安全。

2)岸上段爆破施工工序

爆破施工流程如图6.6-8所示。

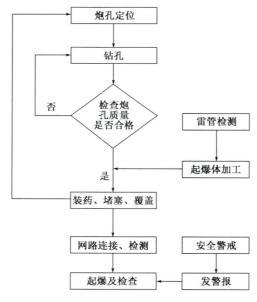

图6.6-3 爆破施工流程图

3）钻孔施工

采用地质钻机对盾构线路中的孤石及基岩凸起进行取孔，施工选用 φ108mm 钻杆垂直取孔。钻至设计深度后，须全部清除孔中的碎石、泥沙、泥浆，并保持炮孔畅通，下设内径 75mm 的聚氯乙烯管（PVC 管）护孔，记录岩面高度即覆盖层厚度、岩石中炮孔长度。

炮孔位置、垂直度需准确，因此取孔时应采取以下措施：炮孔的孔距、排距应通过全站仪等测量仪器设备定位；岩石中钻入时，地质钻向下用力、转速应降低，以保证钻头遇到斜坡岩面或非规则岩面不发生偏移，进而保证岩石中炮孔位置、垂直度符合设计要求。

钻孔施工时，需有经验的钻工严格按照现场工程师的要求钻孔，每次钻到岩石后，记录岩石顶、底面高程。钻孔时必须做好记录，各个钻孔取出的岩芯分别放置，然后进行拍照、记录及技术分析。

由于孤石、基岩凸起边界存在不精确性，施工时爆破孔布置必须超出孤石、基岩凸起范围，以保证爆破效果。

采用地质钻机对盾构线路中的孤石及基岩凸起进行钻孔，钻孔呈梅花形布置（图6.6-9），间距 70cm，记录岩面高度即覆盖层厚度、岩石中炮孔长度。为了彻底破碎岩石，不留有欠炸岩坎，爆破范围应超出盾构开挖断面范围 1m，炮孔需超深 1m。

图 6.6-9　梅花形钻孔

4）炮孔验收

炮孔钻好后，由技术人员验收，炮孔上下畅通可装入套管及药包为合格，并做好护壁及成孔保护，验收合格后方可装药施工。

5）装药施工警戒

为了现场机械设备及施工人员的安全，装药爆区范围内必须设置警戒，有专职安全员负责，严禁闲杂人员进入。

6）炮孔装药

将乳化炸药装入内径 75mm 的 PVC 管中，并安放 4 发雷管，装药长度大于需爆破岩层厚度。药包的绳索总长度大于孔深 2m，并在绳索上系上小红布条等明显标识物以做标记，该标记处到 PVC 管底部的长度等于全炮孔（覆盖层厚度＋岩石炮孔深度）深度。对炮孔架空防护、重型压盖，架空高度 0.6m，采用钢板或预制盖板。

至少应由 2 人配合进行装药，1 人拎药包，双手交换缓慢放开麻绳，1 人拿炮棍慢慢压送药包，使药包逐步下放至炮孔底部，直至绳索上的标记到炮孔口，误差若在 ±10cm 以内，即认为药包已就位。

炮棍也为PVC管，每根管长4m，每根有一端为扩口式，由此PVC管间可相互直插式连接，以达到所需的炮棍长度。每个炮孔装药完成后，炮棍可拆卸收回。

7）炮孔堵塞及覆盖

药包就位后，向炮孔中慢慢倒入沙子，堵塞长度大于5m。由于药包在地下16m以下，不会产生飞石，但是爆破后产生的高压气体可能将炮孔内的泥水压出孔外。为了防止涌出的泥水飞溅和PVC护管凸起，需对炮孔架空防护、重型压盖，架空高度0.6m。采用整体焊接的钢支架笼架空，在支架笼底部焊接或铆接钢筋网片，在钢筋网上捆绑2层竹片，在竹片上码放混凝土块，配重后的每个支架笼质量大于2000kg。钢支架笼的尺寸为长×宽×高＝2.0m×2.0m×1.2m，用钢筋、角钢、钢管焊接制成（图6.6-10）。

图6.6-10　炮孔覆盖图

8）爆破网路

采用多段高精度毫秒数码电子雷管，段延时间隔时间25～50ms，实行孔间或排间毫秒延期爆破，各段间隔时间25～50ms，逐孔或逐排进行起爆。每个炮孔内装4发雷管，采用专用起爆器起爆。一次起爆炮孔数根据所允许起爆的最大段药量而确定。

逐孔或逐排起爆方式见图6.6-11，图中数字代表雷管段别号（即起爆顺序）。

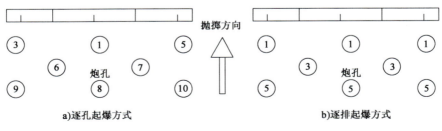

图6.6-11　逐孔、逐排起爆网路示意图

9）现场警戒

为了保证爆破施工的安全,在爆破作业前在主要位置张贴爆破"施工公告"。在爆破施工作业时以爆破中心周围 50m 为警戒线进行安全警戒,统一爆破警戒信号和起爆信号,爆破前派人员进行清场工作,确保现场所有人员撤离至安全地带,并临时阻断通往和邻近爆区的道路后,由各警戒点警戒人员发信号通知爆破班组长警戒完毕。班组长下达准爆命令,爆破员要鸣哨示警两次,每次吹三次长音哨子,确认安全后方可起爆。

警戒点安排:爆区分别设 5 个警戒点(可根据情况增加警戒岗位,但不可减少),选择可通视的地点设立警戒岗哨。

10）起爆

一旦全部警戒工作完成,再次联络各警戒点,确认无误后,下达起爆命令。爆破完毕,经技术人员检查现场无误后,下达解除警戒命令。

11）爆破效果检测

爆破后需对该爆破区域进行取芯检测爆破效果,试验段取芯 3 处(图 6.6-12、图 6.6-13),对其他区域的孤石每处取芯 2 处,其中 1 处需位于孤石中心位置处。基岩凸起检测孔数量按总爆破孔数的 3%,每处取芯 21 处,取芯深度应达到设计深度。岩芯取出后对芯样裂度进行分析、判断,以抽取出的完整岩芯单向长度不大于 25cm 为合格。若抽检岩芯不合格,则补孔进行二次爆破。

图 6.6-12　3 处爆破前芯样(DK18+754.4)

图 6.6-13　3 处爆破后芯样(DK18+754.4)

12）地面封孔

爆破钻孔均布置在隧道正上方,必须严格保证封孔质量。采用水泥砂浆进行封孔,将原爆破孔封孔至地面高程,封孔质量必须经现场管理人员验收。

13）注浆

爆破完成后，采用袖阀管注浆，对爆破区域的上方土体进行加固。袖阀管注浆采用水泥浆液，注浆范围为爆破区域前后左右各延伸3m，注浆参数见表6.6-2，根据现场实际情况可适当调整注浆参数。

施工参数表　　　　　　　　　　　　　　　　表6.6-2

项目		参数	备注
注浆孔直径		91mm	
阀管外径		52mm	
注浆深度		同钻孔长度	
注浆参数	注浆量（m³/m）	0.22	采用P·O 42.5级水泥
	水泥用量（kg/m³）	750	
	泵压（MPa）	1.0～1.5	
	水灰比	1:1	
	注浆量（L/min）	20～45	
	提管间隔高度（cm）	50	

采取分段式注浆，每段注浆完成后，向上或向下移动一个步距的心管长度。宜采用提升设备移动，或人工采用2个管钳对称夹住心管，两侧同时均匀用力，将心管移动。每完成3～4m注浆长度，要拆掉一节注浆心管。注浆结束后，在注浆管上盖上闷盖，以便于复注施工。

14）注浆效果检测

注浆结束后28d需对该加固区域进行取芯，检测加固效果，孤石每处取芯2处，基岩凸起检测孔数量按总注浆孔数的3%，每处取芯21处，不合格者应重新施工。在已施工好的固结体中钻取岩芯，并将其做成标准试件进行室内物理力学性能试验，检查内部桩体的均匀程度。

15）原地面恢复

施工完成后按设计要求对原路面进行恢复。

6.6.3.3　海上段爆破预处理施工工序

与岸上段爆破预处理相比，海上处理难度较大。通过盾构的出渣能力，初步确定爆破瓦解后孤石的大小范围；通过控制爆破孔间的距离和炸药的用量来确定孤石或凸起基岩爆破后的大小；通过凸起基岩的形状和大小来确定爆破口的位置，利用小口径钻头从地下钻，在爆破眼中放上适当的炸药，对孤石或凸起基岩进行爆破达到分裂瓦解的目的。

在确定的孤石或凸起基岩处采用地质钻机引孔来钻孔，钻孔的孔距为0.5～0.8m。为了确定孤石的形状、体积大小，采取向外扩展的方式进行钻孔，确保整个孤石被包络在钻孔中，布孔形式采用矩形或梅花桩形。为了便于施工，达到较好的爆破破碎效果，采取首先对边缘孔进行爆破，然后利用边缘孔爆破挤压周围土层产生的自由面，再对中间孔进行逐个起爆。根据孤石或凸起基岩厚度，将孤石或凸起基岩分三类进行爆破参数设计，即厚度2m以下、厚度2.0～3.0m、厚度3.0m以上的孤石三种情况，如图6.6-14所示。

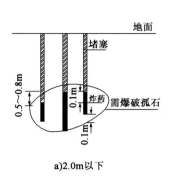 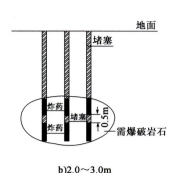 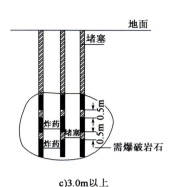

图 6.6-14 钻孔爆破装药示意图

若孤石或凸起基岩过大,可分多次进行爆破。这种方法对地层的适应性很强,对环境的影响较小,而且施工的风险小,成本也不高,效果较好。具体步骤如下:

1)钻孔施工

抛锚移船定位:由辅助船把钻爆船拖到爆破区,并辅助钻爆船抛设六具锚,其中船头和船尾各抛一具中锚,锚缆长 150~300m;钻爆船两侧各抛二具边锚,锚缆长 150~200m。在水下钻孔定位时,利用 RTK-DGPS 全球卫星定位系统进行钻孔定位。

采用潜孔冲击钻,要求一次钻至设计孔底高程(含超钻深度),梅花形布孔。潜孔钻成孔过程中钢护筒全程跟进,埋设至岩面,护筒直径 219mm,壁厚 10mm。

钻孔时,采用柴油机供给钻机动力,钻机回转钻具,钻具的潜孔冲击器在空压机送给的高压气体和钻具的重力作用下,钻取孔径 $d = 138$mm 的炮孔(图 6.6-15),同时,孔内的杂物由高压气体吹出孔外。

图 6.6-15 潜孔钻机成孔

由于孤石、基岩凸起边界存在不精确性,施工时爆破孔布置必须超出孤石、基岩凸起范围,以保证爆破效果,超深 1m。钻孔施工时,需有经验的钻工严格按照现场工程师的要求钻孔,每次钻到岩石后,记录岩石顶、底面高程。钻孔时必须做好记录和技术分析。

2）炮孔验收

炮孔钻好后，由技术人员验收，炮孔上下畅通可装入药包为合格，并做好成孔保护，验收合格后方可装药施工。

3）装药施工警戒

为了现场机械设备及施工人员的安全，装药爆区范围内必须设置警戒线，有专职安全员负责，严禁闲杂人员进入。

4）炮孔装药

采用特制的圆形塑料筒装药柱，孤石处药柱直径为60mm，基岩凸起处药柱直径为100mm，采用高密度、高性能抗水乳化炸药。每个孔钻孔完毕后立刻装药。在炮孔药柱上部捆绑长度50～100cm的细砂进行配重，使药包能自动下沉至有水的炮孔孔底（图6.6-16），即保证药包在水孔中不上浮。

图6.6-16 药柱下放

抗浮配重计算：细沙密度为 $2.5g/cm^3$，炸药密度约为 $1.1g/cm^3$，海水密度约为 $1.025g/cm^3$，孔内泥浆密度约为 $1.15g/cm^3$。$L_{泥浆} = L_{药} + L_{沙}$，$\rho_{泥浆} > \rho_{海水}$，只需计算孔内为泥浆时的抗浮配重，施工时若满足 $G_{药} + G_{沙} > F_{泥浆}$ 关系，则药包会顺利下沉。上式中水平截面的面积相同，转化为 $\rho_{药}L_{药} + \rho_{沙}L_{沙} > \rho_{泥浆}L_{泥浆}$，$L_{药}$ 以500cm为例，$L_{沙}$ 取50cm，$1.15 \times 550 = 632.5$，$1.1 \times 500 + 2.5 \times 50 = 675 > 632.5$，因此药包会顺利下沉。

爆破员应按如下程序操作：

（1）按设计要求加工起爆体和装填炸药。

（2）用测深绳检查炸药是否到达孔底，若未到达，应用炮棍压送到孔底。

（3）装好炸药后用砂筒填塞炮孔上部。

（4）取出导爆管。

（5）一次起爆的炮孔全部装好炸药后，连接起爆网路。

（6）垂直方向存在多处孤石时，孤石之间的部位倒入砂。

5）炮孔堵塞

药包就位后，向炮孔中慢慢倒入砂，堵塞长度应大于5m。

6) 封孔及拔管

上拔护筒并逐节拆除(图6.6-17),与此同时向护筒内注入水泥浆液(水灰比为0.8∶1)封孔,采用GUB3.0型单缸灰浆泵进行注浆,从护筒最底部封孔至海床面,封孔质量必须经现场管理人员验收。

图6.6-17 拔套筒

7) 爆破网路

采用1~7段导爆管毫秒雷管,其他要求同岸上段爆破施工。

8) 现场警戒

爆破网路连接、检测完成后,按设计安全距离和安全要求警戒。确认所有人员、船只都在危险区以外,通往和邻近爆区的航道已临时阻断,并确认危险区内没有白海豚后,发出起爆信号,爆破警戒范围为爆区周边150m。海上警戒采用警戒船在爆破周边进行巡逻,对附近船只进行喊话、劝阻。

右线DK18+918.8处孤石距离海堤30m,为了确保安全,爆破施工时不仅需要警戒船对海面船只进行疏导,海沧湾公园部分路段人员也需临时疏散,警戒人员需要封闭部分路段。

9) 起爆

同岸上段爆破施工内容。

10) 爆破效果检测

爆破后需对该爆破区域进行取芯检测爆破效果,试验段取芯3处,对其他区域的孤石每处取芯2处,其中一处需位于孤石中心位置处。基岩凸起检测孔数量按总爆破孔数的3%,共取芯7处,取芯深度达到设计深度。岩芯取出后对芯样裂度进行分析、判断,以抽取出的完整岩芯单向长度不大于25cm为合格。若抽检岩芯不合格,则补孔进行二次爆破。

11) 注浆

爆破完成后,对爆破区域进行注浆加固。加固范围大于爆破范围2m,布孔间距0.8~1m,浆液采用水泥浆液,水灰比为1∶1,浆液内加入适量速凝剂,速凝剂掺量现场调配,浆液采用UJW150搅拌机船上搅拌,注浆压力控制在1.5~3MPa。根据现场实际情况可适当调整注浆参数。

采用跟管钻机进行钻孔,套管下放至爆破岩石内部。基岩凸起处钻孔钻至隧道底部以下1m,孤石处钻孔钻至孤石底部以下1m。套管内部安装袖阀管,两管之间用双液浆填充空隙,然后进行注浆。各孔注浆压力达到设计终压并应稳定10min,且进浆速度小于开始进浆速度的1/4时,可认为注浆结束。注浆现场施工图如图6.6-18~图6.6-22所示。

图6.6-18 跟管钻机成孔

图6.6-19 注浆作业平台

图6.6-20 下放袖阀管

图 6.6-21 套壳料注浆

图 6.6-22 分段注浆

12）注浆效果检测

注浆结束后 28d 需对该加固区域进行取芯，检测加固效果，孤石每处取芯 2 处。基岩凸起检测孔数量取总注浆孔数的 3%，共取芯 16 处，不合格者应重新施工。在已施工好的固结体中钻取岩芯，并将其做成标准试件进行室内物理力学性能试验，检查内部桩体的均匀程度。

6.6.3.4　爆破预处理段盾构推进情况

盾构在爆破区域均顺利穿过，注浆效果良好，推进过程中，压力、液位稳定，未发生冒顶现象。渣样如图 6.6-23 所示。同步注浆量大，是理论注浆量的 1.7～2.5 倍，本工程理论注浆量为 5.17m³/环。右线陆地段基岩凸起区域注浆量对比如图 6.6-24 所示。由于爆破产生的碎渣堆积在仓底，不容易被泥浆循环带出，易产生"滞排"现象，故必须控制推进速度在 10～20mm/min，增加泥浆循环时间；如果碎渣堆积较多，扭矩会剧增，可能会出现抱死刀盘现象。右线陆地段基岩凸起区域扭矩、推力对比如图 6.6-25、图 6.6-26 所示。

图 6.6-23　渣样

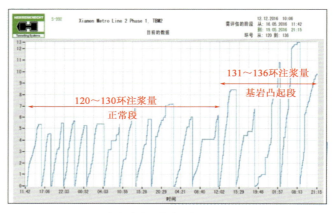

图 6.6-24　右线陆地段基岩凸起区域注浆量对比图

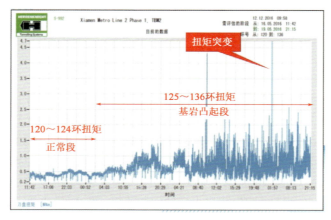

图 6.6-25　右线陆地段基岩凸起区域扭矩对比图

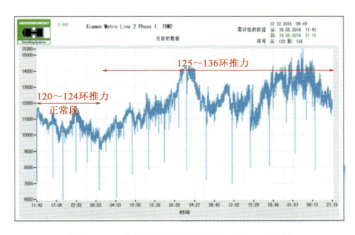

图 6.6-26　右线陆地段基岩凸起区域推力对比图

6.6.4　隧道内处理技术

盾构机掘进过程中,还可能存在孤石。原因一是前期进行孤石爆破后,大的孤石变成小的孤石,二是地层中本来就存在的小的孤石。根据刀盘开口最大尺寸,能通过刀盘进入气泡仓内的最大直径为290mm,因此爆破后石块的单边长度最好控制在290mm以内,以便于石块能顺利进入气泡仓内,直接破碎后通过P泵排出。孤石主要存在两种情况,一种情况是大量直径在290mm左右的孤石堆积在气泡仓底部,盾构机破碎机无法破碎大量孤石,把前闸门堵死;另一种情况是孤石单边长度大于290mm,无法通过刀盘进入气泡仓内。盾构机在掘进过程中刀具更换及孤石处理方式主要有以下三种:

(1)在常压条件下直接敞开式换刀及孤石处理,该方式最为简便,而且成本最低,但适用于土体稳定、地下水较少、有较高自稳性的地层且盾构机自身配置满足常压换刀要求。

(2)地层经过排水或加固后,在常压条件下直接采用敞开式换刀及孤石处理,该方式可根据经验提前加固,实际操作也比较简单,但加固成本较高,施工工期长,在不具备加固条件的地层中不适应。

(3)利用压入空气来稳定掌子面,在非常压条件下进行刀具检查、更换及孤石处理,该方式适用范围较广,对周围环境影响小,但其技术难度高,且人员在加压的条件下有效工作时间较短,且有一定的风险。

海沧大道站—东渡路站为跨海区间,在海底进行盾构施工,水土压力最大为6bar,盾构机直径较小,第一种和第二种换刀模式不能满足跨海区间换刀及孤石处理要求。根据本工程地质和泥水平衡盾构机配置情况,采用第三种模式,即采用带压换刀模式。

6.6.4.1　盾构机直接掘进

当工期较紧,没有时间对孤石或凸起基岩进行辅助处理,同时孤石或凸起基岩周围区域没有管线或者桩基础建筑物存在,施工中对地层变形的影响要求较低时,则可以不采用辅助工法,通过调整盾构掘进参数直接通过,这就要求刀具具有足够的破岩能力,而且孤石处于固定状态,靠刀盘的冲击破碎通过孤石或凸起基岩区域。在处理直径较大的孤石或大规模侵入开挖限界的凸起基岩,或孤石与刀盘的接触面较大的情况下,一般都要采取提前进行注浆、冷冻等固定措施固定孤石后再掘进。这种方法对地层的适应性较好,但对环境的影响较大,施工风险也很大,成本虽然低,但施工的效果较差。

6.6.4.2 静态爆破

1) 爆破原理

静态爆破技术,是将静态爆破剂利用适量的水(一般情况下含水量为30%)调成流塑状浆液,灌入事先利用爆破风钻在岩石上打设好的爆破孔,如图6.6-27所示,然后对孔口进行有效封堵。静态爆破剂经水化反应后使晶体变形,产生的膨胀力将岩石撑裂。爆破后,泥浆的裹挟作用将小孤石排出,为防止土体的坍塌,应控制孤石和刀盘的距离在1m内。静态爆破施工时,先确定孤石或凸起基岩的位置,待盾构刀盘到达孤石或凸起基岩表面后,利用盾构机的超前注浆孔对孤石或凸起基岩周围的土体进行加固,开仓对孤石或凸起基岩进行钻孔。

图6.6-27 风钻钻孔

2) 特点

静态爆破的缺点是传统静态爆破利用膨胀剂、破碎剂的方法,周期较长、施工产量低、场地临空面要求高、受雨水和温度影响大、有喷浆和强碱性危害等,并且施工的风险较大;静态爆破剂对孔深和封孔效果要求较高,静态爆破剂25min就开始裂变,若钻孔深度及封孔方法不当,爆破剂在裂变时释放的应力从受力最薄弱的孔口喷出,达不到爆破效果;利用静态爆破剂进行孤石处理,首先需利用风钻钻孔,由于在密闭带压空间内,空气交换不及时,产生的废气对作业人员健康存在伤害。产生的废气还会增加气泡仓的空气压力,不利于掌子面的稳定;静态爆破剂反应时间长(装药后,经过3~8h爆破物即可自然开裂),需要在带压状态下应用,效率低,每次带压进仓处理孤石的有效工作时间有限、成本高昂,一旦爆破失败,需二次进仓处理。

静态爆破法具有以下优点:

(1)高效率、高效益。

（2）环保、安全。静态爆破在破碎过程中无振动、无飞石、无噪声、无毒、无污染。静态爆破剂不属于危险品，无公害，可按普通货物进行运输和储存，在购买、运输、保管中无任何限制。

（3）使用方便。使用时按配合比要求，用水搅拌后灌入钻孔中即可。

（4）速度快、力量大，且具有可控性。一般装药后半个小时左右即可出现裂缝。扩张力可达 30～190MPa。按破碎要求，设计适当的孔径、孔距、角度，能够达到"外科手术式"的分裂、切割孤石。在不适于炸药爆破环境条件下，更显其超众的优越性。

3）静态爆破的工艺流程及操作要点

静态爆破的工艺流程如图 6.6-28 所示。

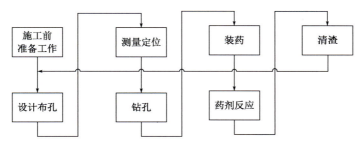

图 6.6-28　静态爆破的工艺流程

①对于需破碎的孤石需要了解其性质、节理、走向及地下水情况。钻孔参数、钻孔分布和破碎顺序则需要根据破碎对象的实际情况而定。

②设计布孔

布孔前首先要确定有一个以上的临空面，钻孔方向应尽可能做到与临空面平行，临空面（自由面）越多，单位破石量就越大。切割孤石时同一排钻孔应尽可能保持在一个平面上；孔距与排距的大小与孤石硬度有关，硬度越大，孔距与排距越小，反之则大。

③钻孔

钻孔直径与破碎效果有直接关系。钻孔过小，不利于药剂充分发挥效力；钻孔太大，易冲孔。拟采用直径为 30～50mm 的钻头。钻孔内余水和余渣应用高压气体吹洗干净，孔口旁应干净，无土石渣。

④钻孔深度和装药深度

孤立的岩石钻孔深度为目标破碎体的 70%～80%，需要分步破碎的大体积岩石，钻孔深度可根据施工要求选择，装药深度为孔深的 100%。

⑤装药

向下和向下倾斜的眼孔，可在药剂中加入 22%～32%（质量比）左右的水（具体加水量由颗粒大小决定），拌成流质状态后，迅速倒入孔内并确保药剂在孔内处于密实状态。用药卷装填钻孔时，应逐条捅实。粗颗粒药剂水灰比调节到 0.22～0.25 时静力破碎剂的流动性较好，细粉末药剂水灰比在 0.32 左右时流动性较好，也可以不捅实，采用向下灌装捣实。如施工条件允许，推荐采用"由上到下，分层破碎"的施工方式，以方便工人操作。

水平方向和向上方向的钻孔，可用比钻孔直径略小的高强长纤维纸袋装入药剂，按一个操作循环所需要的药卷数量放在盆中,倒入洁净水完全浸泡,30~50s后药卷充分湿润、完全不冒气泡时,取出药卷从孔底开始逐条装入并捅紧,密实地装填到孔口,即"集中浸泡,充分浸透,逐条装入,分别捣实"。孔口留5cm用黄泥封堵,保证水分药剂不流出。孤石刚开裂后,向裂缝中加水,使药剂持续反应,可获得更好效果。操作人员的协调配合很重要,采用"同步操作,少拌勤装"的方式操作,即每组施工工人在每次操作循环过程中负责装的孔数不能过多,每次拌药量不能超过实际完成的工作量;各灌装小组在取药、加水、拌和、灌装过程中应基本保持同步,可以让每个孔内药剂的最大膨胀压基本保持同期出现,以利于孤石破碎。

每次装填药剂,都要观察确定岩石、药剂、拌和水的温度是否符合要求。灌装过程中,已经开始发生化学反应的药剂(表现为开始冒气和温度快速上升)不允许装入孔内;从药剂加入拌和水到灌装结束,这个过程的时间不能超过5min。

药剂反应时间的控制:药剂反应的快慢与温度有直接关系,温度越高,反应时间越快,反之则慢。实际操作中,控制药剂反应时间过快的方法有两种:一种是在拌和水中加入抑制剂;另一种方法是严格控制拌和水、干粉药剂和孤石的温度。

药剂反应时间过快易发生冲孔伤人事故,可用延缓反应时间的抑制剂。抑制剂放入浸泡药剂(卷)的拌和水中,加入量为拌和水的0.5%~6%。冬季需加入促发剂和提高拌和水温度。拌和水温最高不可超过50℃。

4)静态爆破需要设备

静态爆破需要设备情况见表6.6-3。

静态爆破需要设备清单 表6.6-3

序号	名称	规格	单位	数量	备注
1	液压岩芯钻	30~50mm	台	2	
2	空压机	12m^3	台	1	盾构机上已经配置,满足压缩空气要求
3	盛水桶	0.3m^3	个	4	
4	拌和盆	—	个	3	
5	捅棍	0.3~1m	根	5	0.3m长2个,0.5m长2个,1m长1个
6	防护眼镜	—	个	8	
7	防护手套	—	个	8	
8	电子秤	—	台	2	精度要求为0.1kg
9	量筒	—	个	2	

6.6.4.3 采用风镐处理孤石

风镐是以压缩空气作为动力,利用风镐冲击作用破碎孤石(图6.6-29),一般需要5bar气压,盾构机气泡仓内配置有压力为10bar的动力气源,能满足风镐的使用要求,利用风镐破除孤石30min,只能破除掉100mm×50mm的小块孤石,工作效率较低,并且风镐在密闭空间内,产生的废气不能立即循环排除,严重危害带压作业人员的呼吸系统,加之气泡仓内气压增高,存在地面隆起的不安全因素。因此,风镐处理孤石,只适用于岩石体积小、强度低的环境。

图 6.6-29 风镐破碎孤石

6.6.4.4 利用石匠夹片处理孤石

根据花岗岩地质"硬而脆"的节理特性,利用石匠夹片(俗名石头蟹,如图 6.6-30 所示)进行孤石处理,此种方法首先利用风钻钻孔,钻孔直径为 40mm,选用 22mm 的石匠夹片进行孤石处理,效果非常不理想。优缺点如下:

(1)方法简单、经济,适用于单个或体积较小的孤石处理。
(2)利用石匠夹片前需先用风钻钻孔,存在安全风险。
(3)石匠夹片在带压情况下,对作业人员的体力要求较高,工作效率不高。
(4)需要利用大锤敲击石匠夹片,开挖仓内空间受限,敲击无力。

6.6.4.5 利用液压割锯处理孤石

液压割锯由两部分组成,一部分是割锯,此割锯为链条式,耐磨性能非常好;另一部分是液压泵站,液压压力高达 275bar,如图 6.6-31 所示。该液压绳锯可将高强度岩石直接进行切割,割除孤石速度快,能割除的最大硬度高达 200MPa。

图 6.6-30 石匠夹片　　　　　　　图 6.6-31 液压割锯

通过此次进仓割除孤石的案例,发现液压割锯有以下优缺点:

(1)割除孤石速度快,30min 即割除掉一块 250mm×250mm×220mm 孤石(图 6.6-32)。
(2)通过盾构机气泡仓隔板上预留的液压接口(图 6.6-33)连接割锯和液压泵站,使液压泵站放置在仓外,保证了气泡仓内的安全。

（3）液压割锯割除孤石的硬度高达200MPa，完全满足割除孤石的要求。

（4）割除孤石速度快，本次带压进仓两次将孤石割除完毕，如图6.6-34所示，运输至仓外。减少了带压作业人员的工作时间，有效降低了带压进仓的风险。

（5）液压割锯使用液压驱动，气泡仓内没有废气产生，对带压进仓人员和掌子面的稳定不会产生不良影响。

（6）液压割锯尺寸小，长度为600mm，质量轻（6kg），对空压狭小空间孤石割除非常有利，可有效降低带压作业人员的劳动强度。

（7）本次选用的液压泵站是内燃机式，长时间在隧道内开启将产生大量CO气体，当CO浓度达到一定值时对人体是有伤害的，因此，在隧道内使用时应特别注意通风，风机要不间断开启。同时，建议在割锯选型时，最好选用电动型的泵站。

图6.6-32　割除的孤石　　　　图6.6-33　盾构上预留液压接口　　　　图6.6-34　分块后的孤石

6.6.4.6　利用液压劈裂机处理孤石

1）液压劈裂机简介

液压劈裂机是利岩石与混凝土呈脆性的特点，采用楔块原理来设计的，在最狭窄的孔中能够向外释放出极大的分裂力。液压劈裂机一般用于采石场荒料的开采。液压劈裂机由泵站和分裂器两大部分组成，工作时由泵站输出的高压驱动液压缸，产生巨大推力，驱动楔块组中的中间楔块向前伸出，将反向楔块向两边撑开，即可使被分裂物体分裂。液压劈裂机和泵站如图6.6-35所示。

图6.6-35　液压劈裂机和泵站

液压劈裂机是一种手工操作的设备,它利用液压作为动力,可以控制性地分裂岩石。

2)优点

(1)安全性

液压劈裂机利用液压油不可压缩及可流动性的物理特性,加以静态推力,实现静态可控性的工作。因此无须采取复杂的安全措施,不会像爆破和其他冲击性拆除、凿岩设备那样,存在一些危险隐患。

(2)环保性

液压劈裂机工作时,不会产生振动、冲击、噪声、粉尘飞屑等,仓内环境不会受到影响,被称为"绿色环保拆除专家"。即使在开挖仓内狭小空间中也可灵活使用。

(3)经济性

液压劈裂机分裂力大(最大分裂力可达100000kN),因此一次工作时间只需要几秒钟,并且可以连续无间断地工作,效率高;其运行及维护保养成本很低;无须像爆破作业那样采取隔离或其他耗时和昂贵的安全措施。

(4)灵活性

液压劈裂机采用人性化设计,体积小、质量轻、结构紧凑,使用方法简单易学,仅需单人操作,还可以在水下作业。维护保养便捷,使用寿命长。

(5)精确性

与大多数传统的拆除方法和设备不同,液压劈裂机可以预先精确地确定分裂方向,可以按所需分裂形状以及需要取出部分的尺寸做到精确拆除分裂。

3)使用方法

首先,通过盾构机气泡仓隔板上预留的液压接口(图6.6-36)连接分裂器和液压泵站,使液压泵站放置在仓外。

然后,在卡在刀盘上的孤石上面使用风钻或液压钻,钻一个特定直径和深度的孔。

图6.6-36 盾构上预留液压接口

将液压劈裂机的楔块组(一个中间楔块和两个反向楔块)插入孔中,中间楔块通过液压压力的作用在两个反向楔块之间向前运动,被分裂的孤石在几秒钟之内按预定方向裂开。

6.7 本章小结

本章对盾构隧道施工中的关键技术进行了全面而深入的探讨,涵盖了从始发施工到孤石、基岩凸起综合处理等多个关键环节。在充分搜集文献和多次方案论证的基础上,对盾构隧道施工的多个阶段提出了相应的控制技术和处理策略。

(1)在始发施工部分,详细阐述了始发流程、反力架的安装与定位以及穿越玻璃纤维筋地下连续墙的控制技术,确保了盾构机在始发阶段的安全和稳定。

（2）关注了掘进扰动与保压技术。通过数值模拟技术模拟了盾构掘进过程对周围土体的扰动情况，并提出了带压进仓保压控制技术、裂隙发育地层保压技术和碎裂状强透水不稳定地层保压技术，有效减少了掘进过程中的不利影响，确保了盾构机的平稳掘进。

（3）在混凝土套筒接收部分，分析了施工难点，并提出了砂层加固技术，进行混凝土套筒接收渗流分析。同时，详细描述了接收方案，确保混凝土套筒能够顺利接收盾构机。

（4）空推段施工技术是盾构施工中重要的组成部分，通过对空推段浆液性能的优化、空载推进控制措施以及空载段管片上浮控制策略的制定，有效管理了空推段的施工过程，保障了盾构机的安全推进。

（5）带压进仓技术是盾构施工中不可或缺的一环，本章介绍了带压进仓的原理，并详细说明了带压进仓气压值的计算方法、作业面的压力平衡控制策略，确保了带压进仓过程的安全和顺利。

（6）在孤石、基岩凸起综合处理部分，分析了工程难题，并提出了孤石及基岩探测技术、孤石、基岩处理技术和隧道内处理技术，有效解决了盾构施工中可能遇到的孤石、基岩凸起等问题。

本章的研究成果不仅提高了盾构隧道施工的效率，还显著增强了施工的安全性。这些技术和方法不仅适用于本工程，也为类似工况下的盾构掘进施工提供了宝贵的理论和方案参考。

第 7 章

联络通道施工关键技术

大时代

盾智行

构未来

本工程海底区间共设置4座联络通道,区间1号联络通道主要位于强风化安山岩,部分位于碎裂状强风化变质砂岩。区间3号联络通道位于中风风化变质砂岩,因地层破碎,1号和3号联络通道采用洞内注浆加固+冻结加固地层处理,冻结施工前先进行注浆施工,待注浆加固后方可进行冻结施工。区间4号联络通道位于矿山法区间,兼作施工横通道。

7.1 注浆加固技术

洞内支撑加设完成后,先对右线管片钻孔进行左侧土体加固,后对左线管片钻孔进行右侧土体加固,然后对联络通道四周2m范围的土体进行加固。1号联络通道和3号联络通道(含泵站)注浆范围如图7.1-1和图7.1-2所示。

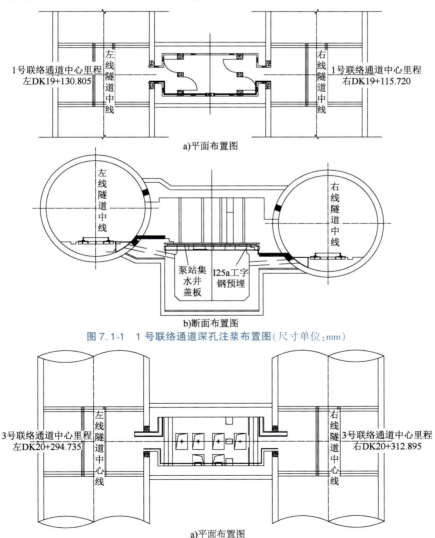

图7.1-1 1号联络通道深孔注浆布置图(尺寸单位:mm)

图 7.1-2

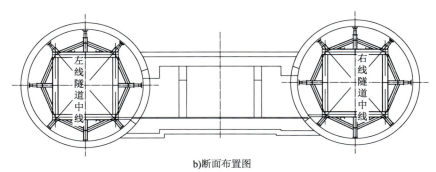

b)断面布置图

图7.1-2 3号联络通道深孔注浆布置图(尺寸单位:mm)

深孔注浆采用潜孔钻机取孔,施工工艺流程见图7.1-3。

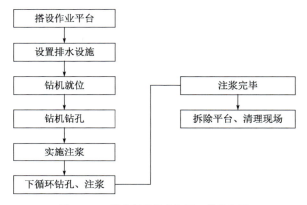

图7.1-3 联络通道注浆加固工艺流程图

7.1.1 伸缩式注浆工艺

自20世纪40年代出现以来,注浆头仅有一种方式,即打入式注浆头。其打入时密封注浆管,防止土体进入注浆管而堵塞,拔出时可以注浆。另一种注浆方式是先用钻头钻孔,然后取出钻头,打入注浆头进行注浆。然而上述钻头自身不易钻入土层中,也难以在任意深度进行注浆。

针对上述问题,本工程研发了一种"伸缩式注浆工艺(Telescopic Grouting Technology,简称TGT)"。该种工艺创新点为:伸缩式注浆钻头(伸缩式注浆钻头组成见图7.1-4)可钻入土层中,并可在任意深度进行注浆,边钻边注浆。钻头由主要身管和钻头体组成(图7.1-5),并在身管的两侧开有两道注浆槽,在钻头体的顶端有一根穿钉,穿钉沿注浆槽上下滑动,保证注浆槽的开闭,并可传递扭矩至钻头。钻头的下端呈锥形,并焊有硬质合金。钻头身管上端带有丝扣,与钻机的钻杆连接,由钻机带动可钻入土中。钻进过程中,钻头体缩回身管中,注浆槽封闭。当钻入预定深度后,钻杆上拔,钻头体伸出身管,注浆槽打开,可向地层中注浆。

钻头体伸进时可以钻进土层,钻头体伸出时可以注浆,并且利用土层对钻杆的握裹作用,实现自动密封,不再需要专业的密封装置。

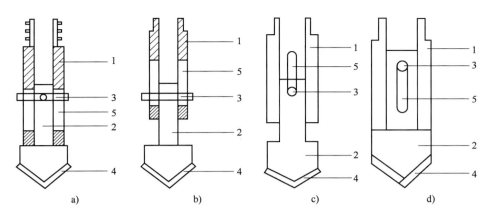

图 7.1-4 伸缩式注浆钻头组成
1-身管;2-钻头体;3-穿钉;4-硬质合金;5-注浆槽

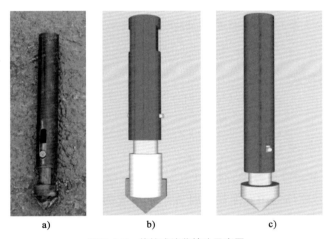

图 7.1-5 伸缩式注浆钻头示意图

7.1.2 钻孔注浆

(1)注浆孔布设与测量放样。根据设计孔距、排距,在盾构管片上测量放线定出孔位,在孔中心用记号笔标记,并依据设计图纸编号进行书面交底。加固范围为开挖轮廓外 2m,每侧布设 69 个注浆孔,在距离管片开洞处 150mm 布置注浆孔,注浆孔间距 0.4m × 0.4m,呈放射状对称布置。钻孔和注浆顺序由外向内,同一圈孔间隔施工。具体孔位布置图如图 7.1-6 所示。

(2)注浆。钻孔使用 MD-80 小型钻机成孔,注浆采用孔径 52mm 的聚氯乙烯(PVC)管、ϕ20mm 镀锌注浆内管。钻孔前应埋设孔口管,孔口管应埋设牢固,并有良好的止浆措施。钻机就位后,利用水平尺检查钻机水平度,同时,在钻孔钻进过程中对钻孔角度进行检查;钻进过程中遇孔壁坍塌、卡钻等情况时,应停止钻进,进行扫孔后再行钻进;遇到涌水现象时,应停止钻进,先注入部分胶凝时间短的浆液,待其固结堵塞后再行钻孔注浆;钻孔顺序先外围,后内部,同一排间隔施工。

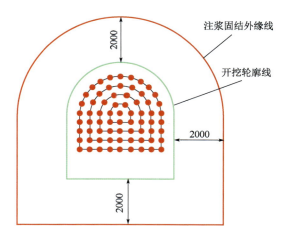

图 7.1-6 联络通道注浆加固工艺流程图(尺寸单位:mm)

7.2 冻结加固技术

7.2.1 冻结壁厚度设计

根据施工安全要求和设计要求,海沧大道站—东渡路站区间1号、2号联络通道设计冻结壁厚度均为2.0m,3号联络通道及泵房设计冻结壁厚度为2.5m。

7.2.2 冻结施工总方案

冻结孔的布置特点和要求如下:能达到冻土帷幕设计厚度;冻结孔开孔位置误差不宜大于100mm,应避开管片接缝、螺栓、主筋和钢管片肋板;联络通道泵房底部用V字形布孔方式,开挖时泵房外围冻结管不割除;冻结孔最大允许偏斜(冻结孔成孔轨迹与设计轨迹之间的距离)为150mm;通道处冻结孔成孔最大允许间距为1200mm,泵房处冻结孔成孔最大允许间距为1400mm,多排孔处相邻排最大允许间距为1.5m;打透孔复核两隧道预留口位置。如两隧道预留口相对位置误差大于100mm,则应按保证冻结壁设计厚度的原则对冻结孔布置进行调整;1号、2号联络通道设4个透孔用于对侧冻结管路及冷冻排管供冷;3号联络通道及泵房设6个透孔用于对侧冻结管路及冷冻排管供冷。

冻结孔布置如图7.2-1~图7.2-3所示。

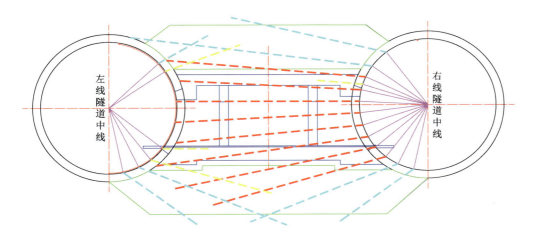

图7.2-1 1号联络通道冻结孔立面透视图

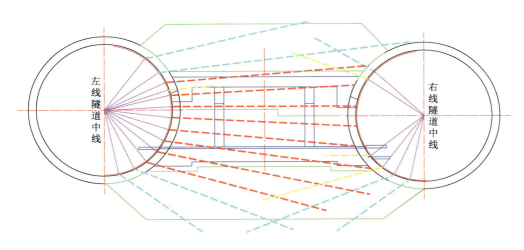

图7.2-2 2号联络通道冻结孔立面透视图

联络通道及泵站冻结施工流程如图7.2-4所示。

7.2.3 冻结施工准备

(1) 根据现场实际情况,本区间1号、2号联络通道工程共用1个冻结站(1号),布置在1号、2号联络通道之间的工作井位置地面(大兔屿岛上)。3号联络通道单独另设1个冷冻站(2号),布置在隧道右线距离3号联络通道附近的位置。1号冷冻站施工用电位于大兔屿岛上的10kV变压器,通过箱式变压器变成低压接入冻结站配电箱。2号冷冻站施工用电由位于海沧大道站的高压电接入冷冻站变压器,通过箱式变压器变成低压接入冻结站配电箱。

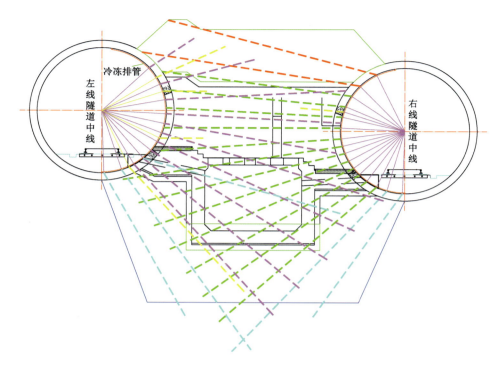

图 7.2-3 3 号联络通道及泵站工程冻结孔立面透视图

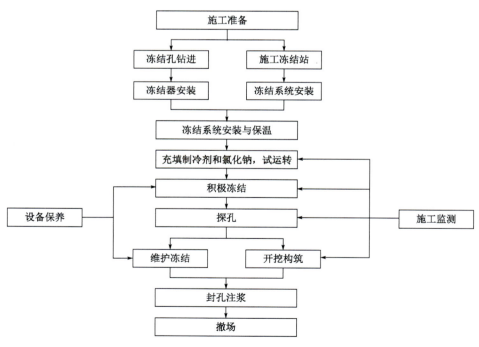

图 7.2-4 联络通道冻结施工流程

(2)为了不影响隧道内电瓶车等设备的通行,2号冷冻站所有冻结设备放置在搭设的平台上,平台搭设在隧道腰线处,尽量靠下方搭设,以方便通行。盾构施工所布置的水管路用于冻结孔打钻供水、排污。在施工工作面安装1台排污水泵,水泵由专人负责,以防水泵烧坏。

(3)施工人员与项目负责人采用有线电话通信,在冻结施工面及地面办公室各放置电话机。

(4)隧道内搭设5档(每档平台尺寸长4m、宽3m)钻孔施工平台。平台由I20a工字钢等加木板组成,工字钢横向搭设在隧道管片上,每2m内架设一道,工字钢底部焊接立管支撑在管片上。钻孔施工平台上主要堆放施工用的设备及冻结管、测温管、孔口管和内箍等材料工具。

(5)钻孔升降平台采用4根I20工字钢立柱,I20工字钢做内部格栅并满铺木板,临边搭设1.2m高防护栏。升降平台通过钢夹板与立柱连接,顶部框架下方焊接4块300mm×200mm×20mm钢板钩鼻,每个钩鼻吊挂1个3t手拉葫芦,用于升降平台的升降。升降平台顶部中间架I20工字钢横梁,安装1个钢制钩鼻,其下方吊挂1个1t手拉葫芦,用于吊装平台上的材料和设备。

(6)施工设备物资进场。冻结钻孔期间物资、设备运输主要依靠叉车或机动三轮车运输。

(7)因隧道距离长,利用盾构推进时通风系统通风。

(8)现场对联络通道位置前后10环区域进行二次补偿注浆,通过注浆对于土体进行适当改良。

(9)严按照施工设计要求进行冻结孔的定位工作,对于与管片缝、手孔重合部分进行适当调整。

7.2.4 冻结孔施工

冻结管选用$\phi 89mm \times 8mm$低碳无缝钢管,单根管材长度以1~1.5m为宜,部分设置1.0m、1.2m用于最后收尾,采用内接箍对焊连接,单根冻结管配管根据现场实际情况进行配管。测温管材质一般宜同冻结管,部分测温孔选用$\phi 32mm$无缝钢管,供液管采用DN40焊接钢管。

管片上冻结孔开孔采用$\phi 130mm$金刚石取芯钻。每个钻孔安装孔口管,孔口管用$\phi 127mm \times 5mm$无缝钢管加工,混凝土管片上的孔口管头部加工250mm长的鱼鳞扣,安装时在鱼鳞扣外面缠绕麻丝。钻进时,在孔口管尾端连接孔口密封装置。安装孔口管时管片要留100mm以上的保护层,其上布设DN15球阀,用于钻孔后注浆充填空隙。如冻结孔位置为钢管片,则将孔口管直接焊接在钢管片上。冻结孔开孔采用二次开孔工艺。孔口压紧装置如图7.2-5所示。二次开孔工艺如图7.2-6所示。

冻结管钻进、夯进与冻结器安装流程如下:①按冻结孔设计方位要求固定钻机导轨,调整钻进、夯管方向。②压紧孔口密封装置,打开孔口阀门,开始钻进。③为了保证钻进精度,开孔段是关键。钻进前2m时,要反复校核冻结管方向,调整机器位置,并用精密罗盘检测偏斜无问题后方可继续钻进。④冻结管下入孔内前要先配管,保证冻结管同心度。施工好冻结管后,用测斜仪进行测斜,然后复测冻结孔深度,并进行打压试漏。冻结孔试漏压力应为冻结工作面盐水压力的1.5~2倍,一般不小于0.8MPa,稳定30min压力下降不超过0.05MPa,再延续

15min 不变，为合格。对于上仰的冻结孔，可以安装供液管后再打压，或者适当延长稳压时间。⑤在完成冻结孔的钻孔之后，立即使用安装在孔口管上的四分球阀进行孔口注浆。冻结管安装完毕后，拆除孔口密封装置，并将冻结管与孔口管的间隙焊牢。测温孔施工方法与冻结管相同。⑥进行成孔质量检测，包括测斜及打压试验。将测斜及打压试验成果汇总，对数据进行分析，如有不符合质量要求的冻结孔，采取补孔或下套管等措施。⑦在冻结管内下入供液管。供液管底端连接不小于0.20m长的支架。然后安装去、回路羊角和冻结管端盖。

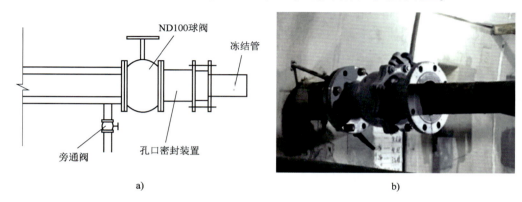

图 7.2-5 孔口压紧装置示意图

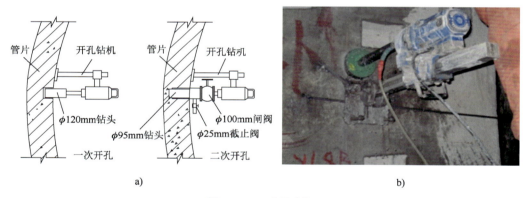

图 7.2-6 二次开孔施工

7.2.5 积极冻结与维护冻结

1）积极冻结

设备安装完毕后进行调试和试运转。检查确认电路系统、冷却水循环系统、盐水循环系统运行参数正常后开启冷冻机。冷冻机先空转 1~3h，观察运转是否异常。在空转时，要逐步调节能量、压力、温度和电机负荷等各状态参数，使机组在有关设备规程和运行要求的技术参数条件下运行。

冷冻站正常运转 7d 盐水温度降至 -18℃ 以下，积极冻结 15d 盐水温度降到 -24℃ 以下。开始冻结后，要巡回检查冻结器是否有断裂漏盐水的情况发生，一旦发现盐水漏失，立即关闭阀门。并根据盐水漏失情况采取补救措施。

在冻结过程中,每天检测去、回路干管盐水温度、冻结器回路盐水温度、盐水箱液位变化、冷却水温度,观察冻结器头部结霜是否有异常融化。在冻结运转初期,检测各冻结器的盐水流量,如发现检测流量小于设计要求时,则应用控制阀门进行调节,或者加大盐水泵泵量,使其满足设计要求。

2)开挖条件判定

联络通道开挖时应该具备以下条件:积极冻结时间达到设计值,并要求盐水温度达到设计最低盐水温度-28℃,盐水去回路温差不大于2℃;根据测温孔测温结果计算,冻土壁平均温度和厚度达到设计要求值,并写出分析报告;打开卸压孔阀门后不再有连续的带压泥水流出;打探孔检查,探孔位置选在冻结孔间距较大处或冻结有异常处;安装防护门,确认防护门启闭功能正常,接好供气管道;完成隧道支撑加固;准备好水泥、水玻璃等应急材料与设备;做好设备维护、保养工作,保证设备能正常运行,备用设备良好;开挖面和地面具备可靠的通信联络系统。

3)维护冻结

从开挖到施工结构层前,盐水温度要保持不高于-28℃。维护冻结过程中,要与积极冻结时一样进行冻结施工监测,确保冻结系统运转正常,及时分析冻结壁的温度变化。在开挖过程中,每天监测暴露冻结壁的表面温度和位移量,如发现局部冻结壁温度较高、变形较大,可用串接管道泵的方法加大对应位置的冻结孔流量。

开挖施工期间现场布置一台功率不小于400kW的发电机作为备用电源,布置于开挖工作面处,确保临时断电后可由发电机继续供电。

4)停止冻结

浇筑完混凝土内衬后即可停止冻结,割除冻结管,并对冻结管进行充填和防渗处理;及时进行充填注浆。

混凝土隧道管片上割除孔口管或冻结管深度应进入管片不小于60mm。割除后的孔口管和冻结管内及时用砂浆或混凝土充填,充填长度不小于管口以内1.5m,充填时要排除冻结管内盐水,孔口用快干水泥封堵。

7.2.6 冻结安全技术措施

1)停水和停电技术措施

在积极冻结期间突然停电,冻结帷幕不会很快融化,对冻结效果影响也不大。如停电时间较长,应增加积极冻结时间,直到冻结帷幕完全交圈为止。如在开挖期间突然停电,应立即停止掘进,将暴露的土体用保温材料完全覆盖,进行保温。

从安全角度考虑,开挖之前冷冻机短暂停止运转的危害是不大的,但也造成了工期的增加和冷量的损耗,可在及时排除故障后继续冻结。在开挖中,如冷冻机停机时间过长,可能使冻结帷幕受到影响,进而造成对冻结帷幕的破坏,为此根据施工组织设计要求,现场备用一套冷冻机组及附属设备,一套发生故障,另一套可及时投入使用。

现场准备冷冻机组所用的一些零件,一旦需要立即更换,由于本工程使用的冷冻机组含有自动保护装置,当一些冷冻参数超出规定范围时,自动保护装置启动,冷冻机停止运转,在排除故障后可继续运转,这种处理需时较短,一般不超过两小时,不会影响到冻结效果。施工现场选派职工的经验应比较丰富,熟知机器性能,能熟练操作和维修机器;同时,为确保机组安全,机组在进场前和就位后均已进行全面细致的检修。

2)冻结管破裂技术措施

施工人员在开挖至冻结管附近时,由冻结值班人员向其标识冻结管的具体位置。发现冻结管断裂后采取的应急措施有:应立即关闭盐水总输出阀门,停止向旁通道冻结管道输送盐水;开挖施工停止掘砌,启动应急预案;根据漏点,找出断管,关闭断管盐水循环;以最快速度清理完工作面泄漏的盐水,以防止其融化冻结壁,造成更大的危害;分析断管是否影响开挖安全;采取有效措施,再恢复冻结;分析该冻结管发生断裂的原因,推断哪些冻结管还会断裂,采取针对性防范措施;积极处理断管,采用套管方法,尽快恢复冻结,以保证冻结圈、冻结壁的稳定性。

3)开挖工作面化冻应急措施

掘进施工人员如果发现已开挖的暴露面不断有土块掉下,影响面积较大,而且周围土体有松动现象,应立即通知冻结施工人员,由冻结施工人员根据判断情况,加强冷冻,同时做好开挖面的保温工作。

7.3 联络通道开挖施工技术

7.3.1 1~3号联络通道开挖施工

根据工程结构特点,3号联络通道及泵站的开挖采取分区开挖的方式。联络通道分为通道内和集水井两区进行开挖,即完成通道的开挖及初期支护和二次衬砌,且混凝土强度值达到设计值的60%后,再进行集水井开挖及初期支护和二次衬砌。1号、2号联络通道的开挖及结构施工不分区。3号联络通道及泵站开挖顺序如图7.3-1所示。

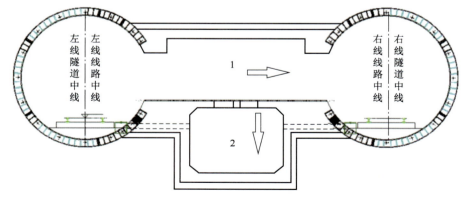

图 7.3-1　3号联络通道及泵站开挖顺序示意图

1)打开管片

加固土体强度达到设计要求及准备工作就绪后即可打开管片。首先对要拆除的管片进行划线标记,由于管片为内置钢板型,因此利用金刚石取芯钻机连续取芯,把管片进行分割成小块取出。

2) 土方开挖

由于土体采取冻结法加固,冻土强度较高(4~6MPa),冻结壁承载能力大,一般开挖时可以采用全断面一次开挖,开挖步距视土体加固情况,一般控制在0.5m。根据围岩地质情况,必要时分台阶开挖。根据土体强度,人工开挖可采用风镐或手镐等工具。由于通道中冻土温度较低,风镐中空气中的水凝结成冰屑经常积聚在管子的接头或进风口处,堵塞管路。因此要采取措施把风管悬吊起来,另外每隔1~2h向风管内注入酒精,防止冰屑的出现,保证施工的顺利进行。开挖断面严格按照施工图进行,尽量避免超挖。

3号联络通道及泵站从右线隧道开挖,开挖土方利用机动翻斗车运输至东渡路站端头井,从吊装口利用门式起重机运至地面渣土坑;1号、2号联络通道从右线隧道开挖,开挖土方利用机动翻斗车运输至海沧大道站端头井,从南侧吊装口利用门式起重机运至地面渣土坑。土方开挖现场见图7.3-2。

图7.3-2 土方开挖现场图

3) 临时支护施工

土方开挖过程中,要对暴露段的土体及时施作支护层,它一方面对冻结壁起到保温和隔热的作用,另一方面能承受冻土压力和控制冻结壁的位移。支护层采用型钢支架,外侧挂钢丝网,钢丝网搭接不小于15cm,并用16号铁丝扎紧;内侧铺设5cm木背板。型钢支架为全封闭支护结构,为增加支架的稳定性,相邻两排支架间必须用纵向筋焊连。泵房竖向等间距布置钢架,钢支架为矩形且上下支架间用纵向筋焊接。立好支架后喷射250mm厚C25混凝土。

在开挖和支护层过程中,根据冻结壁位移监测情况,调整开挖步距和支护强度,以确保施工安全。

4) 止水带施工

支护层完成后,即可进行止水带施工。止水带是用粘接剂沿着支护层断面内侧直接粘到隧道管片上,粘接前必须对管片进行清洗,止水带一定要粘牢,不能留有空隙。施工缝处止水带埋设位置应准确并固定,止水带接缝宜为一处,应设在边墙较高位置处,不得设在结构转角处,接头宜采用热压焊接。

5）喷射混凝土施工

初期支护中喷射混凝土是很关键的一个工序,为减少回弹量,提高喷射混凝土质量,本工程拟采用湿喷工艺,其流程为:安装调试→注水、送风→搅拌并按配合比上料→喷射。

需要注意上料应保持连续性;喷射机的工作压力控制在 0.5~0.7MPa;严格控制好喷嘴与喷射面的距离与高度,喷嘴与受喷面要垂直,距离控制在 0.8~1.0m 的范围内;喷射顺序自下而上,先墙角后墙顶,避免死角;喷射混凝土材料为水泥（普通 42.5 硅酸盐水泥）、砂（中粗砂）、石子（采用坚固碎石,粒径小于 15mm）、速凝剂;喷射混凝土强度等级为 C25,配合比采用实验室提供的 C25 喷射混凝土配合比。现场喷射混凝土施工见图 7.3-3。

图 7.3-3　喷射混凝土施工图

6）防水层施工

防水材料采用土工布加乙烯-醋酸乙烯共聚物（EVA）防水卷材,敷设基面须抹灰平整。上述工作完成后,首先铺设土工布,然后在土工布上铺设防水卷材,用以保护防水层不受损坏。防水层与管片之间用专用胶粘接。

（1）基层处理

①铺设防水板的基面应无明水流,否则应进行初期支护背后的注浆或表面刚性封堵处理,待基面上无明水流后才能进行下道工序。

②铺设防水板的基面应平整,铺设防水板前应对基面进行找平处理,可采用喷射混凝土或水泥砂浆抹面的处理方法,一般宜采用水泥砂浆抹面的处理方法。

③基面上不得有尖锐的毛刺部位,特别是喷射混凝土表面经常出现较大的尖锐的石子等硬物,应凿除干净,避免浇筑混凝土时刺破防水板。

④基面上不得有铁管、钢筋、铁丝等凸出物存在,否则应从根部割除,并在割除部位用水泥砂浆覆盖处理。

⑤当仰拱初期支护衬砌表面水量较大时,为避免积水将铺设完成的防水板浮起,宜在仰拱初期支护表面设置临时排水沟。

（2）铺设缓冲层

①铺设防水板前应先铺设缓冲层,缓冲层材料采用单位质量不小于 400g/m³ 的短纤土工

布;用水泥钉或膨胀螺栓和与防水板配套的圆垫片将缓冲层固定在基面上,固定点之间呈正梅花形布设。在基面凹坑处应加设圆垫片,避免凹坑部位的防水板吊空。

②缓冲层采用搭接法连接,搭接宽度为5cm。缓冲层铺设时应尽量与基面密贴,不得拉得过紧或出现过大的皱褶,以免影响防水板的铺设。

(3)铺设塑料防水板

①铺设防水板时,仰拱防水板宜采用沿隧道纵向铺设的方法,以减少十字焊缝的数量,减少手工焊接,保证防水效果。

②防水板采用热熔法手工焊接在塑料圆垫片上,焊接应牢固可靠,避免浇筑和振捣混凝土时防水板脱落。

③防水板固定时应注意不得拉得过紧或出现大的鼓包,铺设好的防水板应与基面凹凸起伏一致,保持自然、平整、伏贴。以免影响二次衬砌混凝土的厚度或使防水板脱离。

④防水板之间的接缝采用双焊缝进行热熔焊接,搭接宽度大于10cm,并对漏气部位进行全面的手工补焊。

⑤防水板铺设完毕后应对其表面进行全面的检查,发现破损部位及时进行补焊。补丁应剪成圆角,不得有三角形或四边形等尖角存在,补丁边缘距破损边缘的距离不得小于7cm。补丁应满焊,不得有翘边空鼓部位。

⑥对防水层进行验收合格后,才能进行下道工序的施工。

底板或仰拱防水板铺设完毕后应及时施作保护层,先在防水板上表面铺设单位质量不小于$400g/m^3$的土工布。

7.3.2 4号联络通道开挖施工

4号联络通道位于矿山法区间,联络通道中心里程为右DK20+900.5(左DK20+882.639)。4号联络通道兼作施工横通道,地质条件为微风化变质石英砂岩,联络通道初期支护采用格栅+系统锚杆支护,厚度250mm。

区间左线矿山法段开挖至设计里程左DK20+788且掌子面封闭完成后,开始4号联络通道施工。开挖支护施工步骤如下:

(1)在钢架截断位置处用$\phi50mm$锁脚锚管加固[图7.3-4a)]。

(2)截断钢架,拆除初期支护喷射混凝土。所有截断的钢架均焊接在横梁上,横梁两端与未截断的钢架焊接[图7.3-4b)]。

(3)台阶法施工开挖横通道,开挖步距0.75m/榀。

(4)对横通道施作初期支护及第一层内衬,并预埋钢板。

(5)横通道施工至右线范围后按右线隧道开挖轮廓线进行扩挖,扩挖过程中注意及时采用锚喷网封闭临空面。

(6)施作右线隧道范围初期支护。钢架截断处除采用锁脚锚管加固外,所有截断钢架与横梁焊接,横梁通过预留的钢筋与横通道钢架焊接(待横通道两侧右线隧道开挖后,将横梁接长并焊接在右线隧道钢架上)[图7.3-4c)]。

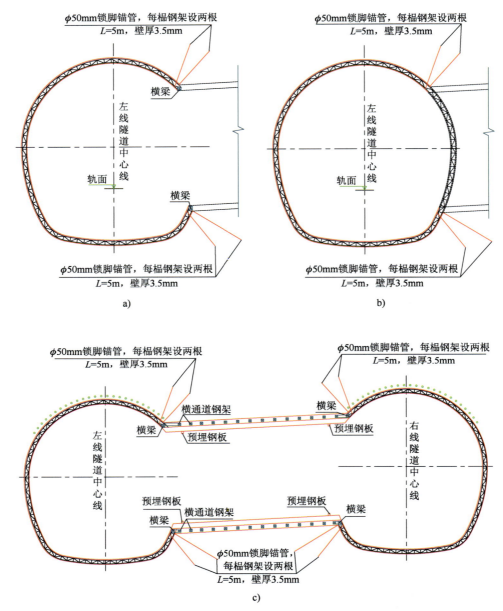

图 7.3-4 4 号联络通道开挖支护步序图

7.4 联络通道主体结构施工技术

联络通道主体结构的总施工顺序为：通道→集水井。对于通道混凝土的浇筑，浇筑顺序为：底板→侧墙→拱顶。由于拱顶结构的特殊性，通道顶板内的混凝土浇筑较为困难,用人工和气泵共同浇筑混凝土。对于集水井的浇筑,浇筑顺序为底板→侧墙→盖板。

7.4.1 钢筋绑扎

钢筋绑扎前,应熟悉施工图纸,核对钢筋配料表和料牌。核对成品钢筋的钢种、直径、形状、尺寸和数量,如有错漏,应纠正增补。钢筋绑扎前,必须将墙板竖向筋按墙板边线校正,使两边保护层一致,墙板中部绑扎一道混凝土垫块,墙板上部模板尺寸固定后,用绑扎铁丝把墙板钢筋固定在模板上口,使两边保护层厚度一致。

根据设计图中主筋、分布筋的方向,先绑主筋后绑扎分布筋,每个交点均应绑扎。板筋绑扎时,上下口均应设定位箍筋。

钢筋绑扎现场见图 7.4-1。

图 7.4-1 钢筋绑扎现场图

7.4.2 立模板

模板选用钢模,模板就位前,应在模板上均匀涂刷脱模剂,按结构特征顺序安装模板,并检查模板的垂直度、水平度、高程、钢筋保护层的厚度以及结构层尺寸。校正合格后,将模板固定。

模板拆除应按一定顺序进行,一般先拆非承重部分,后拆除承重部分。

7.4.3 浇筑混凝土

浇筑混凝土前在隧道内搭设临时平台,用于放置混凝土泵及空压机(形式同临时喷浆平台),浇筑完成后立即拆除恢复交通。结构层采用 C50、P12 模筑防水商品混凝土。混凝土由溜灰管输入端头井下,由翻斗车运至工作面,将混凝土送入支好的模板内并用插入式振捣棒反复均匀振捣。每次浇筑混凝土时在现场用试模制成标准试块,用于检测混凝土强度及抗渗性。浇筑混凝土之前埋设注浆管。由于拱顶结构的特殊性,通道顶板内的混凝土浇筑较为困难,可采用混凝土输送泵进行浇筑混凝土。

由于拱顶施工空间狭小,难以进行有效的混凝土浇筑,施工中除采用混凝土泵送进行浇筑外,振捣频率需比其他区域增加一倍,浇筑过程中,需在两侧结构外预埋注浆管,用于结构施工完成后拱顶专用注浆施工。

混凝土的浇筑顺序如下:底板→侧墙→拱顶→集水井底板→集水井侧墙→集水井盖板。

7.4.4 结构施工收尾工作

1) 冻结站拆除

冷冻站拆除时,宜回收盐水,严禁任意排放污染环境。

2) 冻结管充填

停冻后应尽快割除隧道管片上的孔口管和冻结管,防止孔口管和冻结管周围冻结壁解冻漏水。混凝土隧道管片上割除冻结管深度应进入管片不小于60mm。

应对遗弃在地层中的冻结管进行充填。充填时应排出冻结管内的盐水。充填冻结管材料采用M10以上水泥砂浆,充填冻结管长度不小于管口以内1.5m。混凝土管片上割除孔口管或冻结管后留下的孔口用速凝堵漏剂封堵,并预埋注浆管进行注浆堵漏。

7.4.5 充填注浆和融沉注浆

注浆加固应根据设计要求,采用适当的注浆工艺、注浆材料及注浆工序,注浆过程中应遵照"多点、少量、多次、均匀"的循序渐进原则,并根据隧道沉降和解冻温度场的监测结果,适时调整注浆量和注浆时间间隔,确保沉降稳定。注浆过程中填写的各项注浆记录表与质量抽检报告作为注浆加固质量验收的依据。

(1) 注浆材料

注浆一般采用单液水泥浆和C-S双液浆,单液浆水泥等级强度为P·O42.5级(普通硅酸盐水泥42.5级),水灰比一般为0.8~1:1;双液浆水泥等级强度为P·O42.5级,水玻璃为35~42°Bé,可根据地层适当调整,将配好的水泥浆液和水玻璃浆液按照1:1混合注入。充填注浆采用水泥单液注浆,融沉注浆采用单液浆为主,双液注浆为辅。

(2) 注浆管预埋

3号联络通道兼泵房共布置44个注浆孔,1号、2号联络通道各布置35个注浆孔(不含管片注浆孔),在结构施工时进行预埋,用于后期结构充填注浆和融沉注浆,具体施工工艺如下:

①在初期支护中预埋注浆孔套管,其穿透初期支护,直抵冻土表面。注意在喷射混凝土前,注浆孔套管口塞上棉丝等物,防止喷射混凝土时将套管堵塞。

②在绑扎钢筋期间,将注浆管插入注浆孔套管中,直抵冻土表面,并与钢筋网固定,另一端抵住模板。注意:注浆管在结构层中需安装防水钢板。

③在浇筑混凝土期间,应在不破坏注浆管的情况下加强注浆孔位置的振捣。

④拆除模板后,将注浆孔全部找出,并凿除表面混凝土,安装连接管和阀门。

(3) 充填注浆

①注浆部位。充填注浆主要填充初期支护层和冻土帷幕之间的空隙,以及拱顶部的支护层与结构层之间的空隙。

②注浆时机。停止冻结并完成冻结孔封孔工序后3~7d内结构混凝土强度达到设计强度的60%以上开始充填注浆。

③注浆顺序。注浆顺序为从底部到拱顶,先中间后两侧,依次展开。木背板和冻土帷幕之

间的空隙:利用预埋的注浆管,按照由下而上的顺序进行注浆,当上一层注浆孔连续返浆后即可停止下一层注浆,直至注到拱顶结束。拱顶部的支护层与结构层之间的空隙:从中间向两端顺序注浆,利用预埋的注浆管注浆充满拱顶及喇叭口上部孔隙(喇叭口最顶部的预留注浆孔作为注浆观测孔,直至冒浆方可停止注浆,间隔8~24h以上进行复注,复注2~3次即可停止充填注浆)。集水井结构与上部结构之间接茬缝处的空隙:按照从中间向两端顺序,先探测空隙的范围,再注浆填满空隙。

④注浆压力。充填注入单液水泥浆,通道部位注浆压力不大于静水压力。

⑤注浆流量。注浆流量宜控制在15L/min左右。

⑥注浆量。充填注浆量根据初期支护与冻土帷幕之间的空隙大小决定,当上一层注浆孔连续返浆后可停止,直至注浆到拱顶。

(4)融沉注浆

①注浆时机。停止冷冻10~15d后开始融沉注浆,持续时间约3个月,融沉注浆应遵照"少量、多次、均匀"的原则。此后,根据变形及温度场监测确定注浆时间,融沉注浆注入水泥-水玻璃双液浆。根据温度场和地表沉降监测,当冻结壁已经融化完毕,且实测地层沉降持续一个月每半个月不大于0.5mm时,隧道最终沉降小于10mm,经四方(分包、总包、监理、业主)签字认证后,可停止融沉注浆。

②注浆顺序。融沉注浆顺序为从联络通道位置两侧隧道底部、内侧管片上注浆孔→集水井底部注浆孔→集水井侧墙注浆孔→通道底部注浆孔→通道侧墙注浆孔→拱顶部注浆均匀分布注浆。

③注浆压力。融沉注浆的注浆压力为0.3~0.5MPa,不高于联络通道及隧道结构设计要求允许值。

④注浆流量。注浆流量宜控制在15~20L/min。

⑤注浆量。注浆总量一般参照冻土融化体积的15%计算,单孔单次注浆量根据注浆压力控制,单孔单次注浆量不大于$1m^3$。

(5)注浆安全措施

注浆时,应严格控制注浆压力和注浆量不超过设计范围,结合监测数据,按照少注多次的原则,逐步控制隧道变形趋于稳定;注浆管端部的接头丝扣应检查完好无损,阀门密封可靠,在出现孔口喷泥水时能及时关闭。并准备一些木楔,在丝扣失灵或阀门关闭不严时能堵塞孔口;注浆时监测隧道沉降变形,保证在注浆压力作用下沉降变形量在设计允许范围内(±20mm)。

7.4.6 信息化施工监测

联络通道冻结加固信息化施工监测技术是指把冻结施工过程中需要采集到的数据通过计算机技术来实现的过程。其主要任务就是对冻结土体及冷冻系统进行现场监测,及时提供冻结过程中的各种数据和资料,便于掌握冻结情况和制冷设备运转情况,检验设计和施工的正确性,并可根据监测情况及时调整施工参数,提高冻结效率。这些监测数据和资料是工程管理人员判断工程安全的依据,借此可实现施工的信息化。同时,通过监测可判定冻结帷幕是否已交圈,冻结壁厚度和强度是否能满足施工要求,还可为开挖时机、开挖速度、工期安排等提供参考资料。只有在对实际监测资料进行科学分析的基础上,才能使设计和施工满足实际工程的需要。

(1)信息化施工监测目的

联络通道信息化施工监测的主要目的包括:及时为联络通道施工提供反馈信息,随时根据监测资料调整施工程序,消除安全隐患;掌握冻结的薄弱环节,保证施工的安全;确保联络通道施工的安全及建成后的稳定性;监测施工期间的隧道变形和沉降,保证隧道的稳定和安全;为优化施工方案提供依据;为理论深入发展提供数据;积累区域性设计、施工、监测的经验,逐步完善信息化施工方法。

(2)冻结信息化施工监测内容

联络通道冻结信息化施工监测一般包括冻结孔、冻结温度场、盐水流量监测等内容,具体监测内容如下:

①冻结孔偏斜监测

水平冻结孔偏斜是指冻结孔成孔轨迹偏离设计轨迹的情况,用偏距和偏角来表示。由于隧道内施工的冻结孔一般较短,距离小于 30m 的水平孔都可采用经纬仪灯光测斜方法,距离大于 30m 的水平孔应使用水平陀螺测斜仪进行测斜;对于距离小于 30m 的水平孔,应在成孔后再进行测斜;对于距离大于 30m 的水平孔,应每隔 20~30m 测斜一次。

对于距离小于 30m 的水平孔,垂直偏角可以用经纬仪测量并直接读出数据,水平孔测斜计算如图 7.4-2 所示。

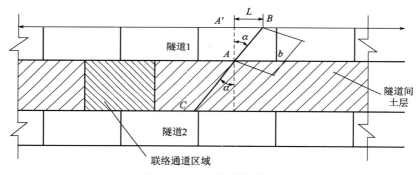

图 7.4-2 水平孔测斜示意图

其中,AC 为水平冻结孔长度,A 为冻结管开孔位置,A' 为同一圆环管片对侧相同的位置,根据相似三角形理,利用经纬仪正镜和倒镜(反向倒转 180°)可将 C 水平偏距相似投影至管片上,即 $A'B$,则 $\alpha = \arcsin(A'B/AB)$,其中 $A'B$ 和 AB 距离值均可在隧道内直接测量。因此,冻结孔 AC 的终孔水平偏距可示为 $AC \cdot \sin\alpha$。当某水平冻结孔施工结束后即对该孔进行经纬仪灯光测斜。测斜时,先用测斜杆将灯光(一般可用手电筒)送至冻结孔孔底;然后将经纬仪放置在专用架或平台上,调平并找灯光,用正镜和倒镜的方法进行冻结孔偏距、偏角的测量和计算。

对于距离大于 30m 的水平孔,测斜可采用 ZJS-1 型钻孔监测系统或 CQ-1A 型磁球式定向测斜仪。

②冻结系统监测

在去、回路盐水干管上安装精密水银温度计和数字温度传感器,监测去、回路盐水温度,测量频率为每天 2 次。与集液圈并联盐水流量计,测量回路冻结器的盐水流量。

③冻结壁温度场监测

为了确定冻结壁的厚度和开挖时间,在冻结壁内必须打一定数量的测温孔,分别布置于两线隧道内,根据测量温度结果分析判断计算冻结壁峰面即零度等温线的位置。

测温孔的布置应遵循以下条件:测点的布置应满足判断冻结壁形成的要求;在冻结壁最弱的地方应有测点;测点布置应能满足冻结及开挖施工的其他要求;应能监测冻结壁最薄弱地方的冻土发展速度;应能监测到所冻结地层中所有土质的冻土发展速度;应能测量到冻结壁设计的最大值处冻土温度,可以满足冻结计算的要求;考虑到平均温度的计算要求,应在距离冻结管不同间距处设置测温点。工程中使用的温度传感器见图7.4-3。

图7.4-3 温度传感器

④冻胀压力与卸压孔监测

通过在泄压管口安装压力表测量未冻土空隙水压力变化。测量频率为每天1次,可根据实际情况加测。

⑤隧道变形监测

隧道开挖时测量开挖工作面冻土或未冻土的表面温度及收敛值。测量频率为每天1次。监测对象为联络通道初期支护结构与区间正线管片变形。联络通道初期支护结构监测内容包括拱顶沉降和净空收敛;正线管片变形监测内容包括管片净空收敛和管片竖向位移。具体监测项目、监测频率及控制值见表7.4-1和表7.4-2。

监测项目及要求　　　　　　　　　　表7.4-1

监测项目	方法及工具	测点布设	监测频率		
			$L \leqslant 3D$	$3D \leqslant L \leqslant 5D$	$L > 5D$
现场巡视		每天至少巡视一次			
拱顶沉降	水准仪、塔尺	联络通道两端及中间部位布设监测断面,与净空收敛在同一断面	1~2次/d	1次/(1~2d)	1次/(3~7d)
净空收敛	收敛计	联络通道两端及中间部位布设监测断面,与拱顶沉降在同一断面			
管片竖向位移	水准仪、塔尺	联络通道两端正线位置各布设2个监测断面,与净空收敛在同一断面			
管片结构净空收敛	收敛计	联络通道两端正线位置各布设2个监测断面,与管片竖向位移在同一断面			

注:D-盾构法隧道或导洞开挖宽度(m);L-开挖面至监测点或监测断面的水平距离(m)。

监测频率 表7.4-2

监测项目	监测频率	允许值(mm)
拱顶沉降	开挖面距量测断面前后 $L≤3D$,1次/d;开挖面距量测断面前后 $3D≤L≤5D$,1次/2d;开挖面距量测断面前后 $L>5D$,1次/(3~5d)	20
净空收敛	开挖面距量测断面前后 $L≤3D$,1次/d;开挖面距量测断面前后 $3D≤L≤5D$,1次/2d;开挖面距量测断面前后 $L>5D$,1次/(3~5d)	10
管片竖向位移	开挖面距量测断面前后 $L≤3D$,1~2次/d;开挖面距量测断面前后 $3D<L≤8D$,1次/(1~2d);开挖面距量测断面前后 $L>8D$,1次/(3~7d)	10
管片结构净空收敛	开挖面距量测断面前后 $L≤3D$,1~2次/d;开挖面距量测断面前后 $3D<L≤8D$,1次/(1~2d);开挖面距量测断面前后 $L>8D$,1次/(3~7d)	14

注:1. D-盾构法隧道或导洞开挖宽度(m);L-开挖面至监测点或监测断面的水平距离(m)。
2. 监测数据趋于稳定后,监测频率宜为1次/30d。
3. 二次衬砌施作完成后停测。

7.5 本章小结

本章针对厦门地铁2号线跨海区间联络通道的位置和地层地质特点,建立了复杂海洋环境中联络通道的施工关键技术,为指导风道和联络通道的安全高效施工提供了技术保障。本章的主要施工技术如下:

(1)完善了围堰内风道竖井钢筋混凝土灌注桩+素混凝土灌注桩硬咬合支护体系,将竖井主体结构的四周侧墙和中隔墙形成完整结构,用作竖井水平支护结构。

(2)采用一次性成孔后退式深孔注浆方法,对跨海区间隧道风道开挖断面进行循环注浆加固,建立了跨海区间隧道风道在超前小导管和注浆加固下四步CD法开挖支护方法。

(3)研发了伸缩式注浆工艺,实现了钻头自身钻入土层,并且利用土层对钻杆的握裹作用,实现自动密封,可以在任意深度进行地层注浆。

(4)提出了破碎地层中海底盾构隧道联络通道的注浆+冻结结合加固方法,建立了微风化变质石英砂岩中海底矿山法区间隧道联络通道的格栅+系统锚杆支护方法,保障了联络通道开挖的安全、稳定、可靠。

参 考 文 献

[1] 刘四进,何川,孙齐,等.腐蚀离子环境中盾构隧道衬砌结构侵蚀劣化机理[J].中国公路学报,2017,30(8):125-133.
[2] 刘四进,何川,封坤,等.受荷状态下盾构隧道管片锈蚀劣化破坏过程研究[J].土木工程学报,2018,51(6):120-128.
[3] 刘四进,封坤,何川,等.大断面盾构隧道管片接头抗弯力学模型研究[J].工程力学,2015,32(12):215-224.
[4] 刘四进,何川,孙齐,等.基于全寿命劣化分析的海底盾构隧道管片安全保障对策研究[J].中国工程科学,2017,19(6):52-60.
[5] 王晓琼.深基坑爆破对周围建筑结构动力响应影响分析[C]//《工业建筑》编委会.《工业建筑》2018年全国学术年会论文集(中册).北京:工业建筑杂志社,2018.
[6] 陈建福.跨海联络通道冻结法施工设计技术研究[C]//中冶建筑研究总院有限公司.土木工程新材料、新技术及其工程应用交流会论文集(下册).北京:工业建筑杂志社,2019.
[7] 陈建福.厦门轨道2号线跨海段盾构适应性分析[J].施工技术,2019,48(12):64-67,79.
[8] 周昆.超深土岩组合地铁基坑爆破振动监测分析[J].西部探矿工程,2018,30(8):175-178.
[9] 杨战勇.复杂地层跨海隧道孤石及基岩凸起段处置措施[J].筑路机械与施工机械化,2019,36(11):80-84.
[10] 王乾屾,陈凡,陈建福,等.盾构空推过矿山法隧道施工关键技术及数值分析[C]//中冶建筑研究总院有限公司.2020年工业建筑学术交流会论文集(下册).北京:工业建筑杂志社,2020.
[11] 王凯.海底盾构隧道施工开仓换刀开挖面稳定性分析[J].四川建筑,2020,40(5):225-227.
[12] 刘四进,何川,封坤,等.管片钢筋锈蚀对盾构隧道衬砌结构受力性能的影响研究[J].现代隧道技术,2015,52(4):86-94.
[13] 刘四进,孙齐,封坤,等.海底盾构隧道管片接头氯离子侵蚀运移规律研究[J].现代隧道技术,2016,53(6):100-107.
[14] 徐磊.跨海隧道海上注浆对盾构不良地层施工的影响[J].城市建筑,2019,16(11):159-162.
[15] 陈建福.盾构机穿越海底复杂地层带压进仓孤石处理技术探析[J].铁道建筑技术,2016(8):63-67.
[16] 陈建福,王凯,陈中天,等.跨海隧道孤石密集及基岩凸起段盾构适应性分析[J].地下空间与工程学报,2021,17(3):856-863.
[17] 刘继刚.厦门跨海隧道带压进舱换刀关键技术[J].建筑技术开发,2016,43(11):15-17.
[18] 杨民强.跨海地铁隧道泥水平衡盾构机选型探讨[J].山东交通科技,2015(3):3.
[19] 杨民强.国内首条跨海地铁隧道泥水平衡盾构机铰接型式探讨[J].中国机械,2015

(24):2.
[20] 吴玉礼.国内首条跨海地铁盾构穿越孤石爆破区域技术研究[J].铁道建筑技术,2017(3):98-100,108.
[21] 徐树军.跨海地铁隧道盾构区间岸上段孤石及基岩凸起爆破技术[J].山东交通科技,2015(5):42-44.
[22] 周昆.跨海地铁隧道中盾构在矿山段内接收施工技术研究[J].建筑技术开发,2016,43(12):114-115.
[23] 王传俭.厦门跨海地铁隧道泥水平衡盾构泥浆配制探讨[J].建筑技术开发,2016,43(4):124-125.
[24] 陈辰.跨海地铁隧道泥水平衡盾构复杂地层泥浆配制技术分析[J].建筑技术开发,2017,44(3):88-90.
[25] 李希柱.海底隧道盾构施工中海上孤石及基岩凸起的处理方法研究[J].南阳理工学院学报,2016,8(4):87-90.
[26] 杨毅秋,赵军,杨贵生.复杂地质海底隧道设计[J].铁道工程学报,2015,32(4):76-79,101.
[27] 杨坤.地铁盾构施工不良地质体微动探测技术研究及应用[J].市政技术,2018,36(5):82-86.
[28] 付元丰.地铁盾构隧道遇孤石、基岩凸起的地下爆破处理技术[J].建设监理,2018,(9):94-96.
[29] 彭明刚.微动探测技术在地铁盾构区间孤石探测中的应用[J].价值工程,2018,37(27):198-199.
[30] 林朝旭.地铁盾构区间孤石与基岩凸起等不良地质体探测新方法[J].工程地球物理学报,2018,15(4):432-439.
[31] 陈鹏,刘四进,夏毅敏,等.一种大直径泥水盾构机开挖仓有害气体实时检测装置:202010024016.1[P].2020-05-19.
[32] 陈鹏,孙茂舟,黄志高,等.一种大直径泥水盾构机开挖仓有害气体处理方法及其装置:201810784552.4[P].2024-04-12.
[33] 陈建福,徐树军,吴玉礼,等.一种用于盾构机人舱仓的自动喷淋系统:201820916839.3[P].2019-02-15.
[34] FILBA M,SALVANY J M,JVBANY J,et. al. Tunnel boring machine collision with an ancient boulder beach during the excavation of the Barcelona city subway L10 line:A case of adverse geology and resulting engineering solutions[J]. Engineering Geology,2016(200):31-46.
[35] 戴亚军.盾构隧道穿越岩溶地段孤石群处理技术与应用[J].公路与汽运,2014(4):210-212.
[36] 梁奎生.台山核电海底泥水盾构隧洞基岩及风化孤石地层深孔爆破技术研究与应用[D].长沙:中南大学,2012.
[37] 路耀邦,刘洪震,游永锋,等.海底盾构隧道孤石爆破预处理关键技术[J].现代隧道技术,2012,49(5):117-122.